DAS GROSSE LEXIKON DER

# Säugetiere

Joyce Pope (Text)
Richard Orr (Illustrationen)
Das große Lexikon der Säugetiere
Fachliche Beratung und Übersetzung aus dem Englischen: Dr. Wolfgang Hensel

Titel der englischen Originalausgabe: *World Mammals*
© 2003 Firecrest Books Ltd, Joyce Pope and Richard Orr/Bernard Thornton Artists

Created and produced by Firecrest Books Ltd in association with
Joyce Pope and with Richard Orr/Bernard Thornton Artists

Art Director und Projektleitung: Peter Sackett
Lektorat der Originalausgabe: Norman Barrett
Layout und Gestaltung: Paul Richards, Designers & Partners

Bibliografische Information der Deutschen Bibliothek
Die Deutsche Bibliothek verzeichnet diese Publikation in der Deutschen Nationalbibliografie;
detaillierte bibliografische Daten sind im Internet über http://dnb.ddb.de abrufbar.

© der deutschsprachigen Ausgabe 2003 Patmos Verlag GmbH & Co. KG, Düsseldorf
Alle Rechte vorbehalten
Umschlaggestaltung: Heike Ossenkop, CH-Basel, unter Verwendung der Illustrationen von Richard Orr
Satz: KompetenzCenter, Mönchengladbach
Lithographie: SC International Pte Ltd., Singapore
Druck: G.Z. Printek, S.A.L.
Printed in Spain
ISBN 3-491-42013-X
www.patmos.de

# DAS GROSSE LEXIKON DER

| Joyce Pope | Illustriert von Richard Orr |

# Säugetiere

Deutsch von Dr. Wolfgang Hensel

Patmos

Das große Lexikon
der Säugetiere gehört:

......................................................................................

Ich habe dieses Buch auch in der Hoffnung geschrieben, meinen Beitrag für ein
tieferes Verständnis und eine höhere Wertschätzung der Säugetiere zu leisten;
sie sind nicht nur unsere Verwandten, sondern teilen sich mit uns denselben,
einzigartigen Lebensraum – die Erde.

Joyce Pope

# INHALT

# WAS SIND SÄUGETIERE?

So verschieden Fledermäuse, Delfine, Biber oder Antilopen auch sind, sie gehören alle zu den Säugetieren. Ihre Lebensweise spiegelt sich in der Körperform wider:

Die stromlinienförmigen Delfine leben im Wasser, Fledermäuse können als einzige Säuger fliegen, Biber und andere Nagetiere haben kurze Körper und Beine und die schlanken Antilopen sind für eine schelle Fortbewegung gebaut.

**HALSWIRBEL**

Fast alle Säugetiere haben die gleiche Anzahl von Halswirbeln. Unabhängig von ihrer Form oder Größe, von der Giraffe bis zur Spitzmaus, sitzen bei allen Säugetieren zwischen Kopf und Schultern sieben Wirbel. Bei der Giraffe sind die Halswirbel sehr lang; bei Walen, die nur einen kurzen Hals besitzen, können sie miteinander verwachsen sein.

Wir teilen die Lebensräume unserer Erde mit mehr als 4 000 Arten von Säugetieren oder Säugern. Von ihnen handelt dieses Buch. Einige Säugetiere sind riesig: Der mächtige Blauwal, das größte Tier der Erde, kann über 100 Tonnen wiegen. Andere sind winzig: Die Etruskerspitzmaus, eines der kleinsten Säugetiere, wiegt nur knapp über 2 g, etwa so viel wie eine 1-Cent-Münze. Da mehr als 95 % aller Säugetiere kleiner sind als wir, gehören wir Menschen zu den großen Säugetieren. Säugetiere leben in fast allen Regionen der Erde. Nur die eisige Antarktis, die höchsten Bergspitzen, die trockensten Wüsten und die tiefsten Meerestiefen konnten sie nicht dauerhaft erobern. Allerdings kommen nicht überall auf der Erde dieselben Arten vor. Vielmehr leben die meisten nur an einem bestimmten Ort, während in anderen Teilen der Erde völlig andere Arten vorkommen. Daher gliedern Biologen die Erde in eine Reihe von großen, tiergeographischen Regionen.

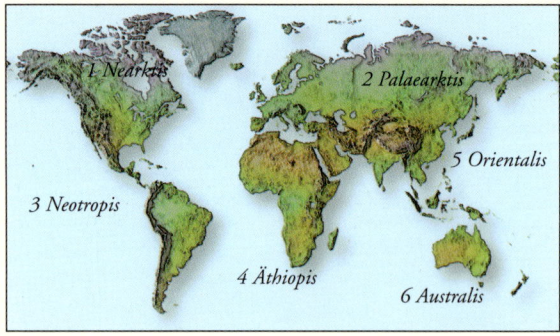

*TIERGEOGRAFISCHE REGIONEN: Biologen untergliedern die Erde in sechs große Regionen, in denen jeweils ganz bestimmte Tiere vorkommen. 1 Nearktis (Nordamerika). 2 Palaearktis (Europa, Teile von Vorderasien und Nordasien). 3 Neotropis (Mittel- und Südamerika). 4 Äthiopis (Afrika, außer einem schmalen Streifen am Mittelmeer und Südafrika). 5 Orientalis (tropisches Südasien und die nahen Inseln). 6 Australis (Sulawesi, Neuguinea, Australien, Neuseeland).*

Die meisten Tierarten kommen ausschließlich in einer der tiergeographischen Regionen vor, beispielsweise in Nordamerika oder Europa mit Nordasien. Während nur wenige Tierarten, so genannte „zirkumpolare" Arten wie Wölfe, Rentiere (in Nordamerika heißen sie Karibus) oder Vielfraße, in beiden Regionen verbreitet sind, findet man die meisten übrigen Wildtiere nur in einer der beiden: Igeln oder Siebenschläfern begegnet man nur in Europa, während Stinktiere oder Gabelböcke auf Nordamerika beschränkt sind.

## Konvergenzen

Tiere mit gleicher Lebensweise sehen sich häufig sehr ähnlich. Das kann daran liegen, dass sie miteinander verwandt sind, muss aber nicht der Grund sein. So haben beispielsweise die Maulwürfe für ihre grabende Arbeit unter der Erde kräftige Vorderbeine mit großen Krallen, um die Erde beiseite zu schaufeln, ein kurzes, samtiges Fell und sehr kleine Augen. Einige Arten sind sogar völlig blind. In Australien lebt ein grabendes Beuteltier, der Beutelmull: Er ist blind, hat ein samtiges Fell und riesige Krallen an den Vorderbeinen. Erst beim genaueren Hinsehen fällt auf, dass der australische „Maulwurf" viel näher mit den Kängurus verwandt ist als mit Maulwürfen oder anderen Tierarten außerhalb von Australien. Biologen nennen diese Art von Ähnlichkeit bei nicht verwandten Tieren Konvergenz. Wahrscheinlich haben sich Eigenschaften, die gut an eine ganz spezielle Lebensweise angepasst sind – wie Fell und „Grabwerkzeuge" der Maulwürfe – bei verschiedenen Tiergruppen unabhängig voneinander entwickelt.

## Muttermilch

Was macht die unterschiedlichsten Tierarten nun eigentlich zu Säugern? Zunächst gehören sie alle zu den Wirbeltieren, haben also ein Rückgrat – aber das gilt auch für Vögel, Kriechtiere, Frösche und Fische. Säugetiere atmen Luft – wie Vögel und Kriechtiere. Außerdem haben sie – wie die Vögel – warmes Blut. Nur in einem Punkt sind die Säugetiere einzigartig: Die Mütter ernähren ihre Kinder mit Milch, die ihr Körper selbst herstellt (siehe Nebenseite). Je nach Art des Tieres enthält Muttermilch verschiedene Anteile von Fett, Zucker und Eiweißen. Im Meer lebende Säuger bilden besonders fettreiche Milch, während die Milch kleiner Arten mehr Zucker enthält. Bei allen Säugern wird die Milch in speziellen Milchdrüsen hergestellt und die Mutter säugt ihre Babys – daher der Name Säugetiere.

## SÄUGEN

Es gibt zwar einige Vögel, die ihre Jungen mit einer milchartigen Substanz füttern (sie wird im Kropf der Eltern gebildet), echte Muttermilch bilden jedoch nur die Säugetiere. Milch ist die erste Nahrung der Babys; sie enthält alles, was ein Jungtier zum Wachstum braucht. Tiere, die ihre Jungen in einem sicheren Bau aufziehen, wie dieses Pinselohrschwein, bringen häufig mehrere hilflose Babys zur Welt. Zum Säugen legt sich die Mutter hin. Bei vielen größeren Tieren sind die Babys im Vergleich zur Mutter relativ groß; sie werden im Stehen gesäugt.

*Die Muttersau des Pinselohrschweins hat für ihre Jungen ein sicheres Nest aus Blättern und Gras gebaut. Die Milch der Mutter enthält alles, was die Babys für ein gesundes Wachstum brauchen.*

## OHREN

Alle Säugetiere können hören und die meisten haben gut sichtbare Ohrmuscheln. Sie wirken wie bewegliche Schalltrichter, die alle Geräusche einfangen. Vor allem für kleine Raubtiere wie die Katzen (oben) ist es sehr wichtig, die Richtung einer Schallquelle zu orten. Während Raubtiere auf diese Weise ihre Beute aufspüren, versuchen andere Tiere, wie die Rehe, nahende Feinde mit ihren empfindlichen Ohren zu bemerken. Manchmal dienen Ohren auch der Körpersprache.

## ERSTE SÄUGETIERE

Vor rund 200 Millionen Jahren entstanden die ersten Säugetiere, zusammen mit den frühen Dinosauriern. Obwohl sie sehr klein waren, erzählen uns ihre winzigen, versteinerten Zähnchen und Knochen, dass sie aktiv jagten und atmeten – wie moderne Säugetiere. Vermutlich waren sie Warmblüter und hatten ein Fell, allerdings wissen wir nicht, ob sie Eier legten oder bereits lebende Junge zur Welt brachten.

*Das etwa 12 cm lange Megazostrodon glich einer Spitzmaus; es gehörte zu den ersten Säugetieren und lebte vor 200 Millionen Jahren.*

Zum Glück muss man nicht erst auf eine säugende Mutter warten um ein Tier als Säuger zu erkennen. Das sicherste Kennzeichen sind die Fellhaare, die den Körper fast aller Säugetiere bedecken – nur sehr wenige Arten tragen keine sichtbaren Haare. Hinzu kommt, dass Säugetiere selten so bunt sind wie Vögel oder Fische, vielleicht weil viele Arten erst nachts aktiv werden und kaum Farben sehen können. Die meisten Säugetiere haben große, auffällige Ohren, und wer ihnen beim Essen zusieht, wird bemerken, dass sie unterschiedlich geformte Zähne haben. Dank dieser Eigenschaften kann man jeden Säuger – mit Ausnahme der Wale – von Angehörigen anderer Tiergruppen unterscheiden.

## Die Geburt der Jungen

Obwohl Säugetiermütter ihre Babys sehr unterschiedlich zur Welt bringen, werden sie alle nach der Geburt mit Milch gesäugt: Eine kleine Gruppe von Säugern legt Eier und brütet sie

*Kleine Säugetiere, wie diese Maus, bringen im Laufe des Sommers mehrere Würfe hilfloser Babys zur Welt. Sie entwickeln sich sehr schnell und verlassen das Nest schon nach drei Wochen.*

aus. Doch anders als bei den Vögeln bekommen die ausgeschlüpften Jungen, z. B. Schnabeltiere oder Ameisenigel in Australien und Neuguinea, sofort Milch zu trinken. Vielleicht haben die Urahnen der Säugetiere, die vor 200 Millionen zusammen mit den ersten Dinosauriern lebten, auch noch Eier gelegt und ihre Jungen mit Milch gesäugt. Leider geben uns ihre versteinerten Knochen keine Antworten auf solche Fragen. Die so genannten Beuteltiere, die ebenfalls vor-

wiegend in Australien und Neuguinea leben, sind weiter entwickelt: Nach der Paarung bleiben die Eier für ein paar Wochen im Körper der Mutter, dann werden die noch sehr unterentwickelten Babys geboren. Sie sind winzig, blind, nackt und völlig hilflos. Das Baby eines Roten Riesenkängurus, dessen Mutter mehr als 30 kg wiegt, bringt kaum 1 g Gewicht auf die Waage. Dennoch schafft es dieser Winzling, über den Körper seiner Mutter bis in den Beutel zu krabbeln. Dort findet er Milchdrüsen, die ihn in den nächsten acht Monaten ernähren. Erst wenn das Junge ein Gewicht von 4–5 kg erreicht hat, verlässt es den Beutel seiner Mutter.

## GEBURT VON BEUTELTIEREN

Bereits 33 Tage nach der Paarung bringt ein weibliches Rotes Riesenkänguru ein einzelnes Baby zur Welt. Es krabbelt über den Körper der Mutter bis in ihren Beutel. Dort saugt es sich an einer Zitze fest und verbringt acht weitere Monate im Beutel.

Bei den meisten anderen Säugetieren beginnt das befruchtete Ei im Körper der Mutter zu wachsen. Hat es die Größe eines Stecknadelkopfes erreicht, setzt es sich in der Wand der Gebärmutter (Uterus), in der so genannten Plazenta, fest. Dieses spezielle Organ versorgt den Embryo über das Blut der Mutter mit Sauerstoff und Nahrung; es entfernt auch die Abfallstoffe. Da diese Methode, seine Jungen zu ernähren, sehr sicher und effektiv ist, gehören die meisten heute lebenden Säugetiere zur Gruppe der Plazentatiere (Säugetiere mit einer Plazenta). Ihre Babys sind bei der Geburt weiter entwickelt als bei den Eier legenden Säugetieren oder den Beuteltieren.

*Das neugeborene Zebrafohlen (rechts) versucht schon wenige Minuten nach der Geburt aufzustehen.*

Manche Junge können schon wenige Minuten, nachdem sie den schützenden Körper ihrer Mutter verlassen haben, aufstehen und herumlaufen.

Fast alle Säugetierkinder entwickeln sich schneller als Menschenkinder. Einige können sogar schon nach zwei Monaten eigene Babys bekommen. Obwohl die Jungen großer Säugetiere länger brauchen, bis sie erwachsen sind, hört selbst ein mächtiges Tier wie der Bär bereits nach fünf Jahren auf zu wachsen. Die meisten Säugetiere erreichen ihre endgültige Größe ziemlich rasch und stellen dann ihr Wachstum ein. Nur wenige Arten wachsen lebenslang weiter; allerdings nimmt ihre Größe im Laufe der Jahre kaum noch zu.

Nur wenige Säugetiere sind ständig paarungsbereit. Bei manchen Arten ist es sogar schwierig, außerhalb der Paarungszeit Männchen und Weibchen zu unterscheiden. Mit Ausnahme von kleinen Säugern, die ihre Babys über einen Zeitraum von mehreren Monaten bekommen, werden die Jungen der meisten Arten etwa zur

### FRÜHSTART

Säugetiere, die größer sind als Schweine, legen keine sicheren Baue oder Nester mehr an. Statt dessen dauert die Schwangerschaft länger, sodass sie größere, bereits weiter entwickelte Babys gebären. Die Geburt eines jungen Zebras geht sehr schnell; das Fohlen kann schon nach 15 Minuten stehen und die Milch seiner Mutter trinken. In den ersten Tagen nach der Geburt lässt die Stute niemand an ihr Fohlen heran. Obwohl es noch etwa sieben Monate lang gesäugt wird, ordnet sich das Fohlen rasch in die Herde seiner Mutter ein und wächst geschützt heran.

gleichen Zeit geboren. Das kann große Vorteile haben: Bei den afrikanischen Antilopen kommen so viele Babys gleichzeitig zur Welt, dass sich die Raubtiere nur einen kleinen Anteil sichern können. Wäre die Geburt der Babys dagegen über einen Zeitraum von mehreren Wochen oder Monaten verteilt, würden die Raubtiere ständig neue Junge töten.

## Das Skelett der Säugetiere

Jedes Säugetier hat ein knöchernes Skelett. Es hat eine doppelte Funktion: Die Knochen schützen die verletzlichen inneren Organe und bilden Ansatzstellen für die Muskeln, mit denen sich das Tier bewegt. Im Schädel sind die Knochen zu Platten verschmolzen, um das Gehirn zu schützen, das Rückenmark verläuft im Innern der Wirbelsäule und Herz und Lunge werden durch die Rippen geschützt. Wir Menschen besitzen rund 200 Knochen, etwa genauso viele wie alle anderen Säugetiere.

Der Aufbau des Skeletts ist bei allen Säugetieren gleich. Am oberen Ende der Wirbelsäule, die in einem Schwanz endet, sitzt der Kopf. Die Glieder setzen an Schultergürtel und Becken an, die jeweils mit der Wirbelsäule verbunden sind. Obwohl sich die Proportionen der Gliedmaßen je nach der Lebensweise eines Tieres unterscheiden, haben sie denselben Bauplan: Ihr oberer Teil wird von einem einzelnen, der untere von zwei Knochen gebildet; daran setzen mehrere Hand- oder Fußwurzelknochen und daran wieder die Finger- oder Zehenknochen an.

Die ersten Säugetiere hatten stets fünf Finger und Zehen. Moderne Tiere, vor allem die schnellen Läufer, laufen dagegen nur auf zwei oder einem Finger oder Zeh. Auch die Gelenke sind bei allen Säugetieren gleich gestaltet. Allerdings haben manche Tiere, wie Hunde oder Rehe, verlängerte Zehen, Fuß- und Handknochen. Da sie auf den Zehenspitzen gehen, scheinen sie mehr Gelenke zu haben als wir. Wie sehr sich der Knochenbau von Hund und Mensch gleicht, zeigt die Zeichnung.

### BEINKNOCHEN

Das Bild zeigt die Beinknochen eines Hundes und eines Menschen im Vergleich. Trotz der Unterschiede in den Proportionen sind die Baupläne gleich: Menschen – sie gehen auf der Sohle – haben kurze Fußknochen und lange Unter- und Oberschenkel. Hunde gehen auf den Zehen; bei ihnen sind die Oberschenkel etwas kürzer und die Fußknochen verlängert.

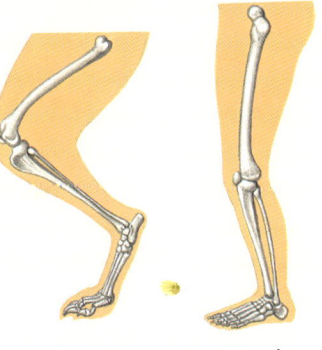

*Hund*        *Mensch*

*Pferd*

*Gorilla*

*Auch Gorillas (links) laufen auf der ganzen Sohle. Pferde stehen dagegen nur auf der Spitze ihrer mittleren Zehe, die durch einen Huf aus Horn geschützt wird (rechts). Da die Fußknochen eines Pferdes enorm verlängert sind, sitzt das Fußgelenk etwa auf halber Beinlänge.*

*Gibbons und andere große Affen bewegen sich durch „Schwinghangeln" durch die Baumkronen. Sie halten sich mit einer ihrer hakenartigen Hände an einem Ast fest, schwingen ihren Körper wie ein Pendel nach vorn, greifen mit der zweiten Hand zu und schwingen den Körper erneut nach vorn – bis zum nächsten Griff.*

# Bewegung

Menschen sind die einzigen Säugetiere, die aufrecht auf den Hinterbeinen gehen und ihre Hände nur zum Bearbeiten und Festhalten von Gegenständen benutzen. Vierbeinige Tiere können sich in mehreren Gangarten bewegen. Am langsamsten ist der Schritt, dabei wird ein Glied nach dem anderen bewegt. Um schneller vorwärts zu kommen, machen Vierbeiner längere Schritte, bei größerer Geschwindigkeit fallen sie in den Trab. Dabei werden gleichzeitig das rechte Vorder- und das linke Hinterbein, dann das linke Vorder- und rechte Hinterbein nach vorn bewegt. Sowohl im Schritt wie im Trab schwingt der Körper etwas hin und her, ähnlich wie bei der schlängelnden Bewegung eines Kriechtieres oder eines schwimmenden Fisches.

*Schlankgibbon*

## REKORDSPRINTER

Der Gepard (unten) ist mit rund 100 km/h das schnellste Landtier. Er erreicht diese Rekordgeschwindigkeit aus dem Stand nach 3 Sekunden und noch schneller, wenn er aus der Pirsch heraus beschleunigt.

Mit seinen langen Beinen und der elastischen Wirbelsäule legt er im Galopp mit einem einzigen Schritt 7 m zurück, daher ist er – anders als die übrigen Großkatzen – bei der Jagd fast immer erfolgreich.

## SCHWIMMEN

Fast alle Säugetiere können schwimmen. Wer nur gelegentlich ins Wasser geht, paddelt mit den Füßen, die durch Haare oder Schwimmhäute vergrößert sein können. Besser angepasste Schwimmer bewegen sich mit schlängelnden Körper-bewegungen (hin und her oder auf und ab) durch das Wasser und steuern mit den Füßen. Die perfekt angepassten Wale schließlich schlagen ihre breite Schwanzflosse auf und ab – ein „Galopp" im Wasser.

*Buckelwal*

Mit dem Galopp haben die Säugetiere jedoch eine neue, sehr schnelle Gangart entwickelt. Die Wirbelsäule wird wie eine Feder gespannt und wieder entspannt und Vorder- und Hinterbeine werden abwechselnd bewegt – der Körper schwingt nicht hin und her, sondern bleibt ruhig. Im Galopp können sich manche Säugetiere äußerst schnell bewegen. Den Rekord hält der Gepard, der seine Höchstgeschwindigkeit aber nur rund 200 m weit durchhält. Andere Tiere, wie die Gabelböcke, können dagegen lange Strecken mit 60 km/h zurücklegen.

*Gepard*

## KNÖCHELGANG

Da Menschenaffen am Boden immer nur ein paar Schritte auf den Hinterbeinen machen können, gehen sie meist auf allen Vieren. Dazu setzen sie nicht, wie andere Affen, die Fußsohlen auf, sondern stützen sich auf die mittleren Gelenke ihrer Finger, die durch eine dicke, haarlose Haut geschützt sind.

*Schimpanse*

## FLIEGEN

Fledermäuse sind die einzigen Säugetiere, die aktiv fliegen können. Ihre Flügel bestehen aus einer dünnen Flughaut, die vom Hals über die langen, sehr dünnen Finger bis zu den Hinterbeinen reicht; manchmal spannt sich die Flughaut auch über den Schwanz.

*Greisenhaupt*

## Freiheit oder Kampf ums Überleben?

Viele Menschen glauben, dass Tiere ein wunderbares, freies Leben führen. In Wirklichkeit haben sie im Vergleich zu uns Menschen jedoch ein ziemlich langweiliges Leben, das sich ständig um Futter- und Partnersuche, Jungenaufzucht und den Kampf mit Kälte, Hitze und Regen dreht; hinzu kommt die ständige Angst, einem Raubtier oder anderem Feind zum Opfer zu fallen.

Nehmen wir den Rotfuchs als Beispiel. Im Leben dieses Raubtieres gleicht ein Jahr dem anderen. Füchse besiedeln die gemäßigten Klimazonen fast überall auf der Nordhalbkugel der Erde und sind ganzjährig aktiv. Ihr dichtes Fell schützt sie zwar vor großer Kälte, aber im Spätwinter werden die Beutetiere knapp. Daher müssen sie alles fressen, was sie finden – tote Tiere

*Im Winter fangen Füchse alles, was sie erwischen können.*

an den Autostraßen oder die Reste von Tieren, die von größeren Räubern gerissen wurden. Die Balz von Fuchs und Füchsin (Fähe) beginnt etwa um die Weihnachtszeit. Manchmal schallen dann ihre schrillen Schreie durch die kalte, ländliche Winterluft. Es kommt zwar vor, dass ein Paar mehrere Jahre zusammenbleibt, doch

viele Füchse suchen sich immer wieder neue Partner. Sie paaren sich meist im Januar, und im März gräbt die Fähe eine Höhle, in der im April ihre drei bis vier Babys geboren werden. In den ersten drei Wochen nach der Geburt versorgt der Fuchs seine Partnerin mit Nahrung, während sie die Jungen säugt. Danach verlässt die Fähe ab und zu für kurze Zeit den Bau um selbst zu jagen. Ab der vierten Woche bekommen die Jungen Fleisch, das ihnen die Fähe auswürgt. Außerdem werden sie bis zum Alter von acht Wochen gesäugt.

Den ganzen Sommer über sorgen beide Eltern für Nahrung und beschützen ihre Jungen. Die Kleinen üben sich spielerisch im Kampf und töten gelegentlich ein verletztes Tier, das die Eltern zum Bau bringen. Bis zum Ende des Sommers zeigen ihnen die Eltern, wie man jagt; die Jungfüchse werden immer selbstständiger. Im Herbst schließlich haben sie alles gelernt und verlassen ihre Eltern um sich ein eigenes Revier zu suchen.

Nun haben die beiden Altfüchse etwas Zeit um sich von der Jungenaufzucht zu erholen. Ihnen wächst ein dichter Winterpelz und sie finden unter den unerfahrenen Jungkaninchen und anderen Tieren im frühen Winter reichlich Beute. So bereiten sie sich auf die magere Zeit des Spätwinters vor, wenn es noch einmal sehr kalt wird und sie aufs Neue mit der anstrengenden Balz und Paarung beginnen.

Auch wenn sich ihre Eltern noch so sehr bemühen, wird nur ein kleiner Teil der Jungtiere überleben. Nur wer es über seinen ersten Geburtstag schafft, hat gute Chancen, älter zu werden. Trotz der vielen Gefahren in der Wildnis und durch die Menschen kann ein Fuchs in Freiheit zehn und mehr Jahre alt werden.

### AASFRESSER

Bei Winterbeginn kann ein Rotfuchs noch Vögel und kleine Säugetiere erjagen, doch wenn die Nahrung knapp wird, muss er auch nach Aas suchen. Füchse, die in der Nähe von Städten leben, finden in Mülltonnen und auf Müllhalden reichlich Nahrung.

### KAMPFSPIELE

Im Alter von 4–5 Wochen verlassen die Jungfüchse zum ersten Mal ihren Bau. Kämpfe bilden einen wichtigen Teil ihrer Spiele, denn darin üben sie für ihr späteres, hartes Leben.

*Delfine fangen Fische mit Hilfe ihrer zahlreichen, spitzen Zähne.*

*Ameisenbären lecken Insekten mit der Zunge auf, sie brauchen ihre Beute nicht zu kauen.*

*Löffelhunde haben 48 Zähne, mehr als andere, normale Säugetiere.*

*Einige Wale haben keine Zähne, sondern filtern mit Barten Plankton aus dem Wasser.*

## ZÄHNE

In dem Schädel unten sind die Zähne bezeichnet, mit denen die meisten Säugetiere ihre Nahrung zerkleinern. Wie andere Raubtiere auch, hat dieser Löwe lange, spitze Eckzähne, während seine Backenzähne zu messerscharfen Schneidewerkzeugen wurden. Das Schaf zermahlt seine harte Nahrung mit mehreren flachen Backenzähnen.

*Eckzähne*

*Backenzähne*

*Schneidezähne* *Vorbackenzähne*

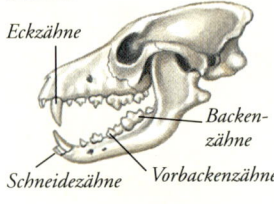

*Löwe*

*Schaf*

## Warmes Blut

Wer Säugetiere beobachtet, dem fällt auf, dass sie meist aktiv sind. Ein Grund dafür ist ihre Warmblütigkeit. Unabhängig von der Außentemperatur stellt ihr Körper immer dieselbe Temperatur ein. Daher kann ein Eichhörnchen nicht nur an warmen Tagen in Ruhe Nahrung aufstöbern, sondern auch dann nach seinen vergrabenen Vorräten suchen, wenn der Boden kalt und von Schnee bedeckt ist.

## Zähne

Allerdings hat die Warmblütigkeit einen Nachteil: Damit der Körper seine Temperatur halten kann, braucht er viel Energie und damit viel Nahrung. Aus diesem Grund haben Säugetiere perfekt an ihre Nahrung angepasste Zähne. Nach den Milchzähnen, die schon im jungen Alter wieder ausfallen, bildet sich ein fest mit Zahnwurzeln im Kiefer verankertes Dauergebiss.

Obwohl sich die Zähne bei den einzelnen Arten unterscheiden, haben alle Säugetiere dasselbe Zahnmuster: Vorne im Kiefer sitzen die Schneidezähne (mit einer Zahnwurzel); damit wird die Nahrung abgeschnitten oder zernagt. Darauf folgen die spitzen Eckzähne mit einer tiefen Zahnwurzel, mit denen vor allem Raubtiere ihre Beute schlagen. Bei manchen Pflanzenfressern sind die Eckzähne zu imposanten Stoßzähnen verlängert, bei anderen sind sie kaum größer als ein Schneidezahn. Darauf folgen die Vorbackenzähne (zwei Zahnwurzeln) mit mehreren Höckern und schließlich die kräftigen Backenzähne mit drei oder vier Zahnwurzeln und einer Oberfläche, die zum Mahlen oder Zerkleinern der Nahrung besonders geeignet ist.

Anders als bei den Kriechtieren, bei denen die Zahl der Zähne stark schwanken kann, haben alle Plazentatiere höchstens 44 Zähne: 3 Schneidezähne, 1 Eckzahn, 4 Vorbacken- und 3 Backenzähne in jeder Hälfte von Ober- und Unterkiefer. Während die Schweine alle 44

Zähne besitzen, sind bei den meisten übrigen Arten einige Zähne zurückgebildet. Nur der südafrikanische Löffelhund hat mit 48 Zähnen mehr Zähne als die anderen, „normalen" Säugetiere.

Bei Säugetieren, die sehr spezielle Beute verzehren, weichen Zahl und Form der Zähne von der Norm ab. Die großen Ameisenbären – sie leben von Ameisen und Termiten – haben gar keine Zähne mehr. Sie fangen die Insekten mit ihrer langen, klebrigen Zunge. Auch die gewaltigen, Plankton fressenden Wale sind zahnlos; sie sieben das Plankton mit „Bartenplatten" aus Horn aus dem Wasser. Merkwürdigerweise haben die mit ihnen verwandten, Fische fressenden Delfine mehr Zähne als alle anderen Säugetiere; manche Arten bis zu 200 Stück.

## Winter- und Trockenschlaf

Einige Säugetierarten sind in der Lage, ihre Körperwärme während schlechter Zeiten stark zu senken.

Dann scheinen sie wie in eine Bewusstlosigkeit zu fallen: Zusammen mit der Körpertemperatur sinken auch ihre Aktivitäten fast auf Null. Diesen Zustand nennt man in kalten Regionen „Winterschlaf" und in sehr heißen Regionen „Trockenschlaf". Auf den ersten Blick erscheint ein Tier im Winterschlaf wie tot. Atem und Herzschlag sind fast bis zum Stillstand verlangsamt. In diesem Stadium verbraucht ein Tier so gut wie keine Energie, braucht also auch keine Nahrung. Vor allem kleine Tiere nutzen den Winterschlaf als einen Weg, harte Zeiten zu überleben.

## Tierwanderungen

Wenn sich die Lebensbedingungen verschlechtern, gehen viele große Säugetiere auf Wanderschaft. Einige Arten, wie die Rentiere oder Karibus, legen dabei Jahr für Jahr dieselben Wege zurück. Im Sommer wandern sie zu üppigen Weiden; wird es kälter, ziehen sie sich in geschützte Regionen zurück, wo sie den Winter verbringen. Manche Tiere, wie die ostafrikanischen Zebras, wandern ihr ganzes Leben lang in einem ewigen Kreislauf durch die Steppe und kehren dabei jedes Jahr zum Ausgangspunkt zurück. Besonders weite Wanderungen unternehmen große Wale, die zwischen ihren Jagdgründen und den Orten wechseln, an denen ihre Babys zur Welt kommen.

## Die Intelligenz von Säugetieren

Zu den wichtigsten Eigenschaften der Säugetiere gehört ihre Intelligenz. Meist gelingt es ihnen viel besser als Vögeln oder Reptilien, sich an geänderte Bedingungen anzupassen. Dabei ist die Intelligenz der Plazentatiere höher entwickelt als die der Eier legenden oder der Beuteltiere. Wenn diese Gruppen um denselben Lebensraum konkurrieren, siegen fast immer die Plazentatiere. Daher konnten nach Australien eingeführte Plazentatiere viele der einheimischen Beuteltiere verdrängen. Intelligentes Verhalten wird durch die Erziehung der Jungen durch ihre Eltern – häufig der Mütter – gefördert. Da höher entwickelte Säugetiere eine längere Kindheit haben, bleibt ihnen auch mehr Zeit, das Verhalten älterer Tieren nachzuahmen. Bei manchen Arten, wie dem Rotfuchs, ziehen beide Eltern ihre Jungen auf. Noch in der Kinderstube bringen ihnen die Eltern verletzte, aber lebende Beutetiere mit, damit sie lernen, wie man jagt. Vieles lernen Jungtiere aber auch unbewusst. Junge Braunbären, die ihre Mutter verloren hatten, konnten zwar als Erwachsene Beute schlagen, waren aber

nicht so erfolgreich wie Bären, die bis zu drei Jahre mit ihrer Mutter verbracht hatten.

## Gruppenleben und Verständigung

Einige Säugetiere sind Einzelgänger, die sich nur zur Paarungszeit einem Partner anschließen oder eine Zeit lang mit ihren Jungen zusammenbleiben. Viele Arten leben jedoch dauernd in einer Gruppe, meist in einem Familienverband mit Jungtieren, der von einem männlichen bzw. einem oder mehreren weiblichen Leittieren angeführt wird.

Das Leben in der Gruppe bietet viele Vorteile. Viele Augen sehen einen Feind früher als nur ein Augenpaar, auch können viele Erwachsene die Jungen besser beschützen als die Eltern allein. Schließlich werden in der Gruppe mehr Erfahrungen älterer Tiere an die Jungen weitergegeben.

Tiere lernen einerseits durch Nachahmung, andererseits können sie sich aber auch recht gut verständigen. Dabei benutzen sie alle Sinne: Viele Tiere markieren die Grenzen ihres Reviers mit Duftmarken, auch der spezielle Duft paarungsbereiter Weibchen ist ein wichtiges Signal für die Männchen. Schon sehr kleine Säugetiere, wie die Mäuse, verständigen sich über Töne, manchmal sogar mit Ultraschall. In den dunklen Tiefen des Meeres bleibt den Delfinen und Walen gar nichts anderes übrig, als sich mit Tönen zu unterhalten. Wahrscheinlich enthalten die Gesänge der Wale Nachrichten an ihre Artgenossen. Viele Säugetiere benutzen Körpersprache, die von ihren Artgenossen schon aus größerer Entfernung erkannt wird. An der Stellung von Ohren oder Schwanz, auch an der Mimik des Gesichtes kann man die Laune eines Tiers ablesen. Vor allem hoch entwickelte Tiere, wie die Schimpansen oder Wölfe, kennen viele Gesichtsaudrücke.

*Wir dürfen den Gesichtsaudruck eines Schimpansen nicht „menschlich" verstehen. 1 Dieses Gesicht wird bei einem Kontaktruf gezeigt. 2 Schimpansen, die um Aufmerksamkeit oder Fellpflege betteln, setzen ein Schmollgesicht auf und rufen oder winseln leise. 3 Im Spiel erregte Schimpansen grunzen oder lachen und zeigen ihr Spielgesicht.*

*Bären sind extreme Einzelgänger. Nur die Mütter bleiben zwei Jahre oder länger mit ihren Jungen zusammen, danach trennen sich auch ihre Wege.*

### ERKENNEN

Viele Tiere können kaum Farben sehen, daher reicht ein kontrastreiches Schwarz-Weiß-Muster aus, um sich den Gruppenmitgliedern zu erkennen zu geben. Besonders ausgeprägt sind solche Muster bei den Steppenzebras, wo jedes Tier eine ganz eigene, wiedererkennbare Zeichnung besitzt.

**NEU ENTDECKTE SÄUGETIERARTEN**

Biologen entdecken heute kaum noch neue, größere Säugetierarten. Meistens sind diese Tiere den Einheimischen bereits bekannt: Das Vu-Quang-Rind (oben) lebt in den Wäldern im Grenzland zwischen Vietnam und Laos. Wissenschaftler wurden 1922 auf die neue Art aufmerksam, als sie seine ungewöhnlichen Hörner in den Häusern von Dorfbewohnern sahen. Inzwischen wurde das Tier fotografiert, doch man weiß kaum etwas über seine Lebensweise.

# Klassifizierung

Wo immer das möglich ist, werden die Tiere in diesem Buch mit ihrem deutschen Namen vorgestellt. Bei den Beschreibungen der Tierfamilien ist aber auch der wissenschaftliche Namen der Art zu finden. Alle Mitglieder einer Art können sich untereinander paaren und gesunde Junge aufziehen. Das gilt schon nicht mehr für die Gattung, in der nahe verwandte Arten zusammengefasst werden. Verschiede Arten einer Gattung paaren sich nicht untereinander. Ein gutes Beispiel ist der unten abgebildete Rothirsch. Obwohl er sehr nahe mit dem Sikahirsch (*Cervus nippon*) verwandt ist, kann er nur mit einer Rothirschkuh Junge bekommen. Artnamen sind stets kursiv gedruckt.

Mehrere Gattungen fasst man in Familien zusammen. Arten, die zu einer Familie gehören, sehen sich trotz unterschiedlicher Größen oder Farben noch ziemlich ähnlich. Bei den Katzen – vom Löwen bis zur Hauskatze – ist die Verwandtschaft deutlich erkennbar. Tiere einer Ordnung, zu denen die Familien zusammengefasst werden, besitzen typische gemeinsame Merkmale, die anderen Ordnungen fehlen, z. B. die Nagezähne der Ordnung „Nagetiere" (Rodentia) oder die gespaltenen Hufe der „Paarhufer" (Artiodactyla), wie Rinder, Schafe oder Hirsche. Die Geschichte der meisten Ordnungen reicht weit zurück, daher findet man oft versteinerte Zeugnisse (Fossilien) von ausgestorbenen Arten. Ordnungen werden nach dem Grad ihrer Verwandtschaft angeordnet.

---

### KLASSIFIKATION DES ROTHIRSCHES

1) **Reich: Tiere** (*Animalia*)
   Alle Tiere, d. h. Lebewesen, die Nahrung aufnehmen müssen.
2) **Stamm: Chordatiere** (*Chordata*)
   Tiere, die zumindest während einer Phase ihres Lebens ein röhrenförmiges, knorpelartiges Stützorgan (Chorda) im Bereich des Rückens ausbilden.
3) **Unterstamm: Wirbeltiere** (*Vertebrata*)
   Tiere, bei denen die Chorda im Stadium des Embryos durch eine Wirbelsäule ersetzt wird. Die Wirbelsäule besteht aus einzelnen Wirbeln.
4) **Klasse: Säugetiere** (*Mammalia*)
   Wirbeltiere, deren Mütter ihre Babys durch Milch ernähren.
5) **Ordnung: Paarhufer** (*Artiodactyla*)
   Säugetiere, die auf ihren Zehenspitzen gehen; das Gewicht wird vom verstärkten dritten und vierten Zeh getragen; ein gespaltener Huf schützt Fuß und Zehen.
6) **Familie: Hirsche** (*Cervidae*)
   Wiederkäuende Paarhufer, deren männliche Tiere fast immer ein kräftiges Geweih tragen. Das Geweih wird jedes Jahr abgeworfen und wächst neu und größer nach. Männliche Hirsche setzen ihr Geweih zum Kampf während der Werbungszeit (Brunft) ein.
7) **Gattung: Edelhirsche** (*Cervus*)
   Eine Gruppe von etwa zehn Hirscharten; sie sind meist groß und leben in Rudeln im Wald. Erwachsene, männliche Edelhirsche haben ein mindestens dreimal verzweigtes Geweih mit rundem Querschnitt.
8) **Art: Rothirsch** (*Cervus elaphus*)
   Rothirsche gehören zu den erfolgreichsten Arten ihrer Gattung. Sie kommen in Europa sowie in den gemäßigten Wäldern Asiens und Nordamerikas vor. Da sie als beliebtes Jagdwild gelten, wurden sie vom Menschen sogar in Lebensräumen angesiedelt, die sie aus eigener Kraft nie erreicht hätten. So konnten sich die Rothirsche, die europäische Siedler im 19. Jahrhundert nach Neuseeland gebracht hatten, inzwischen erfolgreich vermehren.

*Der Rothirsch gehört in die Ordnung der Paarhufer.*

# SÄUGETIERE DER ERDE

Mit dem Begriff „Ordnung" kennzeichnen die Biologen eine Gruppe von Tieren, die aufgrund allgemeiner Merkmale miteinander verwandt sind. Die 21 Ordnungen der Säugetiere sind sehr unterschiedlich groß – manche mit vielen, andere mit wenigen Arten – doch stets unterscheiden sich alle Mitglieder einer Ordnung grundsätzlich von Tieren anderer Ordnungen. Die meisten Ordnungen lassen sich als Fossilien bis zu einer Zeit vor über 50 Millionen Jahren zurückverfolgen.

| 1 | Eier legende Säugetiere, Kloakentiere (z. B. Schnabeltier) | Monotremata |
|---|---|---|
| 2 | Beuteltiere (z. B. Kängurus) | Marsupialia |
| 3 | Insektenfresser (z. B. Igel, Spitzmäuse) | Insectivora |
| 4 | Rüsselspringer (Elefantenspitzmäuse) | Macroscelidea |
| 5 | Riesengleiter | Dermoptera |
| 6 | Fledertiere (z. B. Flughunde, Fledermäuse) | Chiroptera |
| 7 | Spitzhörnchen | Scandentia |
| 8 | Herrentiere, Primaten (Affen) | Primates |
| 9 | Nebengelenktiere (z. B. Ameisenbären, Faultiere, Gürteltiere) | Xenarthra |
| 10 | Schuppentiere | Pholidota |
| 11 | Hasentiere (Hasen, Kaninchen) | Lagomorpha |
| 12 | Nagetiere (z. B. Hörnchen, Biber, Mäuse) | Rodentia |
| 13 | Waltiere (Wale, Delfine) | Cetacea |
| 14 | Raubtiere (Katzen, Hunde, Bären) | Carnivora |
| 15 | Wasserraubtiere (Robben) | Pinnipedia |
| 16 | Röhrchenzähner (Erdferkel) | Tubulidentata |
| 17 | Rüsseltiere (Elefanten) | Proboscidea |
| 18 | Schliefer | Hyracoidea |
| 19 | Seekühe | Sirenia |
| 20 | Unpaarhufer (Tapire, Nashörner, Pferde) | Perissodactyla |
| 21 | Paarhufer (Schweine, Hirsche, Rinder) | Artiodactyla |

# EIER LEGENDE SÄUGETIERE

**1**

Vor rund 200 Millionen Jahren erschienen die ersten Säugetiere auf der Erde. Ihre Fossilien zeigen uns, wie sie sich aus Kriechtieren entwickelten. Könnten wir sie heute sehen, hätten sie wahrscheinlich sowohl Merkmale der Kriech- als auch der Säugetiere. Solche Mischwesen haben in Form der Monotremata, der Eier legenden Säugetiere, überlebt: Sie haben ein Fell, sind Warmblüter und ernähren ihre Jungen mit Milch. Allerdings legen sie, statt lebende Junge zu gebären, Eier wie die Kriechtiere. Schnabeltier, Kurz- und Langschnabeligel haben sich wahrscheinlich seit vielen Millionen von Jahren unabhängig von den anderen Säugetieren zu ihrer merkwürdigen heutigen Form weiterentwickelt.

## DATEN ZUR ORDNUNG

**Ordnung • Monotremata**
**Familien: 2**
**3 Arten in 3 Gattungen**

**SCHNABELTIER**
Eine Art in Australien; auch Entenschnabel oder Biberschwanz genannt

**SCHNABELIGEL**
Zwei Arten, eine mit längerer Schnauze („Schnabel"), die andere mit kürzerer Schnauze

---

**EIER LEGENDE SÄUGETIERE 1**

## FAMILIENMERKMALE

*Familie:*
Ornithorhynchidae

*Artname:*
Ornithorhynchus anatinus

*Größe:*
Länge: 50 cm
Gewicht: 1–2 kg

*Zahl der Jungen:*
2, manchmal 1 oder 3

*Brutzeit:* 10–14 Tage

*Lebenserwartung:* 15 Jahre und mehr

*Lebensraum:* Bäche und Flüsse

*Verbreitung:*
Ostküste Australiens

### SCHÄDEL UND ZÄHNE

Der Gehirnschädel des Schnabeltieres ist ziemlich klein; der lange Vorderschädel stützt den Schnabel. Jungtiere haben noch Milchzähne, die bald wieder ausfallen; erwachsene Tiere packen und zermahlen ihre Beute mit verhornten Kieferplatten.

*Schädel*

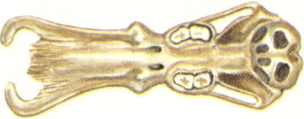

*Oberkiefer mit den verhornten Kauplatten*

## Schnabeltier

Das Schnabeltier lebt in den Fließgewässern Ostaustraliens. Solange die Ufer steil genug sind, um eine Höhle zu graben und solange am Wassergrund genügend Kleintiere leben, fühlt sich das Schnabeltier wohl – von reißenden Gebirgsbächen bis zu schlammigen Bächen der Ebenen. Schnabeltiere schwimmen mit geschlossenen Augen und erspüren ihre Umwelt mit dem Schnabel, der – anders als bei einer Ente – weich und ledrig ist. Die Oberfläche des Schnabels enthält zahlreiche Poren, die in

### SCHWIMMEN UND FUTTERSUCHE

Schnabeltiere gehen in der Dämmerung auf Futtersuche. Zum Schwimmen bewegen sie nur die Vorderfüße, die hinteren werden an den Körper gedrückt und nur zum Steuern oder Bremsen benutzt. Die dichten Deckhaare legen sich eng an den Körper an und bilden eine wasserdichte Schicht. Meist tauchen Schnabeltiere nach einer Minute auf. Wenn sie jedoch den Boden nach Nahrung absuchen, können sie fünf Minuten lang die Luft anhalten.

## FLOSSEN

Die Schwimmhäute an den großen Vorderfüßen der Schnabeltiere reichen über die Zehen hinaus, sind also perfekt an das Schwimmen angepasst. An Land werden die Zehen zurückgeklappt und das Schnabeltier läuft ziemlich flink auf den Knöcheln.

## PAARUNG

Schnabeltiere paaren sich zwischen August und Oktober, dem Vorfrühling in Australien. Bei der Brautwerbung beißt das Männchen dem Weibchen in den Schwanz und die beiden schwimmen langsam im Kreis umher. Zwei Wochen nach der Paarung legt sie zwei ledrige, klebrige Eier auf ein Blattnest am Ende einer Bruthöhle. Im Vergleich zur Größe der Mutter sind die Eier winzig – etwa so groß wie das Ei eines Spatzes.

## AUFZUCHT DER JUNGEN

Die Babys kuscheln sich an ihre Mutter, um warm zu bleiben und stupsen ihr mit den kleinen, weichen Schnäbeln in den Bauch. Dadurch regen sie die Milchproduktion an. Schnabeltiere haben keine Zitzen, sondern die Milch tritt aus vielen Hautdrüsen aus und wird von den Jungen aufgeleckt. Nach 3–4 Monaten, wenn sie 33 cm lang sind, ein Fell haben und ihre Augen geöffnet sind, verlassen sie die Höhle.

Verbindung mit empfindlichen Nerven stehen. Damit kann das Tier nicht nur tasten, sondern auch die elektrischen Ströme in den Muskeln seiner Beutetiere aufspüren. Schnabeltiere fressen vorwiegend Würmer, Flusskrebse, Wasserinsekten und ihre Larven, Schnecken, Kaulquappen und kleine Fische. Alles, was es fängt, hebt ein Schnabeltier zunächst in Backentaschen auf. Nach dem Auftauchen wird die Beute mit den hornigen Kauplatten im hinteren Kiefer zermahlen.

Die kleinen Schnabeltiere verbringen 10–14 Tage im Ei. Die Mutter rollt sich über den Eiern ein, um sie auszubrüten, und lässt sie nur kurz allein. Nach dem Schlüpfen bleiben die Babys vier bis fünf Monate bei ihrer Mutter. Erwachsene Tiere haben außer den Menschen nichts zu fürchten. Schnabeltiere stehen zwar unter Naturschutz, werden aber durch Umweltverschmutzung, Fischernetze, Bewässerungsanlagen und Staudämme bedroht. Wenn es ihnen gelingt, diese Gefahren zu meiden, können sie über 15 Jahre alt werden.

## WOHN- UND BRUTHÖHLEN

Schnabeltiere leben verborgen in kleinen Höhlen, die sie in das Ufer über der Wasserlinie graben. Den Eingang verstecken sie hinter Baumwurzeln; man kann ihn an seiner ovalen Form erkennen. Bruthöhlen sind viel länger, bis zu 20 m.

## AUSSCHLÜPFEN

Wie die Vögel und Reptilien besitzen Schnabeltierbabys einen „Eizahn" an der Schnabelspitze, mit dem sie die Eierschale durchbrechen. Beim Schlüpfen sind sie nackt, blind und nur 2,5 cm lang.

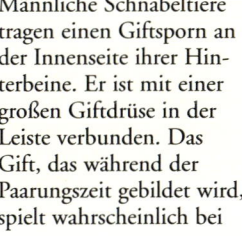

## NESTBAU

Das Schnabeltier-Weibchen packt Blätter von Wasserpflanzen mit dem Schwanz und bringt sie in die Bruthöhle. Die nassen Blätter halten die Luft in der Höhle feucht und verhindern, dass die Eier austrocknen.

## GIFTSPORN

Männliche Schnabeltiere tragen einen Giftsporn an der Innenseite ihrer Hinterbeine. Er ist mit einer großen Giftdrüse in der Leiste verbunden. Das Gift, das während der Paarungszeit gebildet wird, spielt wahrscheinlich bei den Revierkämpfen der Männchen eine Rolle. Menschen, die von dem Giftsporn gestochen werden, verspüren einen stechenden Schmerz, neugierige Hunde können sogar an dem Gift sterben.

## FAMILIENMERKMALE

**Familie:** Tachyglossidae

**Artnamen:**
Kurzschnabeligel
 *Tachyglossus aculeatus*
Langschnabeligel
 *Zaglossus bruijni*

**Länge:**
Kurzschnabeligel 60 cm
Langschnabeligel bis 77 cm

**Gewicht:**
Kurzschnabeligel bis 6 kg
Langschnabeligel bis 10 kg

**Zahl der Jungen:** 1

**Lebenserwartung:**
bis 50 Jahre

**Lebensraum:**
Kurzschnabeligel: in vielen
 Lebensräumen
Langschnabeligel: Wälder und
 Wiesen im Hochland

**Verbreitung:**
Australien und Neuguinea

### EINGRABEN UND VERSCHWINDEN

Schnabeligel können mit ihren kräftigen Vorderfüßen Termitennester aufbrechen oder unter Felsen und Baumstämmen graben. Bei Gefahr buddeln sie sich so schnell ein, dass sie im Boden zu versinken scheinen. Da sie ihre Körpertemperatur nicht so gut regeln können wie andere Säugetiere, graben sich Schnabeligel bei heißem Wetter kühle Erdhöhlen.

# Schnabeligel

Es gibt zwei Arten von Schnabeligeln: Der Kurzschnabeligel lebt in Australien, der größere Langschnabeligel in Neuguinea. In Australien sind im Verlauf der letzten Million Jahre mehrere, viel größere Arten ausgestorben. Auf den ersten Blick scheinen die Schnabeligel keine Gemeinsamkeiten mit ihrem nächsten Verwandten, dem Schnabeltier, zu haben. Sie leben auf dem Land und besiedeln sogar trockene Regionen. Ihr Stachelkleid aus dicken, sehr scharfen Stacheln, die aus dem Rücken-, Seiten- und Schwanzfell ragen, schützt sie vor den meisten Feinden.

Trotz ihrer kurzen Beine können Schnabeligel sehr schnell rennen, bei Gefahr flüchten sie jedoch nur selten. Statt dessen kriechen sie in eine Felsspalte und klemmen sich mit den Stacheln so fest, dass man sie kaum bewegen kann. In offenem Gelände graben sie sich erstaunlich schnell in

### KURZSCHNABELIGEL

Kurzschnabeligel kommen fast überall in Australien und Tasmanien vor, wo sie alle Lebensräume bis zur Schneegrenze besiedeln. Sie leben als Einzelgänger in überlappenden Streifgebieten, bewegen sich aber selten weit weg – ein markiertes Tier wurde ein Jahr später an fast derselben Stelle wieder gefangen.

Höhlen graben sie nur bei Gefahr, sonst ruhen sie unter Sträuchern oder Baumstämmen. Die Ohrmuscheln sind fast unter dem dichten Kopffell verborgen. Wenn ihn Ameisen beim Plündern des Nestes angreifen, kann sich der Kurzschnabeligel mit einer Kralle am Hinterfuß das Fell kratzen.

Im Schädel des Schnabeligels fallen die langen, zahnlosen Kiefer auf. Der Gehirnschädel ist zwar relativ groß, die beiden Gehirnhälften sind aber nicht, wie bei höher entwickelten Säugern, miteinander verbunden. Tatsächlich gelten Schnabeligel als nicht besonders intelligent – zu schlecht „verkabelt", nannte es ein Biologe. Auch das Verhalten der Tiere ist sehr einfach; manche Forscher glauben, dass sogar Reptilien komplexere Verhaltensweisen haben.

### SCHLÜPFEN

Die Babys der Schnabeligel durchbrechen ihre Eierschale mit einem Eizahn. Dann bleibt das nackte, blinde Junge noch 10–12 Wochen gut geschützt im Beutel der Mutter, wo es Milch trinkt. Erst danach wachsen ihm Stacheln und es verlässt den Beutel.

### LANGSCHNABELIGEL

Langschnabeligel leben in den Bergwäldern und Wiesen von Neuguinea. Sie sind größer als ihre australischen Verwandten, haben aber kürzere, stumpfere Stacheln, die aus den wolligen Fellhaaren herausragen. Der Langschnabeligel ernährt sich fast ausschließlich von Regenwürmern und Maden.

## PAARUNG UND GEBURT

In der Paarungszeit zwischen Juli und August, dem Winter auf der Südhalbkugel, folgen einem Weibchen oft mehrere Männchen. Etwa zwei Wochen nach der Paarung bildet sich am Bauch der Mutter ein einfacher Beutel aus einer Hautfalte. Sie legt ein einziges Ei direkt in den Beutel, wo es bis zum Schlüpfen noch 10 Tage bleibt.

den Boden ein, bis sie in Sicherheit sind. Ist der Boden zu hart zum Graben, rollen sie sich zusammen und schützen Kopf und Beine in einer Stachelkugel. Bis auf den Menschen lassen sich davon alle Feinde abschrecken. Die Einwohner von Neuguinea machen mit abgerichteten Hunden Jagd auf den Langschnabeligel. In manchen Gebieten, vor allem dort, wo sein Lebensraum durch die Landwirtschaft vernichtet wird, ist er daher selten geworden.

## MILCHDRÜSEN

Wie beim Schnabeltier ähneln auch die Milchdrüsen der Schnabeligel großen Schweißdrüsen, die sich in den Beutel öffnen. Die ausfließende Muttermilch klebt an den Fellhaaren fest und wird vom Baby geräuschvoll abgeleckt.

## PUTZKRALLE

Die Füße der Schnabeligel sind zu einer durchgehenden Pfote verwachsen, aus der nur die langen Krallen herausragen. Die zweite Kralle des Hinterfußes ist besonders lang. Sie dient als „Putzkralle", mit der sich der Schnabeligel zwischen den langen Stacheln kratzen kann.

## WACHSTUM

Auch nachdem das Junge den Beutel verlassen hat, wird es von der Mutter umsorgt. Sie kehrt immer wieder zu dem sicheren Versteck zurück und säugt ihr Baby. Erst im nächsten Frühling macht sich das Kleine selbstständig.

## SCHWIMMEN

Obwohl sie meist an trockenen Stellen leben, können Schnabeligel zur Not schwimmen. Dann paddeln sie durch das Wasser und heben ihre lange Schnauze wie einen Schnorchel aus dem Wasser.

Der Kurzschnabeligel reißt mit den Krallen seiner kräftigen Vorderbeine Ameisen- und Termitenbauten auf oder gräbt unter Steinen und Bäumen nach Nahrung, die er mit der langen, sehr klebrigen Zunge aufleckt. Langschnabeligel ernähren sich dagegen vorwiegend von Würmern. Wie die Schnabeltiere haben sie keine Zähne, sondern zermahlen ihre Beute zwischen einer Hornplatte auf dem Gaumen und einer harten Stelle auf der hinteren Zunge. In Notzeiten kommen sie einen Monat ohne Nahrung aus. Da ein Schnabeligel in Gefangenschaft mehr als 50 Jahre lang lebte, dürften sie auch in Freiheit sehr alt werden.

# BEUTELTIERE

Der Name „Beuteltier" lässt den Fehlschluss zu, man könne alle Mitglieder dieser Tiergruppe leicht erkennen. Tatsächlich tragen nur die Mütter einiger Arten, z. B. die Kängurus, ihre Kinder gut sichtbar im Beutel mit sich herum. Bei anderen Beuteltieren ist der Beutel viel unauffälliger, außerdem unterscheiden sich die Tiere in der Größe – einige sind klein wie eine Spitzmaus, die größten messen von Schnauze bis Schwanzspitze über 3 m. In ihrem Körperbau spiegeln sich die verschiedenen Lebensweisen wider. Es gibt gute Kletterer, manche graben Höhlen, andere schwimmen und wieder andere hüpfen auf langen Hinterbeinen über ihre Weideflächen. Eines haben jedoch alle Beuteltiere gemeinsam: Ihre Neugeborenen sind winzig, manche kaum größer als ein Reiskorn.

## DATEN ZUR ORDNUNG

**Ordnung • Marsupialia**
**Familien: 18**
**280 Arten in 76 Gattungen**

**UNTERORDNUNG POLYPROTO-DONTIA** mit Opossums (Amerika), Beutelmardern, Ameisenbeutlern, Beutelwolf, Beutelmullen, Nasenbeutlern, Kaninchennasenbeutlern
**UNTERORDNUNG DIPROTO-DONTIA** mit Beutelratten, Kletterbeutlern, Kaninchenkängurus, Rattenkängurus, Bürstenrattenkängurus, Wallabys, Kängurus

## FAMILIENMERKMALE

*Familien der Beuteltiere:* 18

*Kleinste Arten:*
Flachkopfbeutelmäuse
Länge Kopf/Körper
5–10 cm
Schwanz: 4,5–9 cm
Gewicht: 5–9 g
*Größte Art:* Östliches
Graues Riesenkänguru
Höhe: 2 m

*Zahl der Jungen:* von 1
(Känguru, Koala, u. a.) bis
20 und mehr (einige
Opossums)

*Tragzeit:*
12–40 Tage

*Verbreitung:* Australien und Neuguinea; Nord-, Süd- und Mittelamerika

### BEUTELTIERE MIT PLAZENTA

Die Nasenbeutler und der Koala besitzen eine Plazenta, die ähnlich wie bei den Plazentatieren aufgebaut ist. Allerdings ist nur ein kleiner Bereich an der Ernährung des Embryos beteiligt. Einige Nasenbeutler haben die kürzeste Schwangerschaft aller Säugetiere – nach nur 12,5 Tagen wandert das Baby in den Beutel.

*Ungeborene Nasenbeutler sind über Nabelschnüre mit der Mutter verbunden.*

Den Beuteltieren fehlt die Plazenta höher entwickelter Säuger, um die Embryos im Mutterleib zu ernähren. Daher kommen die Babys schon nach kurzer Zeit winzig und unvollkommen zur Welt – spätestens nach sechs Wochen. Alle Babys haben jedoch ziemlich große Vorderbeine mit Krallen. Damit klammern sie sich ans Fell der Mutter und krabbeln bis zu einer Zitze. Meist sitzt die Zitze auf den Bauch der Mutter in einer Hautfalte oder im Beutel. Das Baby stülpt seinen Mund über die Zitze, sie schwillt etwas an und bleibt nun die nächsten paar Monate im Mund

*Weibliche Zwergbeutelratten haben keinen Beutel.*

### AUSGESTORBENE ARTEN

Es gibt eine Reihe von Gründen, warum zahlreiche Beuteltiere ausgestorben sind und der Lebensraum der Überlebenden so stark abgenommen hat. Sicher trägt manchmal der Mensch die Schuld, aber viele Fossilien von ausgestorbenen Beuteltieren stammen aus einer Zeit, als es noch keine Menschen gab. Der größte australische Pflanzenfresser war das Beuteltier *Diprotodon*; es hatte eine Schulterhöhe von 2 m und war 3 m lang. Dieser mächtige Verwandte der Kängurus, der wie ein Bär auf den Sohlen lief, starb vor rund einer Million Jahren aus.

Häufig sehen Beuteltiere so ähnlich aus wie Plazentatiere mit entsprechender Lebensweise: Besonders eindrucksvoll war *Thylacosmilus*. Er glich einer großen Säbelzahnkatze und schlug seine Beute mit gewaltigen Eckzähnen. Da seine Eckzähne offene Wurzeln hatten und wie bei den Nagetieren ständig weiter wuchsen, dürfte er eine Säbelzahnkatze wohl übertroffen haben.

*Thylacosmilus*

*Diprotodon*

## BEUTEL

Der Name Marsupialia geht auf das lateinische „marsupium" (Beutel) zurück. Fast alle weiblichen Tiere bringen ihre hilflosen Jungen in dieser schützenden Hautfalte unter. In einigen Fällen, z. B. bei Koalas und Nasenbeutlern, öffnet sich der Beutel nach hinten; neugeborene Kängurus können von oben in den Beutel schlüpfen. Bei den meisten Opossums und einigen anderen Arten gleicht der Beutel einer Brieftasche mit Fächern und einem breiten Schlitz, durch den mehrere Junge einwandern können. Bei einigen kleinen, Fleisch fressenden Arten bildet sich der Beutel zurück, sobald die Jungen ausgewachsen sind. Die winzigen Zwergbeutelratten haben gar keinen Beutel.

*Der Beutel der Kängurus öffnet sich nach oben.*

*Koalas (oben) haben einen Beutel, der sich nach hinten öffnet.*

*Das Gleiche gilt für Nasenbeutler (unten).*

*Das Opossum (oben) hat einen Beutel mit Längsschlitz, in den mehrere Junge kriechen.*

des Jungen stecken. Auch ein Junges, das den Beutel bereits verlassen kann, wird noch von der Mutter betreut. Zum Trinken darf das hungrige Kleine zurück in den Beutel.

Es gibt weitere Unterschiede zwischen Beutel- und Plazentatieren: Der wichtigste betrifft das Gehirn, das bei den Beuteltieren stets kleiner und weniger „verdrahtet" ist. In der direkten Konkurrenz zwischen den beiden Gruppen ziehen daher die Beuteltiere meist den Kürzeren.

### BEDROHTE BEUTELTIERE

Die meisten australischen Beuteltiere haben unter der menschlichen Besiedelung gelitten. Einige Arten haben die Hunde der frühen Aborigines ausgerottet, andere verschwanden durch die angelegten Buschfeuer. Besonders schlimm waren jedoch die europäischen Siedler, die nicht nur Raubtiere mitbrachten, sondern auch Weidevieh und Kaninchen, die vielen Beuteltieren die Nahrung wegfraßen. So lebten Kaninchennasenbeutler um 1900 fast überall in Australien südlich des 18. Breitengrades. Heute kommen sie nur noch in der australischen Wüste, einige in Westaustralien und Südwestqueensland vor.

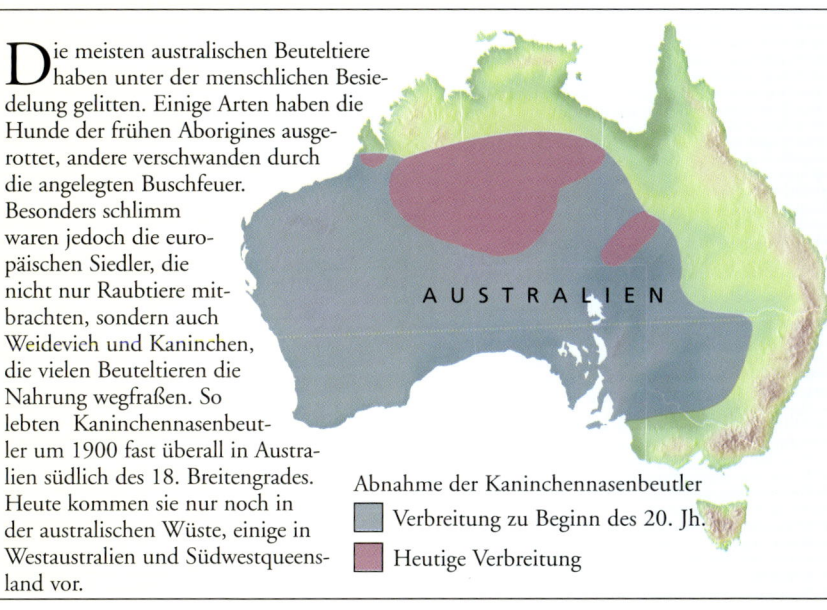

AUSTRALIEN

Abnahme der Kaninchennasenbeutler
- ▬ Verbreitung zu Beginn des 20. Jh.
- ▬ Heutige Verbreitung

Dieses Phänomen wird deutlicher, wenn man die Entwicklung der Beuteltiere betrachtet. Die ältesten Fossilien stammen aus Nordamerika. Dann breitete sich die Tiergruppe bis nach Europa aus, war aber dort nicht besonders erfolgreich. Schließlich erreichten sie Südamerika und Australasien, bevor sich die Kontinente trennten. Nach der Ankunft der Beuteltiere blieben Australien und Südamerika völlig getrennt von der übrigen Welt, da die Kontinente über viele Millionen von Jahren auseinander drifteten. Ohne die Konkurrenz anderer Tiergruppen spalteten sich die Beuteltiere in zahlreiche neue Arten auf, darunter auch löwengroße Raubtiere und riesige Pflanzenfresser. Vor rund drei Millionen Jahren bildete sich eine Landbrücke zwischen Nord- und Südamerika. Tiere wanderten aus dem Norden nach Süden, andere von Süden nach Norden. Das Nordopossum gehört zu den Gewinnern der Wanderung – es konnte weite Teile Nordamerikas erobern. Plazentatiere, wie der Jaguar, wanderten nach Süden und verdrängten zahlreiche der früher dort lebenden Beuteltiere. Die versteinerten Knochen der ausgestorbenen Arten findet man in vielen Teilen Südamerikas.

Offenbar waren die Plazentatiere besser angepasst und konnten Lebensraum und Nahrungsangebot effektiver nutzen.

## FAMILIENMERKMALE

*Familie:* Didelphidae

*Zahl der Arten:* 77
*Artnamen (Beispiele):*
Nordopossum:
  *Didelphis virginiana*
Zwergbeutelratten:
  Gattung *Marmosa*
Schwimmbeutler:
  *Chironectes minimus*

*Kleinste Art:* Spitzmaus-
Beutelratte
  Länge Kopf/Körper:
  nur 85 mm
  Gewicht: Weibchen 40 g
  oder weniger
*Größte Art:* Nord- oder
  Virginia-Opossum
  Länge Kopf/Körper:
  bis 50 cm
  Gewicht: bis 5,5 kg

*Zahl der Jungen:* viele, bei
manchen Arten über 20 (der
Rekord steht bei 52).

*Lebenserwartung:* in Freiheit
selten älter als 2 Jahre

*Verbreitung:* Südost-Kanada
bis Süd-Argentinien; die
meisten im tropischen Regenwald (Mittelamerika, Brasilien)

### SICH „TOT STELLEN"

Wird ein Nordopossum
angegriffen, stellt es sich
manchmal tot. Meist wacht
es schon nach einer Minute
wieder auf, kann aber auch
mehrere Stunden „tot" bleiben. Da viele Raubtiere nur
Jagd auf bewegliche Beute
machen, geben sie auf oder
lassen von dem Opossum
ab; so hat es eine gute
Chance zu entkommen. Es
ist nicht bekannt, wie
das Tier dieses Ver-
halten steuert.

*Das Opossum hängt
schlaff herunter, ohne
auf eine Berührung zu
reagieren.*

# Amerikanische Opossums

O bwohl heute nur noch 77 Arten in der Neuen Welt leben, beweisen
die Fossilien, dass die Beuteltiere aus Nordamerika stammen. Die
amerikanischen Opossums oder Beutelratten unterscheiden sich von den
australischen Arten. Sie sind klein bis mittelgroß, viele können gut
klettern, wobei sie sich mit ihrem langen Greifschwanz festhalten.
Die meisten Arten gehen nachts auf die Jagd nach Insekten und
kleinen Tieren, manche fressen auch Eier und Früchte.
Bei den amerikanischen Opossums sind die Beutel zum Schutz der
Jungen sehr vielfältig ausgebildet. Einige Arten haben gar keinen
Beutel, dort hängen die Jungen ungeschützt an den Zitzen der Mutter.
Die Würfe sind meist sehr groß – weibliche Tiere haben deshalb bis zu
25 Zitzen. Es kann vorkommen, dass einige Zitzen frei bleiben; andere
Mütter bringen mehr Babys zur Welt, als sie ernähren können.

### DAS NORDOPOSSUM UND SEINE JUNGEN

D ie Nord- oder Virginia-
Opossums sind die größten
und am weitesten verbreiteten
amerikanischen Beutelratten: Sie
kommen von Südost-Kanada bis
nach Süd-Argentinien vor. Diese
streitsüchtigen Einzelgänger
haben sich hervorragend an das
Zusammenleben mit Menschen
angepasst. Mit nur 12–13 Tagen
haben sie eine der kürzesten
Tragzeiten aller Säugetiere. Die
Jungen nutzen ihre scharfen

Krallen um in den Beutel zu
krabbeln; etwa einen Tag später
fallen die Krallen ab. Obwohl die
stickige Luft im Beutel 20-mal
mehr Kohlendioxid als normale
Luft enthält, scheint dies den
Babys nichts auszumachen.
Nachdem sie den Beutel verlassen
haben, reiten die Jungen eine
Zeitlang auf dem Rücken ihrer
Mutter umher, die an dem Gewicht der wachsenden Familie
ganz schön zu tragen hat.

In den tropischen Wäldern
Amerikas kommen viele
Arten dieser winzigen, kletternden Beuteltiere vor. Neben Früchten essen sie vor
allem Insekten. Dabei

schrecken
sie auch vor Heu-
schrecken nicht zurück,
die fast so groß sind wie sie
selbst (oben). Wenn sie mit
der Beute fertig sind, bleiben nur die Flügel und
stacheligen Beine übrig. Wie
die echten Mäuse haben die
meisten Zwergbeutelratten
ein kurzes Leben.

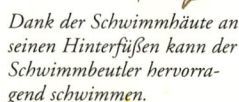

*Dank der Schwimmhäute an
seinen Hinterfüßen kann der
Schwimmbeutler hervorra-
gend schwimmen.*

### SCHWIMMBEUTLER

Der Schwimmbeutler oder
Yapok ist das einzige im
Wasser lebende Opossum.
Er hat wasserdichtes Fell
und Schwimmhäute an
den Hinterfüßen.
Männchen und Weibchen
haben einen Beutel; aber
nur die Weibchen können
ihre Beutel wasserdicht
verschließen. Sie schwim-
men sogar mit den Jungen
im Beutel umher. Den Tag
verbringen Yapoks in
Bauen nahe dem Wasser.
Nachts kommen sie hervor
und jagen Kleintiere.

## FETTSCHWANZ-BEUTELMAUS

Dieses mausgroße Beuteltier (oben) besiedelt große Teile des trockenen, felsigen Nordaustraliens. Es lebt fast ausschließlich von Insekten und speichert in guten Zeiten Fett in seinem Schwanz. Obwohl es nachtaktiv ist, liebt es Sonnenbäder – dann kann es Raubtieren zum Opfer fallen. Die Weibchen bringen einmal pro Jahr sechs Junge zur Welt.

# Raubbeutler

Raubbeutler sind Fleisch fressende, australische Beuteltiere. Die einzelnen Arten sehen sehr unterschiedlich aus; es gibt große Formen mit einem Gewicht von mehreren Kilogramm, andere wiegen gerade ein paar Gramm. Manche klettern, andere graben Höhlen, während der ausgestorbene Beutelwolf wie ein kleiner Wolf lebte. Alle Arten haben jedoch scharfe Zähne, um Fleisch zu zerschneiden, und Hinterfüße mit einzelnen Zehen – darin unterscheiden sie sich von anderen Beuteltieren. Einige Raubbeutler haben keinen Beutel oder besitzen nur einfache Hautfalten über den weiblichen

## BEUTELMARDER

Beutelmarder oder Quolls sind furchtlose Jäger. Sie jagen am Boden und in den Baumkronen und bringen ihre Opfer mit einem Biss in den Nacken zur Strecke. Beim Essen halten sie die Beute mit den Vorderfüßen fest. Da Füchse und verwilderte Katzen viele Beutelmarder getötet haben, kommen sie in ihrem einstigen Verbreitungsgebiet nur noch selten vor.

*Der Fleckenbeutelmarder ist die größte der vier Arten; seine Flecken setzen sich auf dem Schwanz fort.*

### TASMANISCHER TEUFEL

Seinen Namen erhielt der Tasmanische oder Beutelteufel, weil er angeblich Schafe tötet. Er ist jedoch ein Aasfresser, der noch nicht einmal eine Ratte töten könnte. Auf dem australischen Festland wurde er vom Dingo ausgerottet, der den Sprung nach Tasmanien nicht schaffte. Heute kommt der Beutelteufel wieder häufiger vor – sogar in der Nähe von Städten. Wenn er seine Jugend übersteht, kann er 5–8 Jahre alt werden.

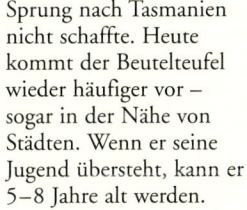

*Überfamilie:* Dasyuroidea

*Zahl der Arten:* 60
*Artnamen (Beispiele):*
Fettschwanzbeutelmaus:
  *Pseudantechinus macdonnellensis*
Fleckenbeutelmarder:
  *Dasyurus maculatus*
Tasmanischer Teufel:
  *Sarcophilus harrisii*
Beutelwolf:
  *Thylacinus cynocephalus*
Numbat:
  *Myrmecobius fasciatus*

*Kleinste Art:* Süd-Flachkopfbeutelmaus
  Gewicht: 5–9 g
*Größte Art:*
  Tasmanischer Teufel
  Länge Kopf/Körper: bis 65 cm
  Gewicht: bis 8 kg

*Zahl der Jungen:*
Tasmanischer Teufel 4;
kleinere Arten viel mehr

*Lebenserwartung:*
Tasmanischer Teufel bis 8 Jahre; kleinere Arten unbekannt, aber deutlich kürzer

*Verbreitung:* Australien (einige nur in Tasmanien), wenige in Neuguinea

**2**

**B E U T E L T I E R E**

## NUMBAT

Numbats leben nur in den Eukalyptuswäldern eines kleinen westaustralischen Gebietes. Hier finden sie reichlich Termiten, ihre einzige Nahrung. Im Unterschied zu anderen Arten sind sie tagaktiv und verbringen die Nacht in hohlen Baumstämmen.

Zitzen, die den Jungen kaum Schutz bieten. Viele Raubbeutler sind nachtaktiv. Die kleineren Arten jagen Insekten, die größeren suchen nach Aas oder jagen Tiere bis zur Größe von Hühnern oder Lämmern. Wegen dieser Lebensweise waren sie bei den Siedlern nicht besonders beliebt. Heute hat die Zahl fast aller Raubbeutler stark abgenommen. In einigen Fällen gehen die Bestände schon seit langer Zeit zurück, in anderen Fällen sind jedoch die europäischen Siedler verantwortlich: Sie zerstörten die angestammten Lebensräume und brachten manche Raubbeutler durch die eingeschleppten Haustierkrankheiten an den Rand der Ausrottung.

## BEUTELWOLF

Der letzte Beutelwolf starb 1936 in Gefangenschaft, viele Menschen hoffen aber, dass ein paar Tiere versteckt in den Wäldern überlebt haben. Obwohl er hauptsächlich von Wallabys lebte, fürchteten die europäischen Siedler um ihr Vieh und töteten viele Beutelwölfe. Letztlich fiel er jedoch Krankheiten zum Opfer.

*Numbats essen ausschließlich Termiten.*

*Beutelwolf*

## FAMILIENMERKMALE

*Überfamilie:* Perameloidea
*Familie Nasenbeutler:* Peramelidae
*Familie Kaninchennasenbeutler:* Thylacomyidae

*Zahl der Arten:* 8
*Artnamen (Beispiele):*
Langnasenbeutler:
*Perameles nasuta*
Großer Kurznasenbeutler:
*Isoodon macrourus*
Großer Kaninchennasenbeutler: *Macrotis lagotis*

*Größe:* etwa kaninchengroß
Länge Kopf/Körper:
19–55 cm

*Zahl der Jungen:* meist 4;
3 Würfe pro Jahr; mit 2 Monaten entwöhnt

*Lebenserwartung:* bis 3 Jahre

*Verbreitung:* Küsten Australiens, Wüstennasenbeutler und Kaninchennasenbeutler im Landesinnern (Northern Territory)

# Nasenbeutler und Kaninchennasenbeutler

Nasenbeutler und die eng mit ihnen verwandten Kaninchennasenbeutler sind kleine Tiere mit langer Schnauze und rauem Fell. Sie leben in Wäldern oder Gebüschen. Ihre Vorderbeine sind meist kurz und enden in Krallen, mit denen sie Höhlen oder nach Nahrung graben können. An den Füßen der längeren Hinterbeine sind die beiden mittleren Zehen, wie bei den Kängurus, verwachsen. Die Tiere können hüpfen wie Kängurus oder laufen wie Kaninchen: Dann stützen sie sich mit den Vorderbeinen auf und schwingen die Hinterbeine nach vorn. Nasenbeutler fressen Insekten, Maden und andere Kleintiere am Boden, auch Früchte oder weiche Wurzeln schmecken ihnen. Ihre Embryos stehen mit dem mütterlichen Körper über eine Art Plazenta in Verbindung, werden aber schon nach 12,5 Tagen geboren – die kürzeste Tragzeit aller Tiere.

### LANGNASENBEUTLER

In den Gärten der australischen Ostküste kann man den Langnasenbeutler grunzen und quieken hören, wenn er nachts nach Insekten und Würmern gräbt.

### KANINCHENNASENBEUTLER

Die Kaninchennasenbeutler besiedeln die dürren Wüsten in West- und Mittelaustralien. Vor der Tageshitze flüchten sie in tiefe Baue. Nachts graben sie nach Samen oder Maden, die sie nur mit Hilfe ihrer Nase und Ohren finden, denn sie können schlecht sehen.

*Kaninchennasenbeutler graben Höhlen in Sand oder Erde.*

## GROSSER KURZNASENBEUTLER

Dieses Beuteltier lebt in offenem Grasland und in den Wäldern von Ost- und Nordaustralien in der Nähe der Küste – manchmal auch in Gärten. Den Tag verbringt es in Erdhöhlen oder hohlen Bäumen; nachts kommt es hervor und sucht nach Pflanzen oder Kleintieren. Kurznasenbeutler sind Einzelgänger und verteidigen große Reviere, die sie mit Duftmarken aus Drüsen hinter den Ohren markieren.

## FAMILIENMERKMALE

*Familie:* Vombatidae

*Zahl der Arten:* 3
*Artname (Beispiel):*
Nacktnasenwombat:
*Vombatus ursinus*

*Größe:* Nacktnasenwombat:
Länge Kopf/Körper: bis 1 m
Gewicht: bis 39 kg

*Zahl der Jungen:* 1, selten 2;
bleiben 6 Monate im Beutel, dann noch 1 Jahr bei der Mutter

*Lebenserwartung:* etwa 5 Jahre in der Freiheit (in Zoos 20 Jahre)

*Verbreitung:* Nacktnasenwombat in Wäldern von New South Wales bis Südaustralien und Tasmanien; Nördlicher Haarnasenwombat Küste des südlichen Mittelaustraliens

# Wombats

Alle Wombats leben in unterirdischen Bauen, die sie nur nachts verlassen, um Gras und andere Pflanzen zu fressen – daher bekommt man sie nur selten zu Gesicht. Sie haben lange, stämmige Körper, dicke Köpfe und sehr kurze Schwänze. Ähnliche Merkmale zeichnen auch den nahe verwandten Koala aus. Während der Nacktnasenwombat Wälder bewohnt, bevorzugt der Haarnasenwombat offene Ebenen. Obwohl ihre Lebensweise nicht viel Intelligenz verlangt, haben sie im Verhältnis das größte Gehirn aller Beuteltiere (Koalas haben nur sehr kleine Gehirne).

### DER BAU DER WOMBATS

Im Bau des Haarnasenwombats (links) führen mehrere Eingänge in eine zentrale Kammer, von der kleinere Wohnröhren abgehen. In einem solchen Tunnelsystem leben bis zu zehn Wombats.

## Beutelmull

Der Beutelmull oder -maulwurf gehört in eine eigene Familie (Notorictidae) zwischen den Raubbeutlern und den Kängurus. Obwohl er in weiten Teilen Australiens verbreitet ist, bekommt man ihn kaum zu sehen, denn er verbringt fast sein ganzes Leben auf der Suche nach Insekten und ihren Larven unter der Erde.

## NACKTNASENWOMBAT

In ihrem Streifgebiet, das rund 5–20 ha groß ist, legen Nacktnasenwombats zahlreiche Baue an. Ein Tier besucht jede Nacht mehrere Erdhöhlen. Obwohl sich die Baue benachbarter Wombats etwas überlappen können, hat jedes Tier sein eigenes Revier, in dem es frisst und das es mit Duft markiert und aggressiv verteidigt.

## FAMILIENMERKMALE

*Familie:* Phascolarctidae

*Zahl der Arten:* 1
Koala: *Phascolarctos cinereus*

*Größe:* abnehmend vom
Süden nach Norden
Im Süden:
 Höhe: bis zu 82 cm
 Gewicht: 13 kg
 und mehr
In Queensland:
 Gewicht: 6,5 kg

*Zahl der Jungen:* 1
*Aufenthalt im Beutel:*
7 Monate

*Lebenserwartung:* in Freiheit
unbekannt; im Zoo 15 Jahre

*Verbreitung:* Eukalyptus-
wälder in Ostaustralien, von
Nord-Queensland bis Süd-
Victoria

# Koalas

**W**egen ihres bärenartigen Aussehens nennt man Koalas auch „Beutelbären". Näher verwandt sind sie allerdings mit den Wombats. Im Unterschied zu diesen Bodenbewohnern verlassen Koalas ihre Bäume nur selten. In der Sprache der Aborigines heißt Koala „Der niemals trinkt", da Koalas nicht einmal zum Trinken vom Baum klettern. Ihre Flüssigkeit beziehen sie aus den Blättern der Eukalyptusbäume und einiger anderer Bäume – ihrer einzigen Nahrung. Den Tag verschlafen die Koalas in einer Astgabel. Nach Einbruch der Dämmerung beginnen sie zu fressen. Koalas sind sehr geschickte Kletterer: Sie klammern sich mit ihren starken Krallen am Stamm fest und klettern mit hüpfenden Bewegungen nach oben. Bis auf die Mütter und ihre Jungen leben die Koalas als Einzelgänger, die sich gleichmäßig in einem Eukalyptuswald verteilen. Wenn ein Junges

## SCHÄDEL

Der massive Schädel des Koalas ist seitlich abgeflacht. In dem ziemlich großen Kopf sitzt ein noch kleineres Gehirn als bei anderen Beuteltieren seiner Größe. Die Kiefer enthalten 30 Zähne.

Mit den großen mittleren Schneidezähnen reißen Koalas die Blätter ab und zerkauen sie mit den flachen Backenzähnen im hinteren Teil des Mundes.

## KOALAS UND IHRE JUNGEN

**D**ie meisten erwachsenen Koalaweibchen gebären jedes Jahr im Sommer ein Junges. Die Babys, die bei der Geburt nur 0,5 g wiegen, verbringen danach noch 7 Monate im Beutel, der sich bei den Koalas nach hinten öffnet. Noch im Beutel beginnt die Entwöhnung: Das Kleine wird mit einem speziellen, weichen Kot der Mutter gefüttert. Nur so gelangen die Mikroorganismen in seinen Darm, die es braucht, um die widerstandsfähigen Blätter zu verdauen.

den Beutel verlässt, bleibt es zunächst bei seiner Mutter, trinkt weiter Milch und reitet bis zum Alter von einem Jahr auf ihrem Rücken. Erst mit 18 Monaten verlässt es seinen Geburtsort und sucht nach einem eigenen Revier. Die Männchen sind größer als die Weibchen. Während der Paarungszeit markieren sie die Äste in ihrem Revier aus einer Duftdrüse an der Brust, machen aber auch durch bellende Rufe auf sich aufmerksam.

## HAND UND FUSS

Während der große Zeh sehr kurz und breit ist und keinen Nagel trägt, sind die übrigen Zehen mit langen, gebogenen, scharfen Krallen bewehrt. Sie wirken wie Steigeisen,

wenn der Koala auf Stämme klettert. Mit Daumen und Zeigefinger, die den anderen Fingern gegenüberstehen, klammert er sich sicher auch an kleineren Ästen fest.

*Koalas können den großen Zeh weit abspreizen um sich an dickere Äste zu klammern.*

## SPRÜNGE

Obwohl Koalas die meiste Zeit unbeweglich verbringen, müssen sie gelegentlich den Futterbaum wechseln. Dann klettern sie zu Boden und hüpfen mit erstaunlich weiten Sprüngen umher. Manchmal springen sie sogar von Baum zu Baum – 3 m mit einem einzigen Sprung. Sofern sich auf dem neuen Baum schon ein Koala aufhält, wird er sein Revier allerdings energisch verteidigen.

# Beutelratten und Kletterbeutler

Diese Beuteltiere leben in den Wäldern fast ganz Australiens, Neuguineas und der nahen Inseln. Es gibt maus- bis mehr als katzengroße Arten, die alle gut klettern können. Da ihre Daumen den Fingern gegenüberstehen, können sie kleinere Äste sicher umfassen. Ihre langen Schwänze sind häufig am Ende nackt oder mit Schuppen besetzt, manchmal auch mit Greifpolstern, sodass sie wie eine fünfte Hand wirken. Obwohl manche Arten nur selten den Boden berühren, können alle, wie die übrigen Säugetiere, auf vier Beiden laufen und rennen.

## STREIFENBEUTLER

Die Streifenbeutler, die vorwiegend Insekten fressen, leben in Nord-Queensland und Neuguinea. Mit ihren beiden nadelspitzen Schneidezähnen reißen sie Baumrinde auf und holen sich Maden aus den Löchern. Dazu benutzen sie ihre Zunge oder die besonders lange Kralle am vierten Finger jeder Hand.

## RINGBEUTLER

Der Gewöhnliche Ringbeutler bevorzugt Lebensräume mit dichtem Gestrüpp. Gartenbesitzer an der australischen Ostküste kennen ihn gut, da er sich besser als andere Beuteltiere an die Menschen gewöhnt hat. In den Gärten hat er sich neue Nahrungsquellen erschlossen, darunter auch Rosenknospen.

### TÜPFELKUSKUS

Die Tüpfelkuskuse bewohnen die Wälder in Neuguinea und Nordqueensland, von Meereshöhe bis in 800 m Höhe. Den Tag verbringen sie in wackeligen Schlafnestern. Schon mancher Reisender hat geglaubt einen Affen zu sehen. Ein Tüpfelkuskus bewegt sich sehr gemächlich und vorsichtig, niemals springt er von Ast zu Ast. Am Boden hüpft er mit der Geschwindigkeit eines schnell gehenden Menschen. Obwohl die Tiere friedlich aussehen, können Männchen sehr aggressiv werden. Die Weibchen bringen bis zu drei Junge zur Welt, ziehen aber selten mehr als eines auf.

*Hinterfuß*

*Vorderfuß*

*Da Daumen und Zeigefinger den anderen Fingern gegenüber stehen, lässt sich ein Kuskus nicht vom Baum schütteln.*

Viele Beutelratten leben in Gemeinschaften, in denen sich die Reviere überlappen und die Schlafnester in der Nähe der anderen gebaut werden. Alle sind nachtaktiv, ernähren sich vorwiegend von Blüten und Blättern, dürften aber auch eine Insektenmahlzeit nicht verschmähen – dafür sprechen auch ihre großen Eckzähne. In Gefangenschaft fressen sie sogar Hundefutter.

Weibchen haben einen Beutel, der sich nach oben öffnet. Da sie nur vier Zitzen besitzen, bleiben die Familien klein.

## BILCHBEUTLER

Die Bilchbeutler gehören zu den kleinsten und beweglichsten Arten der Gruppe. Sie ernähren sich von Insekten und Blütenpollen. Im Unterschied zu anderen Beuteltieren fallen sie bei sehr kaltem Wetter bis zu zwei Wochen in eine Kältestarre.

---

*Überfamilie:* Phalangeroidea

*Zahl der Arten:* 51
*Artnamen (Beispiele):*
Streifenbeutler:
   *Dactylopsia trivirgata*
Tüpfelkuskus:
   *Spilocuscus maculatus*
Riesengleitbeutler:
   *Petauroides volans*

*Kleinste Art:* Zwergbilchbeutler
   Länge Kopf/Körper:
   bis 6,5 cm
   Gewicht: 6–9 g
*Größte Art:* Gewöhnlicher Fuchskusu
   Länge Kopf/Körper:
   bis 55 cm
   Gewicht: Männchen bis
   4,5 kg, Weibchen bis
   3,5 kg

*Zahl der Jungen:* bis 4, meist weniger

*Lebenserwartung:* meist unbekannt

*Verbreitung:* in ganz Australien, vor allem in Wäldern und Gärten

## FUCHSKUSU

Diese Kletterbeutler kommen in ganz Australien vor, viele Menschen halten sie sogar für Schädlinge. Sie bauen ihre Nester oft in Häusern und machen sich über Gartenpflanzen her. In den neuseeländischen Wäldern, wo sie nach 1800 als Pelztiere eingeführt wurden, sind sie zum Problem geworden.

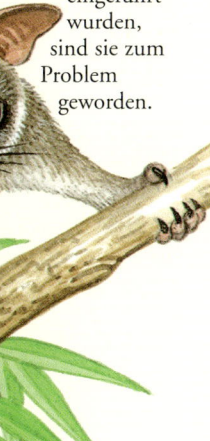

In allen drei Familien der Beutelratten und Kletterbeutler entstand bei einigen, besonders gut kletternden Arten im Zuge der Evolution eine Flughaut zwischen Armen und Beinen. Wenn die Tiere sitzen oder fressen, falten sie die Flughaut am Körper zusammen. Beim Sprung von Baum zu Baum spreizen sie Arme und Beine, die Flughaut breitet sich aus und die Tiere segeln wie mit einem Gleitschirm von Ast zu Ast. Solche „fliegenden" Beuteltiere können zwar nicht mit ihren Flügeln schlagen, wie die Fledermäuse, aber sie haben durch Bewegungen von Armen und Beinen eine gewisse Kontrolle: So fliegen sie an Hindernissen vorbei oder ändern die Flugrichtung bis zu 90°, wenn sie den Schwanz als Steuer benutzen. Die größte Art legt in einem Flug bis zu 100 m zurück. Während sie segeln, verlieren sie etwas an Höhe, insgesamt aber kaum mehr als ein paar Zentimeter. Bei der Landung richten sie die Hinterbeine nach vorn, reduzieren die Geschwindigkeit und lassen sich nieder.

## KURZKOPFGLEIT-BEUTLER

Der Kurzkopfgleitbeutler bevorzugt dichte Akazienwälder. In einem Nest leben mehrere Tiere, die sich gegenseitig wärmen, aber auch in Kältestarre fallen können. Je nach Jahreszeit ernähren sie sich von Baumharz und -säften oder Insekten.

*Kurzkopfgleitbeutler sind 17 cm lang und können 50 m weit segeln.*

## RIESENGLEITBEUTLER

*Wenn der Riesengleitbeutler seinen Ruheplatz verlässt, macht er sich auf einer festgelegten Route zu seinen Futterbäumen auf.*

Dieser größte unter den Gleitbeutlern kann bis 45 cm lang werden und mehr als 1 kg wiegen. Seine Flughaut reicht von den Ellbogen bis zu den Fußspitzen. Beim Flug biegt er die Vorderbeine nach innen, sodass seine Pfoten unter der Flughaut liegen. Wie der Koala lebt er als Einzelgänger und ernährt sich fast ausschließlich von Eukalyptusblättern, die er in einem riesigen Dickdarm verdaut – trinken braucht er nicht. Bei seinen seltenen Besuchen am Boden ist er unbeholfen und wird leicht zur Beute von Füchsen oder Dingos.

## ZWERGGLEITBEUTLER

Diese winzigen Gleitbeutler bewohnen alle Stockwerke eines Baumes. Sie leben von Blüten und Nektar, Pflanzensäften und Insekten. Ihre Flughaut ist kürzer und

dicker als bei anderen Gleitern, dafür können die Tiere mit ihrem beweglichen Schwanz, der seitlich mit steifen Haaren bedeckt ist, die Fluggeschwindigkeit kontrollieren. Wegen der Hautrillen auf ihren Fußsohlen können sie auf sehr glatten Oberflächen landen.

Die meisten Gleitbeutler leben in Gruppen, einige in gemeinsamen Schlafnestern. Die meisten Arten machen sich durch Rufe bemerkbar und markieren ihre Reviergrenzen mit Duftmarken. Dem Leadbeaters-Hörnchenbeutler fehlen Duftdrüsen, doch da sich die Gruppenmitglieder ablecken, tragen alle einen typischen „Gruppenduft". Jeder, dem dieser Duft fehlt, wird angegriffen.

# Kängurus und ihre Verwandten

Ein kleines Känguru war das erste von vielen merkwürdigen Tieren, die die europäischen Einwanderer bemerkten. Schon bald darauf stellten sie fest, dass australische Tiere genauso lebten wie die ihnen bekannten europäischen Arten – obwohl sie völlig anders aussahen.

Kängurus und ihre Verwandten, die Wallabys und Rattenkängurus, sind Pflanzenfresser. Die großen Arten grasen wie die Schafe oder Rehe der Alten Welt, kleine Arten gleichen in ihrem Verhalten anderen Tierarten. Bei allen Kängurus stehen zwei große Schneidezähne im Unterkiefer.

## FAMILIENMERKMALE

*Überfamilie:*
Macropodoidea
*Rattenkängurus und Verwandte:* Potoroidae
*Größere Wallabys und Kängurus:* Macropodidae

*Zahl der Arten:* 56
*Artnamen (Beispiele):*
Langnasen-Kaninchenkänguru: *Potorous tridactylus*
Schwarzes Baumkänguru: *Dendrolagus ursinus*
Flinkwallaby: *Macropus agilis*
Rotes Riesenkänguru: *Macropus rufus*

*Kleinste Art:* Moschusrattenkänguru:
Länge Kopf/Körper: bis 27 cm
*Größte Art:* Östliches Graues Riesenkänguru:
Länge Kopf/Körper 2 m

*Zahl der Jungen:* 1 (Moschusrattenkänguru 2)

*Lebenserwartung:* Große Arten bis 20 Jahre, selbst kleine Arten werden in Freiheit bis 7 Jahre alt

*Verbreitung:* fast ganz Australien, bis zur Baumgrenze; auch Neuguinea und die nahen Inseln

## MOSCHUSRATTEN-KÄNGURU

Das winzige Moschusrattenkänguru kommt nur in den Tropenwäldern von Nordqueensland vor. Es sucht auf dem Waldboden nach Insekten, Würmern und herabgefallenen Früchten. Bei gutem Nahrungsangebot haben diese Einzelgänger nichts gegen Gesellschaft. Die Weibchen ziehen ihre beiden Jungen im Sommer auf; häufig überlebt nur eines der Babys.

## LANGNASEN-KANINCHENKÄNGURU

Das Langnasen-Kaninchenkänguru lebt im Südosten von Australien und Tasmanien. Es bevorzugt Regionen mit mehr als 760 mm Regen im Jahr und mit sandigen, mit Gestrüpp bewachsenen Böden. Meist entfernt es sich nicht weit vom Nest, wenn es in der Abenddämmerung auf der Suche nach Insekten, Würmern, Maden, Pilzen und Wurzeln kleine Löcher in die Erde gräbt. Während die Art in Tasmanien eine lange Schnauze und einen Schwanz mit weißer Spitze besitzt, haben Tiere in Queensland kurze Schnauzen und dunkle Schwanzspitzen – auch in der Größe unterscheiden sie sich.

## BÜRSTENRATTEN-KÄNGURU

Das Bürstenrattenkänguru, das offene Wälder mit dichtem Unterwuchs bewohnt, gilt heute als bedrohte Art. Es gräbt nachts nach unterirdischen Pilzen sowie nach Wurzeln und Insekten. Beim Verdauen der Pilze helfen ihm Bakterien in einer Kammer seines Magens.

Vielleicht kommen uns die Kängurus vor allem deswegen merkwürdig vor, weil sie – anders als die meisten Säugetiere – aufrecht stehen und laufen. Vor allem bei hohen Geschwindigkeiten rennen sie nicht, sondern hüpfen auf den starken Hinterbeinen, wobei sie ihren Schwanz zur Balance benutzen. Fast immer sind die Hinterfüße von Kängurus lang und schmal; ihr zweiter Zeh ist mit dem dritten verwachsen. Mit ihren gut angepassten Füßen können sie perfekt hüpfen und verbrauchen dabei sogar etwas weniger Energie, als wenn sie genauso schnell rennen oder galoppieren würden. Allerdings können die Kängurus, bis auf wenige Ausnahmen, ihre Hinterbeine nicht unabhängig voneinander bewegen, können also auch nicht gehen.

## ROTES RATTENKÄNGURU

Alle Rattenkängurus suchen auf dem Waldboden Pflanzenmaterial um damit ihre Nester auszupolstern, in denen sie sich tagsüber aufhalten. Erst sammeln sie die Pflanzen im Mund, dann verstauen sie sie unter dem Schwanz und bringen sie so zum Nest. Das Rote Rattenkänguru gräbt mit kräftigen Vorderkrallen nach Knollen und Wurzeln; es trinkt nur sehr selten. Im Unterschied zu anderen Kängurus ist das Weibchen größer als das Männchen.

Bei langsamer Geschwindigkeit hoppeln Kängurus unbeholfen; während sie den Körper nach vorn bewegen, stützen sie sich auf den Schwanz. Da Kängurus nicht rückwärts gehen können, haben sie manchmal Schwierigkeiten, wenn ihnen der Fluchtweg nach vorne versperrt ist.

Der Beutel öffnet sich bei allen Kängurus nach oben. Die Weibchen haben zwar vier Zitzen, bringen aber nur selten mehr als ein Junges zur Welt. Die Schwangerschaft dauert zwischen drei und fünf Wochen, und selbst bei großen Arten wiegen Neugeborene weniger als 1 g. Das Neugeborene bleibt bis sieben Monate lang im Beutel, trinkt aber auch danach noch Milch. Weibliche Kängurus paaren sich zwar sofort nach der Geburt eines Babys, das nächste Junge bleibt aber so lange

## HÜBSCHGESICHT-WALLABY

Hübschgesichtwallabys leben im Unterschied zu anderen Kängurus in Gruppen von bis zu 50 Tieren. Sie suchen früh morgens und am späten Nachmittag nach Gräsern und Farnen, über Mittag ruhen sie sich aus. Da sie mit der Nahrung und dem Tau genügend Flüssigkeit aufnehmen, trinken sie nur selten Wasser. Bei sehr heißem Wetter lecken sie ihre Vorderbeine ab, da der verdunstende Speichel etwas Kühlung bringt.

## QUOKKA

Das kleine Quokka kommt nur in Südwest-Australien vor. Es liebt feuchte Orte mit dichtem Pflanzenwuchs. Eine große Gruppe Quokkas lebt allerdings auf der öden Insel Rottnest in der Mündung des Swan-Flusses. Biologen haben sie sehr genau untersucht – vieles von dem, was wir über Kängurus wissen, wurde hier erforscht.

## ROTNACKEN-WALLABY

In Südost-Australien ist dieses große Wallaby – die Männchen messen von Kopf bis Schwanzspitze fast 2 m – ziemlich häufig. Wenn die Einzelgänger manchmal zusammen mit Artgenossen in offenen Wäldern grasen, scheinen sie eine kleine Herde zu bilden. Bei einer Störung flüchten sie jedoch nicht als Herde, sondern stieben in alle Richtungen auseinander. Gelegentlich wurden Rotnacken-

wallabys als Zootiere exportiert. In England haben sich einige Tiere sogar frei in Wäldern und Mooren angesiedelt.

## SCHWARZES BAUMKÄNGURU

Diese Kängurus leben als Blatt- und Früchtefresser in den Regenwäldern von Neuguinea. Sie haben stärkere Vorder- und kürzere Hinterbeine als andere Kängurus, allerdings keinen Greifschwanz. Obwohl sie auf dem Boden und dicken Ästen hüpfen, können sie beim Klettern ihre Hinterbeine unabhängig bewegen. Am Tag ruhen sie sich in einer Astgabel aus. Die Haare von Nacken- und Rückenfell wachsen in eine andere Richtung als das restliche Fell – so kann der Regen besser ablaufen.

*Die Füße der Baumkängurus haben eine raue Haut und scharfe, gebogene Krallen.*

## FLINKWALLABY

Flinkwallabys leben an den tropischen Küsten im Norden Australiens und auf Papua-Neuguinea. Meist bilden sie Gruppen von mindestens 10 Tieren; sie fressen Gräser, Gras-

klopfen und blitzschnell flüchten. Leider ist der Mensch ihr größter Feind: In manchen Gegenden gelten sie als Schädlinge und werden rücksichtslos verfolgt.

wurzeln und die Blätter und Früchte einiger Bäume. Bei reichlichem Nahrungsangebot schließen sich mehrere Gruppen zu größeren Trupps zusammen. Ihren Namen tragen sie, weil sie bei Gefahr nervös auf den Boden

## ROTBAUCHFILANDER

Auf dem australischen Festland ist dieser Filander ausgestorben; er lebt nur noch auf Tasmanien und einigen Inseln. Er verlässt die schützenden, dichten Feuchtwälder nur, wenn er nach Pflanzennahrung sucht. In seinem bis 170 ha großen

Streifgebiet läuft er zu einem guten Futterplatz bis 2 km weit. Mit den Vorderpfoten hält er nicht nur seine Nahrung fest, sondern schaufelt im Winter den Schnee weg, um ans Gras zu gelangen.

## HASENKÄNGURUS UND WALLAROO

Obwohl sich diese Arten sehr in der Größe unterscheiden, haben beide eine der ödesten Landschaften der Erde besiedelt – die australische Wüste. Die kleinen Hasenkängurus trinken nicht und gehen äußerst sparsam mit ihrem Körperwasser um. Das größere Wallaroo oder Bergkänguru ist ein Einzelgänger; es verbringt den Tag in einer kühlen Höhle. Eine Unterart kommt mit mageren Weiden zurecht und kann in Notzeiten drei Monate ohne Wasser auskommen.

*Das Brillen-Hasenkänguru misst von Kopf bis zur Schwanzspitze weniger als 1 m.*

*Männliche Wallaroos werden fast 3 m groß, die Weibchen messen knapp die Hälfte.*

*Viele männliche, in Herden lebende Kängurus tragen Boxkämpfe um die Führungsposition aus. Diese beiden Flinkwallabys stehen auf den Zehen, schlagen sich mit den Vorder- und kicken mit den Hinterbeinen.*

## GELBFUSSFELSKÄNGURU

F elskängurus sind die farbigsten unter allen Känguruarten. Sie leben – manchmal in großen Kolonien – in felsigen Gebieten, wo sie an steilen Hängen Nahrung und Schutz finden. Mit ihren tief gerillten Hinterfüßen finden sie, wie mit Bergschuhen, sicheren Halt. Einige Felskängurus bevorzugen wasserreiche Gegenden,

doch das Gelbfußfelskänguru besiedelt wüstenhafte Stellen. Als Feinde hat es nur den Keilschwanzadler und die Menschen zu fürchten. Der Adler gleitet die Hänge entlang und stößt auf die springenden Kängurus hinab, die Menschen jagen sie wegen der Felle. Heute sind sie streng geschützt, müssen sich aber gegen eingeführte Ziegen und Füchse durchsetzen.

in seiner Entwicklung gehemmt (in Form eines 0,3 mm großen Embryos aus rund 100 Zellen), bis das alte Baby den Beutel verlässt. Nur wenn das „Beutelbaby" stirbt, entwickelt sich der neue Embryo weiter und wandert in den Beutel. Im Normalfall darf das „alte" Baby noch trinken, während sich das „neue" schon an der Zitze festgesaugt hat. Wirklich verblüffend ist jedoch, dass die Mutter für jedes ihrer Babys eine besondere Milch hat – eine Sorte für das Neugeborene, die andere für das „alte".

## GRAUES RIESENKÄNGURU

Das Östliche und Westliche Graue Riesenkänguru sehen sich zwar sehr ähnlich, paaren sich aber nicht miteinander. Die Schnauze beider Arten trägt – anders als die der übrigen Kängurus – einen feinen Haarflaum.

## NAGELSCHWANZKÄNGURU

Wozu der kleine, verhornte Sporn an der Schwanzspitze der Nagelschwanzkängurus dient, ist nicht bekannt. Von den drei Arten ist eine ausgestorben, eine ist sehr selten und nur die dritte Art kommt in Nordaustralien bis nach Queensland noch häufig vor. Sie bewohnen Grasland in der Nähe von Wasser.

*Beim schnellen Hüpfen machen die Nagelschwanzkängurus kreisende Bewegungen mit den Vorderbeinen.*

## ROTES RIESENKÄNGURU

Rote Riesenkängurus leben fast überall in Australien, sie meiden nur hohe Berge, dichte Wälder und extreme Wüsten. Solange sie genügend Grünfutter finden, kommen sie einige Zeit ohne Wasser aus. Obwohl sie ganz gerne ein Sonnenbad nehmen, ziehen sie sich bei großer Hitze in den Schatten zurück. Manchmal beginnen die eigentlich nachtaktiven Tiere schon am späten Nachmittag zu grasen. Wie viele andere Kängurus, leben auch die Roten Riesenkängurus in einer kleinen Herde aus mehreren Weibchen mit ihren Jungen und einem männlichen Leittier. Gelegentlich schließen sich solche Gruppen zu Riesenherden von mehreren hundert Tieren zusammen. Kurz nach der Paarung, der keine lange Werbung vorangeht, wird ein einziges Junges geboren. Die rötliche Fellfarbe ist eine gute Tarnung im roten Wüstenstaub. Manche Tiere sind jedoch etwas grauer gefärbt, vor allem die Weibchen haben sogar einen bläulichen Schimmer. In Australien heißen sie daher „blaue Springer".

*Die zweiten und dritten Zehen der langen, schmalen Füße sind miteinander verwachsen. Das Känguru springt mit gebeugten Hinterbeinen ab und behält die Zehen so lange am Boden, bis die Beine gestreckt sind. Auf diese Weise nutzt es die gesamte Energie für einen weiten Sprung nach oben und vorne.*

Eine kleine Gruppe von Roten Riesenkängurus hüpft durch die australische Wüste; große Tiere erreichen eine Geschwindigkeit von 56 km/h.

# INSEKTENFRESSER

Die Insektenfresser (Insectivora) gehören zu den ältesten Plazentatieren. Außerdem haben viele lebende Arten noch sehr ursprüngliche Merkmale. Sie haben ein samtiges Fell wie die Beuteltiere, manchmal mit Stacheln. Anders als ihr Name vermuten lässt, ernähren sie sich auch von Würmern, Schnecken und kleinen Wirbeltieren – eigentlich sind sie also „Mini-

Raubtiere". Alle Insektenfresser sind klein; ihre Formenvielfalt zeigt, dass sie sich seit Millionen von Jahren an unterschiedlichste Lebensräume angepasst haben. Heutige Arten leben unter anderem in Höhlen, manche sogar auf Bäumen oder können schwimmen. Insektenfresser kommen auf der ganzen Welt vor, nur nicht in Australien.

## DATEN ZUR ORDNUNG

**Ordnung • Insektenfresser
Familien: 6
390 Arten in 65 Gattungen**

**Familien**
Igel
Spitzmäuse
Tanreks
Schlitzrüssler
Goldmulle
Maulwürfe und Desmane

---

**INSEKTENFRESSER | 3**

## FAMILIENMERKMALE

# Igel

### SCHÄDEL UND ZÄHNE

In dem kräftigen Schädel eines erwachsenen Igels sitzen 36 Zähne. Mit den unteren Schneidezähnen packt er seine Beute, mit den Backenzähnen kann er Insekten und andere Tiere zerkleinern.

**Familienname:** Erinaceidae

**Zahl der Arten:** 20
(14 Igel, 6 Haarigel)

**Arten (Beispiele):**
Europäischer Igel:
   *Erinaceus europaeus*
Langohrigel:
   *Hemiechinus* species
Großer Haarigel:
   *Echinosorex gymnurus*

**Länge:** bis 30 cm, kurzer Schwanz
**Gewicht:** bis 1,1 kg;
Haarigel bis 2 kg oder mehr

**Tragzeit:** etwa 6 Wochen

**Zahl der Jungen:** bis 5

**Lebenserwartung:** meist 2 Jahre, selten bis 10 Jahre

**Verbreitung:** Afrika, Europa, Asien; überall dort, wo Laubwälder wachsen; Haarigel vorwiegend in Südost-Asien

Igel gehören zu den besonders auffälligen kleinen Säugetieren, denn statt eines Fells tragen sie auf Rücken und Seiten Tausende von spitzen Stacheln. Bei Gefahr rollen sie sich zusammen und stellen die Stacheln auf – ein sicherer Schutz gegen ihre natürlichen Feinde. Igel kommen in fast ganz Europa, Nordafrika, Westasien und in Teilen von Indien und Pakistan vor. Nachts jagen sie geräuschvoll nach kleinen Beutetieren; den Tag verbringen sie in Nestern aus trockenen Pflanzen – in

### WAS IGEL FRESSEN

Igel fressen fast alles, was sie fangen können. Mehr als die Hälfte ihrer Nahrung besteht aus Käfern und Raupen, ein Viertel aus Insekten, Schnecken und Regenwürmern. Auch Eier von bodenbrütenden Vögeln oder junge Mäuse gehören zu ihrem Speiseplan. Der Igel auf dem Bild hat sogar eine Schlange gefangen – ein seltenes Mahl. Angeblich sollen Igel Schlangen töten und fressen, die sich

beim Angriff an ihren Stacheln verletzen. Sie stehlen zwar keine Milch von Kühen, trinken aber gerne die Milch, die man ihnen im Garten hinstellt; auch Fleischreste wie Speck verschmähen sie nicht. Igel fressen immer nur, bis sie satt sind; sie legen keine Vorräte für Notzeiten an.

### STACHELN

Ein erwachsener Igel hat bis zu 6000 Stacheln von 2–3 cm Länge und 2 mm Durchmesser. Die Stacheln sind leicht und mit Luftkammern gefüllt – sie bieten Schutz und Wärmeisolation zugleich.

*Stachel*

*Querschnitt*

### FÜSSE

An den typischen Fußballen kann man eine Igelfährte eindeutig erkennen. Mit den kräftigen Krallen der Vorderfüße gräbt er seine Nestmulde oder holt Insekten aus der Erde.

## IGELFAMILIE

Die Europäischen Igel bringen einmal pro Jahr meist fünf Babys zur Welt. Dafür bauen sie im Juni oder Juli ein weiches Nest aus Blättern und Gras; in der Stadt verwenden sie auch Papier oder andere Abfälle. Im Alter von drei Wochen folgen die Jungen ihrer Mutter, wenn sie nach Nahrung sucht. Einige Wochen lang werden sie aber weiterhin im Nest gesäugt. Nach 5–6 Wochen wiegen sie rund 250 g und wissen, wie man Nahrung findet – jetzt müssen sie allein für sich sorgen.

## BEI DROHENDER GEFAHR

Sobald eine Gefahr droht, rollen sich Igel zu einer engen Kugel zusammen. Sie können die flach am Körper liegenden Stacheln mit einem großen Muskel unter der Haut aufrichten: Er zieht sich zusammen, wenn sich das Tier einrollt. Obwohl auch Dachse sich von Igelstacheln nicht abschrecken lassen, sind die Igel vor allem auf

Straßen gefährdet. Sie rollen sich aus Angst vor dem Lärm und den Scheinwerfern zusammen und werden überfahren.

Wüsten graben sie Höhlen in den sandigen Boden. Wie die übrigen Insektenfresser auch, haben sie einen Riesenhunger. Wenn sie in kalten oder sehr trockenen Zeiten nicht genug Insekten finden, ziehen sie sich zum Winterschlaf zurück. Ein Igel im Winterschlaf liegt in einer Art Kältestarre und verbraucht so gut wie keine Energie. Wenn sich das Wetter wieder bessert, dauert es einige Stunden, bis der Igel wieder aktiv werden kann. Igel, die in Wüsten leben, fallen entsprechend in einen Trockenschlaf.

### NEUGEBORENE IGELBABYS

Bei der Geburt sind die Igelbabys (unten) blind und von einer hellen, pickligen Haut bedeckt. Aus diesen Pickeln wachsen nach 2 Wochen die spitzen, braunen Stacheln aus. Obwohl die Mutter ihre Jungen bewacht, sterben viele Igel noch im Nest.

### LANGOHRIGEL

Langohrigel (links) sind kleiner und anders gefärbt als ihre europäischen Verwandten. Sie kommen in Trockengebieten vom östlichen Mittelmeer bis nach Mittelchina vor. Wie viele Wüstentiere jagen sie nachts; ihre Beute spüren sie mit den großen Ohren auf.

### HAARIGEL

Die Haarigel sehen mit ihren langen, spitzen Nasen und dem rauen Fell wie überdimensionale Spitzmäuse aus. Sie scheinen zu jeder Jahreszeit Junge bekommen zu können – jeweils zwei pro Wurf.

### EINÖLEN

Von Zeit zu Zeit bilden Igel große Mengen von schaumigem Speichel und verteilen ihn mit der Zunge sorgfältig über ihre Flanken und den Rücken (oben). Vielleicht dient dieses „Einölen" dazu, ihren Duft zu verbreiten.

Die Haarigel leben in den Wäldern von Südostasien und der nahen Inseln, zwei Arten auch auf den Philippinen. Über ihre Lebensweise ist nicht viel bekannt, sie scheinen aber sowohl am Tag als auch nachts zu jagen. Sie fressen alle möglichen Tiere, von Würmern und Insekten bis zu kleinen Fröschen und Fischen, manchmal auch Pflanzen. Einige streifen durch den Wald, andere können gut klettern oder schwimmen.

## FAMILIENMERKMALE

**Familie:** Soricidae

**Zahl der Arten:** 289
**Arten (Beispiele):**
Waldspitzmaus:
 Sorex araneus
Wasserspitzmaus:
 Neomys fodiens
Große Kurzschwanzspitzmaus:
 Blarina brevicauda

**Kleinste Art:**
Etruskerspitzmaus:
 Länge Kopf/Körper:
  bis 3 cm
 Gewicht: bis 2,5 g

**Größte Art:**
Moschusspitzmaus
 Länge Kopf/Körper: 15 cm
 Gewicht: bis 105 g
 (Männchen in Indien)

**Zahl der Jungen:** 2–10

**Tragzeit:** 17–28 Tage

**Lebenserwartung:** bei den meisten Arten 12–18 Monate

**Verbreitung:** alle Kontinente, außer der Arktis, Australasien und südliches Südamerika

*Eine ausgewachsene Etruskerspitzmaus ist kaum größer als eine Schnecke.*

## ETRUSKERSPITZMAUS

Neben dieser kleinsten europäischen Spitzmaus gibt es zwei weitere Arten, die kaum größer werden. Sie lebt in Südeuropa, lässt sich aber nur selten blicken. Nur aus den winzigen Schädeln, die man im Verdauungstrakt von Eulen und anderen Vögeln findet, kann man auf ihre Anwesenheit schließen. Die meisten Fleisch fressenden Säugetiere lassen sie in Ruhe, denn die Männchen stinken heftig aus Duftdrüsen an ihren Flanken.

# Spitzmäuse

Spitzmäuse sind kleine, kurzbeinige Jäger, die man am dunklen, samtigen Fell und den langen, spitzen Schnauzen erkennt, die über den Unterkiefer hinausragen; hinzu kommen winzige Augen und Ohren. Ähnliche Tiere haben schon zur Zeit der letzten Dinosaurier Jagd auf Kleintiere gemacht – an der Form ihres Körpers, die sich bis heute kaum verändert hat, lässt sich das große Alter der Tiergruppe ablesen. Zu den ursprünglichen Merkmalen gehören

*Spitzmäuse sind Einzelgänger; begegnen sie einem Artgenossen, piepsen sie sich an, drohen und stellen sich schließlich zum Kampf.*

### LEBENSWEISE

Spitzmäuse, wie die Hausspitzmaus (rechts oben) laufen unter den Blättern zwischen Pflanzenstängeln umher, nur wenige Arten graben Gänge in die Erde. Da sie nicht gut sehen, finden sie ihre Beute mit Tast- und Geruchssinn. Während sie durch ihr Revier streifen, stoßen sie ständig piepsende, an Insekten erinnernde Geräusche aus. Wegen der Tonhöhe können sie aber nur von sehr kleinen Kindern gehört werden. In Wüsten leben Spitzmäuse nur selten, sie bevorzugen feuchte Lebensräume. Die Wasserspitzmaus (rechts unten) lebt sogar fast völlig im Wasser; steife Haare auf Hinterfüßen und Schwanz dienen ihr als Schwimmhilfen.

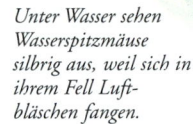

*Unter Wasser sehen Wasserspitzmäuse silbrig aus, weil sich in ihrem Fell Luftbläschen fangen.*

### AUFZUCHT DER JUNGEN

Spitzmausbabys werden nackt und blind in einem unterirdischen Nest geboren. Sie werden nur von der Mutter versorgt. Da sie zur Zeit der Geburt schon wieder schwanger ist, muss ihre tägliche Futtermenge ihrem eigenen Gewicht entsprechen, um die Belastungen auszugleichen. Daher bleiben die Babys lange allein im Nest. Nach drei Wochen ist deren Fell gewachsen und sie verlassen das Nest – zuerst mit der Mutter. Wie in einer Karawane halten sie sich alle an ihrem Vordermann fest. Schon bald darauf werden sie ihre eigenen Reviere gründen.

## GARTENSPITZMAUS

Angeblich sind Spitzmäuse sehr nervös und sollen sogar vor Schreck sterben können; in Panik schlägt ihr Herz 1200-mal pro Minute. Dennoch können sie sehr anpassungsfähig sein. So wurde die Gartenspitzmaus, die in Gebüschen und Wäldern Süd- und Mitteleuropas lebt, auf die englischen Scilly-Inseln gebracht. Dort hat sie sich am Strand eingerichtet, wo sie Flohkrebse und ähnliche Beute jagt.

## UGANDAPANZERSPITZMAUS

Die Ugandapanzerspitzmaus aus Zentralafrika besitzt ein ungewöhnlich kräftiges Rückgrat: Jeder Wirbel ist mit seinem Nachbarn seitlich, oben und unten verbunden, sodass es ein enormes Gewicht tragen kann – ein Mensch kann auf der Maus stehen, ohne sie zu verletzen.

*Ugandapanzerspitzmaus*

*Aschgraue Spitzmaus*

*Große Kurzschwanzspitzmaus*

## ASCHGRAUE SPITZMAUS

Die Aschgraue Spitzmaus ist in Nordamerika weit verbreitet. Sie braucht jeden Tag eine Futtermenge von mehr als ihrem Körpergewicht. Als nachtaktives Tier mit verborgener Lebensweise sieht man sie nur selten.

## GROSSE KURZ-SCHWANZSPITZMAUS

Der giftige Speichel dieser größten Spitzmaus Nordamerikas (*Blarina*) wurde besonders intensiv untersucht. Kleine Säugetiere sterben an ihrem Biss.

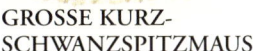

kleine, einfache Gehirne, ein vollständiges Schlüsselbein, das den meisten höheren Säugetieren fehlt, und fünf Finger und Zehen. Sie haben bis 32 kleine, spitze Zähne – bei einigen Arten rot, bei anderen weiß – mit denen sie ihre Beutetiere packen und zerkleinern.

Zur Familie der Spitzmäuse gehören die kleinsten Säugetiere. Da ein kleiner Körper eine relativ große Oberfläche hat, kühlen Spitzmäuse leicht aus. Deswegen sind sie besonders aktiv und beutelustig; bei vielen Arten entspricht die täglich nötige Menge an proteinreicher Nahrung dem eigenen Gewicht der Tiere. Einige Arten sind nachtaktiv, andere gehen bei Tag und Nacht auf Jagd und fressen alle Tiere, die sie überwältigen können – sie schlafen selten länger als eine Stunde am Stück. Ihr Stoffwechsel ist so aktiv, dass manche Arten schon sterben, wenn sie vier Stunden lang nichts fressen. Viele Spitzmäuse sind vor allem deswegen erfolgreiche Jäger, weil ihr Speichel giftig ist. Früher glaubte man sogar, sie wären gefährlich für Menschen, in Wirklichkeit dringt ihr Biss nicht durch unsere Haut.

## Schlitzrüssler

Schlitzrüssler leben in den Wäldern von Kuba und Hispaniola. Sie sehen aus wie große, gedrungene, rauhaarige Spitzmäuse und können bis zu 1 kg wiegen. Am Tag verstecken sie sich in Höhlen oder unter Baumstämmen, nachts suchen sie nach kleinen Beutetieren und Früchten. Über ihre Lebensweise ist kaum etwas bekannt: Die Weibchen bekommen zwei Junge pro Jahr; ein Tier in Gefangenschaft wurde über 11 Jahre alt.

## Tanreks

Die 23 Tanrek-Arten leben im tropischen Afrika, auf Madagaskar und anderen Inseln im Indischen Ozean. Manche tragen kräftige Stacheln zwischen ihren Fellhaaren, andere sind kaum größer als eine Spitzmaus und leben entsprechend. Während der Trockenzeit fallen manche Arten in eine Art Trockenschlaf.

## Goldmulle

Goldmulle kommen in sandigen, afrikanischen Halbwüsten vor. Wie echte Maulwürfe sind sie an ein unterirdisches Leben angepasst: grabende Vorderfüße, eine kräftige Schnauze, die sie in den lockeren Boden drücken, und kaum entwickelte Augen und Ohren. Manche der 18 Arten jagen grabende Eidechsen, die meisten fressen jedoch wirbellose Tiere. Goldmulle kommen nur selten an die Oberfläche; eine Art kann sich bei Gefahr tot stellen.

**INSEKTENFRESSER 3**

## FAMILIENMERKMALE

# Maulwürfe und Desmane

*Familie:* Talpidae

*Zahl der Arten:* 32

*Arten (Beispiele):*
Europäischer Maulwurf:
 *Talpa europaea*
Sternmull:
 *Condylura cristata*
Pyrenäendesman:
 *Galemys pyrenaicus*
Russischer Desman:
 *Desmana moschata*
Amerikanischer
Spitzmausmaulwurf:
 *Neurotrichus gibbsi*

*Kleinste Art:*
Spitzmausmaulwürfe
 Länge Kopf/Körper: 84 mm
 Schwanzlänge: 40 mm

*Größte Art:* Russischer
Desman
 Länge Kopf/Körper: 220 mm
 Schwanzlänge: 215 mm

*Zahl der Jungen:* 2–5; bei
Geburt blind und hilflos

*Lebenserwartung:*
Europäischer Maulwurf bis
5 Jahre

*Verbreitung:* im gemäßigten Klima von Europa,
Asien und Nordamerika

### GRABWERKZEUGE

Maulwürfe benutzen ihre
kurzen, kräftigen Arme
wie Spaten. Sie können
ihre Hände zwar nicht
flach auf den Boden
setzen, um ihr Gewicht
abzustützen, statt dessen
sind sie jedoch

In der kühlen, feuchten Dunkelheit des Bodens leben viele Würmer und
Insektenlarven. Dort sind sie zwar sicher vor den meisten Vögeln und
anderen Raubtieren, nicht aber vor den Maulwürfen. Ihr Körper ist
kräftiger und stämmiger als bei den übrigen Insektenfressern und läuft
zum Kopf hin spitz zu. Maulwürfe haben keine Ohren und ein kurzes,
samtiges Fell, an dem sich keine Erde festsetzt, selbst wenn sie rückwärts
durch ihre Gänge kriechen. Die meisten Maulwürfe sind fast oder völlig
blind, spüren aber kleinste Vibrationen, sodass sie jedes Tier bemerken,
das in ihre Gänge fällt.

Zur Maulwurfsfamilie gehören auch die im Wasser jagenden Desmane
und die oberirdisch jagenden Spitzmausmaulwürfe. Desmane knacken mit
ihren großen, oberen Schneidezähnen die Häuser von Wasserschnecken,
fangen aber auch kleine Fische, Lurche und andere kleine Wassertiere.

### STERNMULL

Der Sternmull lebt im
Osten von Nordamerika
in der Nähe von Gewässern.
Seinen Namen verdankt er den
22 rosa, fleischigen Tastorganen auf der Schnauze. Auf
der Jagd nach Würmern oder
anderen kleinen Tieren sind
diese „Tentakel" ständig in
Bewegung, beim Fressen hält
sie der Sternmull beiseite.
Sternmulle sind gute
Schwimmer und suchen im
Winter unter dem Eis von
Teichen nach Beute.

*Auf der
Schnauze des
Sternmulls sitzen
22 merkwürdige
Tentakel*

bestens geeignet, Erde zu
lockern und zu schaufeln.
Die Hand wird durch eine
dicke, schuppige Haut ge-
schützt. Aus der Hand-
wurzel wächst eine Art
Zusatzfinger aus, der anderen Säugetieren fehlt – er
vergrößert die Handfläche,
trägt aber keine Kralle.

### SPITZMAUSMAULWÜRFE

In China, Japan und dem
Westen der USA leben die
Spitzmausmaulwürfe. Sie
sind kleiner als die anderen
Maulwürfe, haben keine

Grabfüße und kommen
häufiger an die Oberfläche.
Manchmal klettern sie
sogar auf Sträucher um
nach Insekten zu suchen.

*Amerikanischer
Spitzmausmaulwurf*

### DESMANE

In den spanischen Pyrenäen
lebt der nachtaktive
Desman. Er hat kleine
Augen, wie die Maulwürfe,
aber keine Grabfüße. Seine
lange, flache, sehr bewegliche Schnauze unterscheidet ihn von allen anderen
Tieren. In Westrussland lebt
eine weitere, größere Art.

### DAS VERLIES

Der europäische Maulwurf
baut mitten in seinem Revier
einen bis 60 cm hohen Hü-
gel, das so genannte „Verlies".
Es enthält Wohn- und Vor-
ratskammer, ein Nest und
einige Sackgassen. Mehrere,
tiefe Gänge, die auch von
anderen Maulwürfen benutzt
werden, führen zum Verlies.
Maulwürfe sind Einzelgänger,
die sich gegen Eindringlinge
harte Kämpfe liefern.

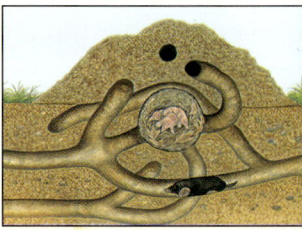

### MAULWURFSHÜGEL

Von Zeit zu Zeit müssen
Maulwürfe die Erde aus
den Gängen an die
Oberfläche schaffen. Im
Unterschied zum dauer-
haften Verlies sind solche
Hügel kurzfristige Struk-
turen. Sie entstehen vor
allem im Frühling, wenn
die Maulwürfe sehr aktiv
sind.

## GEFÄHRLICHER DURST

Das Verlies eines Maulwurfes liegt meist im Zentrum seines Reviers; von hier gehen die Gänge ab, in denen er seine Beute findet. Maulwürfe werden im Verlies geboren und kommen immer wieder zurück, um sich auszuruhen und betäubte Würmer als Vorrat zu lagern. In langen, heißen Sommern verlassen Maulwürfe manchmal ihr Verlies um Tau zu trinken – ihre einzige Wasserquelle. Solche Ausflüge sind sehr gefährlich, denn dann werden sie häufig von jagenden Eulen überrascht.

*Ein Maulwurf, der am frühen Morgen Tau trinkt, ist eine leichte Beute für Greifvögel.*

41

# RÜSSELSPRINGER

**DATEN ZUR ORDNUNG**

Die Rüsselspringer verdanken ihren Namen der langen, beweglichen Schnauze. Sie leben allein oder paarweise in den Trockengebieten – nicht in Wüsten – von Afrika und Sansibar, sind tagaktiv und nehmen gerne ein Sonnenbad. Nachts suchen sie sich einen Unterschlupf, etwa in einem alten Nagetierbau. Meist bewegen sie sich ruhig auf allen Vieren; werden sie jedoch erschreckt, hüpfen sie wie Mini-Kängurus. Sie verständigen sich mit hohen, quiekenden Stimmen und manche Arten schlagen bei Gefahr mit den Hinterfüßen oder dem Schwanz auf den Boden. Kleinere Arten suchen vor allem nach Ameisen und Termiten, größere Arten jagen Käfer.

**Ordnung:** Macroscelidea
**Familien:** 1
**15 Arten in 4 Gattungen**

Lange Zeit wurden die Rüsselspringer den Insektenfressern zugeordnet, aber wegen ihrer besonderen Eigenschaften (Körperbau, Zähne) gelten sie heute als eigene Ordnung.

## FAMILIENMERKMALE

*Familie:* Macroscelididae

*Kleinste Art:* Rote Elefantenspitzmaus
  Länge Kopf/Körper: 9–16 cm
  Gewicht: 25–60 g

*Größte Art:* Geflecktes Rüsselhündchen
  Länge Kopf/Körper: bis 31 cm
  Gewicht: bis 540 g

*Zahl der Jungen:* 1 oder 2

*Tragzeit:* 2 Monate

*Verbreitung:* Afrika

## GOLDRÜCKEN-RÜSSELHÜNDCHEN

Diese Art zeichnet sich durch ein gelbes Rückenfell aus. Das Bild zeigt die lange Nase mit den Nasenlöchern an der Spitze, die großen Ohren und die empfindlichen Tasthaare, die alle Rüsselspringer besitzen. Während der Rüsselspringer nach Nahrung sucht, zucken diese Haare hin und her; wahrscheinlich nehmen die Tiere damit kleinste Vibrationen wahr, die auf Beute hindeuten könnten.

## NAHRUNGSSUCHE UND FRESSEN

Männchen und Weibchen der größeren Rüsselspringerarten verteidigen Reviere von bis zu 2 ha Größe, die sie mit einer Duftdrüse unter dem Schwanz markieren. Bei der Nahrungssuche durchwühlen sie den Waldboden mit ihrer Nase, um große Insekten, kleine Säugetiere, Vögel, deren Eier und Schnecken aufzuspüren. Dabei verschlucken sie auch etwas Erde. Angeblich sollen sie den Kot größerer Tiere fressen, wahrscheinlich suchen sie darin aber nach den Maden von Insekten. Nur Rüsselspringer, die ein Revier besitzen, finden genügend Nahrung und können sich paaren; Tiere ohne Revier haben nur selten Nachwuchs.

## VIERZEHEN-RÜSSELRATTE

Obwohl die im Wald lebende Vierzehen-Rüsselratte ein Revier besitzt, baut sie nur selten ein Nest. Sie versteckt sich zwischen Pflanzen oder sucht einen Unterschlupf; ihr langes, dichtes Fell bietet ihr ausreichend Schutz. Normalerweise bewegt sie sich in schnellem Schritt, bei Gefahr hüpft sie davon. Sie ernährt sich hauptsächlich von Ameisen und Termiten.

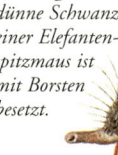

*Der lange, dünne Schwanz einer Elefantenspitzmaus ist mit Borsten besetzt.*

*Obwohl Elefantenspitzmäuse manchmal auch fliegenden Insekten nachstellen, konzentrieren sie sich meist auf Bodentiere.*

## ROSTBRAUNE ELEFANTENSPITZMAUS

Diese langohrige Art lebt gewöhnlich im Schutz von Felsspalten. Jedes Paar besetzt ein Revier von etwa 3500 m² – allerdings gehen sie nicht gemeinsam auf die Jagd.

Das Weibchen übernimmt die führende Position in der Gruppe. Rostbraune Elefantenspitzmäuse bekommen eine Form von Malaria, die für Menschen nicht ansteckend ist.

# RIESENGLEITER

**DATEN ZUR ORDNUNG**

**Ordnung: Dermoptera
d. h. Hautflügler
Familie: 1
2 Arten in 1 Gattung**

Riesengleiter gibt es schon seit
60 Millionen Jahren;
Versteinerungen sind aber
selten.

Die Riesengleiter haben die größten Flughäute aller segelnden Tiere. Ihr Körperbau ist so sehr an das Gleiten angepasst, dass sie nicht mehr aufrecht stehen können und am Boden völlig hilflos sind. Sie leben meist als nachtaktive Einzelgänger und verbringen den Tag in Astlöchern 25–50 m über dem Boden. Bei Dämmerung wagen sie sich heraus und klettern langsam aber sicher – mit dem Kopf nach oben – am Baum empor. Sie umklammern den Stamm mit weit ausgebreiteten Armen und Beinen und halten sich mit den Krallen fest. Sobald sie hoch genug sind, segeln sie zu einem Futterbaum hinab, wo sie Nacht für Nacht Blüten, Knospen, Blätter und Früchte fressen.

## FÜSSE UND ZÄHNE

Riesengleiter haben lange, schlanke Glieder mit kurzen, breiten Händen und Füßen. Mit den scharfen, gebogenen Krallen an jeder Zehe finden sie sicheren Halt in der Baumrinde. Die unteren Schneidezähne könnten als Putzkamm für das Fell dienen, da sie durch feine Einkerbungen unterteilt werden. Vielleicht helfen sie auch dabei, harte Früchte oder Blätter zu zerkleinern.

*Die Flughaut zwischen den Fingern und Füßen erinnert an die Schwimmhaut von Wassertieren.*

*Die sechs unteren Schneidezähne weisen bis zu 20 kammartige Einkerbungen auf.*

## SEGELN

Bei einem fliegenden Riesengleiter fällt die große Flughaut auf; sie ist größer als bei Flughörnchen oder Flugbeutlern:

Die Flughaut beginnt am Kopf, reicht über die Fingerspitzen bis zu den Zehen und schließt sogar den langen Schwanz ein.

Damit können die Tiere 100 m weit segeln; der Rekord liegt bei 136 m.

### RIESENGLEITER MIT JUNGEN

Die Babys der Riesengleiter werden nach einer Tragezeit von zwei Monaten winzig und unterentwickelt geboren. Ähnlich wie bei den Beuteltieren wird das Weibchen unmittelbar nach der Geburt wieder schwanger, sodass sie in kürzester Zeit ein neues Baby bekommt. Eingewickelt in die Flughaut der Mutter hat es das Junge schön warm. Während sie nach Nahrung sucht, bleibt das Baby in einer sicheren Asthöhle zurück. Im Flug klammert sich das Junge mit Krallen und Milchzähnen am Bauchfell und den Zitzen der Mutter fest.

**FAMILIENMERKMALE**

*Familie:* Cynocephalidae

*Zahl der Arten:* 2

*Größe:* Länge Kopf/Körper: bis 42 cm
Gewicht: 1–1,75 kg

*Zahl der Jungen:* 1, selten 2

*Tragzeit:* 60 Tage

*Lebenserwartung:* in Freiheit unbekannt; einem Zootier gelang im Alter von 17 Jahren die Flucht

*Verbreitung:* immer in Wäldern; im Süden der Philippinen (*Cynocephalus volans*) und Südostasien (*C. variegatus*; vor allem Malaya und Indonesien).

*Riesengleiter strecken die Arme im Flug weit aus; die Beine bleiben gebeugt, sodass die ganze Flughaut unter Spannung steht.*

# FLEDERTIERE

Fledertiere sind die einzigen Säugetiere, die aktiv wie Vögel fliegen können. Bis auf sehr kalte, baumlose Regionen und einige abgelegene Inseln kommen sie überall auf der Erde vor. Da 55 Millionen Jahre alte Fossilien den modernen Fledertieren recht ähnlich sehen, konnte wahrscheinlich schon eine sehr ursprüngliche Gruppe von Plazentatieren fliegen. Die Vorfahren der heutigen Vögel sind zwar noch älter, alle

Vögel sind jedoch auf ihre Augen angewiesen und können daher nur bei Licht jagen und fliegen. Die schlecht sehenden Fledertiere spüren ihre Beute dagegen mit Hilfe der Ultraschallortung auf, konnten also die Nacht erobern. Nachts sind nur noch wenige Vögel wie Eulen und Ziegenmelker aktiv, die allerdings ganz andere Beutetiere bevorzugen – Fledertiere und Vögel machen sich kaum Konkurrenz.

## DATEN ZUR ORDNUNG

**Ordnung Chiroptera
d. h. Handflügler
Familien: 18
Etwa 900 Arten in 187
Gattungen**

Zwei Unterordnungen:
Megachiroptera (Flughunde) mit
1 Familie; Microchiroptera
(Fledermäuse) mit 17 Familien

## FAMILIENMERKMALE

*Familien der Chiroptera:* 18

*Kleinstes Fledertier:* Thailand-Hummelfledermaus *(Craseonycteris thonglongyai),* das wahrscheinlich kleinste Säugetier der Welt
Länge Kopf/Körper: 3,3 cm
Flügelspannweite: 7 cm
Gewicht: 2 g

*Größtes Fledertier:* Flugfüchse der Gattung *Pteropus*
Länge Kopf/Körper: 40 cm
Flügelspannweite: 1,70 m
Gewicht großer
   Männchen: über 1,5 kg

*Zahl der Jungen:* gewöhnlich 1

*Tragzeit :* unterschiedlich; 40 Tage bei kleinen, 8 Monate bei einigen größeren Arten

*Stillzeit:* 1–3 Monate

*Lebenserwartung:* bis 30 Jahre; die meisten Fledertiere leben länger als andere Säuger entsprechender Größe

*Verbreitung:* weltweit, außer Tundra, Polarregionen und einigen Inseln im Ozean

Etwa ein Viertel aller bekannten Säugetiere gehört zu den Fledertieren. Die meisten sind klein, unauffällig und wir bekommen sie nur selten zu Gesicht. In vielen Teilen der Erde hat ihre Zahl stark abgenommen: Moderne Landwirtschaft, Insektizide und der Verlust von alten Gebäuden, in denen sie schlafen, machen ihnen zu schaffen. Dennoch haben viele überlebt, vor allem in den Tropen, wo sie in Astlöchern oder Höhlen gute Lebensbedingungen finden.
Fliegen ist eine sehr vorteilhafte Bewegungsform, hat aber auch Nachteile.

### AUF DER JAGD

Die meisten Fledertiere sind nachtaktive Insektenfresser. Zur Jagd fliegen sie eine bekannte Strecke ab, wo sie – wie viele Raubtiere – nach ganz bestimmten Beutetieren suchen. Diese Hufeisennase jagt bevorzugt Motten und Käfer bis zu einer Größe von 2 cm. Sie umschlingt ihre Beute mit der Flugoder Schwanzhaut und bringt sie zu einem Fressplatz.

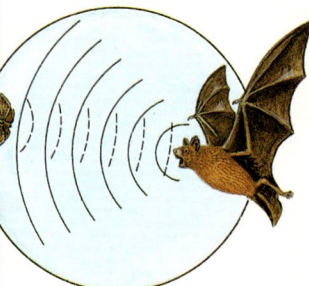

*Die Gesichter vieler Fledermäuse erscheinen uns merkwürdig; hinzu kommen oft große Ohren, mit denen sie Ultraschall hören können.*

*Fledermäuse stoßen Ultraschalltöne aus – zu hoch für das menschliche Ohr.*

### ECHOORTUNG

Fledermäuse orten ihre Beute mit Hilfe eines Ultraschall-Sonars. Im Flug stoßen sie hohe Ultraschalltöne aus, die von allen Hindernissen reflektiert werden. Am Echo erkennt die Fledermaus ihre Beute; je näher sie ihrem Opfer kommt, desto schneller folgen die Töne aufeinander.

### LAUFEN

Fledertiere sind am Boden alles andere als hilflos. Beim Einklappen der Vorderbeine ziehen Sehnen die Flughäute zurück, sodass sie nicht am Boden schleifen. Gehende Fledertiere stützen sich auf die Hinterbeine und Handgelenke. Mit einem Sprung sind sie wieder in der Luft.

### WANDERUNGEN

Bei Winterbeginn ziehen einige Arten in Richtung Süden; dabei legen sie bis zu ihren Winterquartieren oft mehrere hundert Kilometer zurück. So verbringen die Weißgrauen Fledermäuse den Sommer in Nordamerika. Bei Winterbeginn ziehen sie nach Süden, wo sie gegen Weihnachten den Norden von Mexiko erreichen.

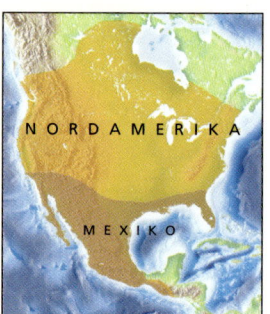

Südwanderung der Weißgrauen Fledermäuse

  *Sommer*    *Winter*

## RUHESTELLUNG

**W**egen ihrer sehr empfindlichen Flughäute können sich Fledertiere nicht in enge Verstecke drängen. Stattdessen hängen sie sich mit den kräftigen Krallen ihrer Hinterfüße an eine Wand oder die Deckenvorsprünge einer Höhle und falten die Flughäute am Körper zusammen. Aus dieser Haltung können sie sofort losfliegen.

*Oben: Ein Abendsegler prüft die Umgebung, indem er vor dem Abflug Ultraschalltöne aussendet.*

## ABWEHR-MASSNAHMEN

Die meisten Insekten können keinen Schall hören, nur einige Motten haben „Ohren" auf den Körperseiten. Wenn sie die Töne einer Fledermaus hören, fliegen sie im Zickzack und lassen

*Die Motte fällt in Sicherheit.*

sich schließlich fallen. Davon lassen sich die meisten Fledermäuse täuschen, nur einige Arten mit sehr großen Ohren scheinen auch eine fliehende Motte wahrnehmen zu können.

*Bärenspinner hören die Rufe einer Fledermaus.*

*„Ohr" des Bärenspinners*

## WINTERSCHLAF

Viele Fledermausarten überstehen die kalte Jahreszeit im Winterschlaf. Dabei senken sie alle Körperfunktionen auf ein Minimum ab und benötigen nur einen Bruchteil der Energie, die sie im Sommer brauchen. Einige Arten ziehen sich dazu in Höhlen mit geeigneter Temperatur und Feuchtigkeit zurück.

Da ein Tier im Flug enorm viel Energie verbraucht, muss es entweder sein Gewicht reduzieren oder Wege zum Energiesparen entwickeln. Die meisten Fledertiere sind sehr leicht für ihre Größe und sparen im Vergleich zu anderen Säugetieren sehr viel Energie. Dazu gehört auch, dass sie sich nur dann bewegen, wenn es unbedingt nötig ist. Im Flug schlägt das Herz einer jagenden Fledermaus 1000-mal pro Minute, einige Arten atmen über 200-mal pro Minute. Sobald sie jedoch ihre

*Die Länge des Daumens ist unterschiedlich; er wird vielfältig eingesetzt.*

*Armknochen*

*Der hintere Fuß schaut aus der Flughaut heraus.*

## KNOCHENBAU

Das Skelett der Fledertiere ist völlig anders gebaut als bei den meisten übrigen Säugetieren. Bis auf die kräftigen Knochen des Schultergürtels und der Brust, wo die mächtigen Flugmuskeln ansetzen, ist das Skelett sehr leicht. Die Flughaut wird von stark verlängerten Hand- und Fingerknochen aufgespannt, während die Hinterbeine kurz und schwach sind. Bei einigen Arten zieht die Flughaut bis zum Schwanz; dann wird sie durch einen Knorpel an der Ferse unterstützt. Der Daumen mit seiner Kralle sitzt frei vor dem Flügel.

*Ein Muskel, der von der Schulter bis zum Handgelenk und zum Zeigefinger reicht, verstärkt die Vorderkante der Flughaut.*

## FLEDERMAUSKÄSTEN

An Orten, wo die natürlichen Ruheplätze der Fledermäuse verschwunden sind, hängen Tierschützer Kästen auf. Sie haben etwa die Größe eines Nistkastens für Vögel, der Eingang besteht jedoch aus einem schmalen waagerechten oder senkrechten Spalt.

## PARASITEN

Wie alle Säugetiere werden auch die Fledertiere von vielen Parasiten geplagt. Zu den größten und ältesten gehören die Fledermausfliegen, die sich vom Blut ihrer Wirte ernähren. Wenn sie über die Fledermäuse krabbeln, die sie kaum zu bemerken scheinen, gleichen sie großen Spinnen.

Schlafstellung einnehmen, werden Herzschlag und Atmung stark reduziert, die Körpertemperatur sinkt und selbst in warmen Regionen fallen die Tiere in eine Starre. Werden sie beim Schlafen gestört, brauchen sie meist einige Zeit bis zur vollen Aktivität; durch zuckende Bewegungen erhöhen sie Herzfrequenz und Temperatur.

## STUMMELDAUMEN-FLEDERMÄUSE

Die Stummeldaumen-Fledermäuse leben in Mittelamerika und dem tropischen Südamerika, wo sie 1–5 m über dem Waldboden nach Motten jagen. Ihre kurzen Daumen werden von der Flughaut umschlossen, nur eine winzige Kralle ragt darüber hinaus.

# Flug der Fledermäuse

Während es bei den Vögeln auch einige flugunfähige Arten gibt, können alle Fledermäuse fliegen. Ihre Flügel bestehen aus einer Doppellage dünner Haut – als Verlängerung der Körperhaut. Eine amerikanische Verwandte der europäischen Breitflügelfledermaus hat eine nur 0,038 mm dicke Flughaut, das ist dünner als eine Butterbrottüte, aber vielfach stabiler. Die Flügel enthalten keine Muskeln, aber zahlreiche elastische Sehnen und Blutgefäße. Verletzungen in den Flügelhäuten heilen gewöhnlich rasch wieder. Ähnlich wie bei den Vögeln sind auch die Flügel der Fledermäuse an die jeweilige Lebensweise angepasst: Schnelle Flieger haben lange, schmale Flügel; Arten, die durch dichtes Geäst fliegen, eher kurze, breite Flügel. Oft wird der Flug von

## HARPIOCEPHALUS-FLEDERMAUS

Diese Fledermäuse leben in Mittelgebirgen und auf Inseln in Südostasien. Sie haben merkwürdig kleine Gesichter. Körper, Beine, die Schwanzflughaut und Teile der Flügel sind von einem wolligen Fell bedeckt. Wahrscheinlich ernähren sie sich von Käfern und anderen gepanzerten Insekten.

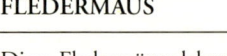

*Die Nase der Harpio-cephalus-Fledermäuse ist zu einer Röhre über der Oberlippe verwachsen.*

## TRICHTEROHREN-FLEDERMÄUSE

Einer Trichterohrenfledermaus kann man in Amerika, irgendwo zwischen Mexiko und Brasilien, begegnen; auch auf karibischen Inseln kommen sie vor. Einige Arten leben am Meer, andere in bis zu 2500 m hohen Gebirgen. Zum Schlafen ziehen sie sich jedoch in tiefe Höhlen oder alte Bergwerke zurück, wo sie in kleinen oder großen Gruppen ausruhen. Sie haben ein ziemlich langes Gesicht, keine Nasenblätter, dafür tragen die erwachsenen Männchen ein „Natalidenorgan" unbekannter Funktion auf der Schnauze – vielleicht dient es als Sinnesorgan. Die Trichterohrenfledermäuse ernähren sich von verschiedenen Insekten und haben trotz ihrer langen, schmalen Flügel einen flatternden Flug.

## FISCHENDE FLEDERMÄUSE

Obwohl Fledermäuse häufig über fischreiche Bäche und Seen fliegen, sind nur wenige in der Lage, Fische zu fangen. Vielleicht haben einige *Myotis*-Arten zuerst Insekten von der Wasseroberfläche gepickt – so wie heute auch noch. Mit der Ultraschallortung spüren sie kleinste Wellen auf der Oberfläche und packen mit den spitzen Krallen zu. Ähnlich wie die Hasen-maul-Fledermäuse (S. 50), mit denen sie nicht verwandt sind, können sie den Schwanz mit zwei sehr langen Knorpelspornen auf den Fersen hochheben, damit er nicht nass wird.

## THAILAND-HUMMELFLEDERMAUS

Diese Art wurde 1974 in einer Höhle in Thailand aufgespürt. Sie blieb lange unentdeckt, weil sie kaum größer ist als eine große Hummel – und weniger wiegt. Damit ist sie das kleinste Säugetier der Welt. Im Unterschied zu anderen Arten wird die Flughaut bei diesen Tieren zwischen den Beinen nicht vom Schwanz gestützt, der nur zwei Knochen enthält. Die winzige Fledermaus geht in der Abenddämmerung auf Jagd; sie sucht in Baumkronen oder Bambusgebüschen nach sehr kleinen Insekten und Spinnen.

## BULLDOG-FLEDERMÄUSE

In den warmen Regionen von Nord- und Südamerika leben etwa zehn Arten von Bulldog-Fledermäusen. Ihre riesigen, runden Ohren berühren sich über dem Kopf. Einige Arten haben Kehlsäcke, die bei Männchen in der Paarungszeit stark anschwellen und ein stark duftendes Sekret absondern, um Weibchen anzulocken.

## NACKTFLEDERMAUS

Nacktfledermäuse sind fast völlig haarlos. Sie können ihre Flügel in eine Tasche nahe am Körper einfalten. Dazu benutzen sie ihre Füße, deren erste Zehe frei beweglich ist – eine Ausnahme unter den Fledermäusen. Auf diese Weise können sie mit gut geschützten Flügeln in die hohlen Bäume kriechen, in denen sie ruhen.

## MORMOPTERUS-FLEDERMAUS

*Mormopterus minutus* ist in den Tropen der südlichen Halbkugel weit verbreitet. Diese kleinen Fledermäuse mit freien Schwänzen besiedeln viele Lebensräume, sogar Städte, wo sie unter Dächern gute Ruheplätze finden. Zu einer Kolonie können zehn bis mehrere Hundert Tiere gehören. Ihre Beute sind Insekten, die über den Bäumen fliegen.

## NYCTINOMOPS-FLEDERMAUS

Bei dieser Fledermausgattung ragt mindestens die Hälfte des langen Schwanzes aus der Flughaut zwischen den Hinterbeinen heraus. Einige Arten ziehen im Sommer von Südamerika in die USA, wo sie sich in den Südstaaten zu großen Brutkolonien zusammenschließen. Ihre schmalen Flügel für einen geraden und schnellen Flug sind gut an die nächtliche Mottenjagd angepasst. Sie putzen ihr Fell mit merkwürdigen, löffelförmigen Borsten hinten an den breiten Zehen.

Fledermäusen fälschlich für langsam und flatternd gehalten – anders als bei den rasch und zielgerichtet fliegenden Vögeln. Zwar unternehmen Fledermäuse weder ähnlich lange Reisen wie die Zugvögel, noch beherrschen sie den blitzschnellen Stoßflug eines Wanderfalken, aber alle fliegen sehr präzise. Während die Vogelflügel von zwei Paar großen Muskeln angetrieben werden, sind Fledermäuse mit mehr als neun Paar Flugmuskeln ausgestattet. Damit können sie schweben, herabstoßen und Beute in der Luft schnappen. Sie können zwischen dichten Blättern fliegen und zwängen sich durch schmale Spalten in ihre Schlafhöhlen, in die kein Vogel schlüpfen könnte.

### ABENDSEGLER UND LANGOHRFLEDERMAUS

Mit einer Flügelspannweite von 35 cm gehört der Abendsegler (oben) zu den größten europäischen Fledermäusen. Er ruht meist in hohlen Bäumen und bricht vor Einbruch der Dämmerung zur Jagd auf. Dann sieht man ihn zusammen mit Schwalben hoch am Himmel. Die Langohrfledermaus (unten) lebt in Wäldern, ruht aber häufig in Gebäuden. Sie macht vorwiegend nachts Jagd auf Insekten, die sie zwischen Bäumen oder auf Blättern sucht.

## GLAUCONYCTERIS-FLEDERMAUS

Als Besonderheit unter den Fledermäusen ist *Glauconycteris argentata* bunt gefärbt. Sie lebt in weiten Teilen von Ost- und Südafrika. Vielleicht dient die Fellfarbe der Tarnung, denn die Tiere ruhen gerne zwischen Palmwedeln. Wegen der dunklen Linien über den Adern gleichen sie welken Blättern.

## Insekten fressende Fledermäuse

Etwa 70 % aller Fledermausarten ernähren sich von Insekten. Um ihre Beute zu fangen – von kleinen Mücken bis zu großen Motten und Käfern mit einem Gewicht von 200 g – verwenden sie verschiedene Methoden. Immer nutzen sie jedoch die Echoortung und fangen ihre Beute im Flug. Besonders beliebt ist der Überraschungsangriff: Sie hängen an einem Ast und suchen ihr Jagdgebiet mit Ultraschall ab.

Entdecken sie ein großes Insekt, fliegen sie los und bringen – wenn die Jagd erfolgreich war – ihre Beute zum Ansitz zurück. So müssen die Fledermäuse nur sehr kurze Strecken fliegen. Aktivere Arten patrouillieren durch ihr Revier. Manche fliegen über offenes Gelände, andere fliegen langsamer zwischen Bäumen und Sträuchern umher. Wieder andere Fledermäuse suchen Blätter oder sogar den Boden nach Insekten und Spinnen ab. Ein paar Arten packen mehrere winzige Insekten und verspeisen sie im Flug. Alle Fledermäuse, die größere Tiere jagen, bringen sie gewöhnlich zu einem Fressplatz. Dort reißen sie die ungenießbaren Beine und Flügeldecken von Käfern oder die Mottenflügel ab und verspeisen nur die nahrhaften weichen Teile.

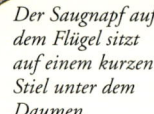

*Der Saugnapf auf dem Flügel sitzt auf einem kurzen Stiel unter dem Daumen.*

## AMERIKANISCHE HAFTSCHEIBEN-FLEDERMÄUSE

Als einzige unter ihren Verwandten ruhen die Haftscheiben-Fledermäuse, die in den Tropenwäldern von Mexiko bis Brasilien vorkommen, in aufrechter Stellung. Dabei helfen ihnen starke Saugnäpfe auf den Flügeln, unter dem Daumen und den Fuß- sohlen. Auch auf Madagaskar leben Fledermäuse mit Saugnäpfen an Hand- und Fußgelenken. Allerdings funktionieren sie nicht so gut wie die der amerikanischen Arten; wahrscheinlich entstanden sie unabhängig voneinander.

## BAMBUSFLEDERMAUS

Bambusfledermäuse leben in den Bambuswäldern von Indien bis Südostasien. Bis zu 40 Tiere nutzen die hohlen Stängel des Riesenbambus als Schlafplatz. Sie dringen durch Löcher ein, die schlüpfende Käfer gebohrt haben. Diesen Zugang können sie nur dank ihres ungewöhnlich schmalen Kopfes nutzen.

*Bambusfledermäuse halten sich mit Saugnäpfen am glatten Bambus fest.*

## ZUFLUCHT FÜR FLEDERMÄUSE

Die Carlsbad-Höhlen in New Mexico bestehen aus einem unterirdischen Tunnelsystem. Während außen wüstenhafte Temperaturen herrschen, ist es in der Höhle immer 12 °C kühl – eine Wohltat für die Fledermäuse. In der so genannten „Fledermaus-Höhle" schliefen im Sommer über 8 Millionen Tiere, vorwiegend Guanofledermäuse. Es gehörte zu den Naturwundern, wenn abends 5000 Fledermäuse pro Minute aus der Höhle ausschwärmten, um nach Käfern und Motten zu suchen. In den 1970er Jahren hatten Insektizide die Zahl der Beutetiere so stark vermindert, dass nur 200 000 Fledermäuse überlebten.

## NEUSEELAND-FLEDERMÄUSE

Mit den nadelscharfen Krallen an den Daumen und ihrer Fähigkeit, die Flügel dicht am Körper unter der ledrigen Flughaut einzurollen, unterscheiden sie sich von allen anderen Fledermäusen. Sie sind sehr lebhaft und auch bei der Beutejagd auf dem Boden oder an Hängen sehr gewandt.

# Echoortung der Fledermäuse

Alle Fleisch fressenden Fledermäuse nutzen ihr „Sonar" um Beute aufzuspüren. Dazu stoßen sie eine Reihe sehr hoher Töne aus. Meist werden sie durch den Mund abgegeben, bei manchen Arten, wie den Hufeisennasen, aber auch durch die Nase. Treffen die Schallwellen auf ein ruhendes oder bewegliches Hindernis, werden sie als Echo reflektiert, das die Fledermaus hört. Ultraschalltöne breiten sich sehr gerichtet aus und dringen nicht weit, sodass eine Fledermaus kaum durch Echos von weit entfernten Objekten gestört wird. Während des Fluges schreien Fledermäuse 4- bis 5-mal pro Sekunde. In offenem Gelände verwehen die Töne, außer

## KERIVOULA-FLEDERMAUS

Diese Fledermausgattung gehört zu einer weit verbreiteten Gruppe in den Tropen der Alten Welt. Sie hat langes, etwas lockiges Fell, das bei einigen Arten auch gefärbt sein kann. So können sie sich gut getarnt zwischen Blumen und trockenen Blättern ausruhen.

## GEOFFREY-SCHLITZNASE

Die Nase dieses merkwürdig aussehenden Früchtefressers ziert ein großer, weicher Auswuchs, der bei Männchen größer ist als bei Weibchen. Außerdem können sie einen Hautlappen vom Kinn bis über die Augen nach oben ziehen.

sie treffen auf ein Hindernis. Dann erhöht die Fledermaus ihre Ruffrequenz auf bis zu 200 Schreie pro Sekunde; die Länge eines Tons beträgt 0,005 Sekunden. Während sie schreit, verschließt ein Muskel ihr Ohr, daher kann sie nur die Echos, nicht aber den eigenen Schrei hören. Obwohl die Töne sehr kurz sind, verändern Fledermäuse die Tonhöhe, können also am Echo erkennen, ob und in welcher Richtung sich ein Hindernis bewegt. Kleine Fledermäuse legen zwischen den Tönen etwa 3 m zurück, in der Nähe einer Beute nur noch 7,5 cm. Beutetiere wie Insekten, Fische, Frösche, kleine Säugetiere oder Vögel haben kaum eine Chance zu entkommen. Da Fledermäuse zwischen einzelnen Objekten unterscheiden können, wählen sie ihre Beute gezielt aus. Dank ihres guten Gedächtnisses finden sie mit Hilfe der Echoortung auch in einer dunklen Höhle immer wieder ihren Schlafplatz.

## GREISENHAUPT

Diese Fledermaus hat vielleicht noch größere Hautfalten als die Geoffrey-Schlitznase. Im Schlaf zieht sie eine Hautfalte vom Kinn über Gesicht und Ohren.

Da die Haut im Bereich der Augen durchsichtig ist, kann das Tier immer noch schwach sehen.
Das Greisenhaupt lebt von Früchten, die es an kleinen Hautvorsprüngen zu Mus zerreibt.

## VAMPIRFLEDERMAUS

*Oben: Mit den rasiermesserscharfen, großen Schneidezähnen schabt die Fledermaus eine blutende Wunde in die Haut.*

*Rechts: Vampirfledermäuse müssen Nacht für Nacht Blut trinken, sonst verhungern sie. Daher füttern die Mitglieder einer Gruppe hungernde Tiere mit Blut.*

Nur die Vampirfledermäuse leben von Blut. Zwei der drei Arten sind sehr selten und greifen vorwiegend Vögel an. Die dritte Art, die Gemeine Vampirfledermaus, ist auf den karibischen Inseln und im nördlichen Südamerika weit verbreitet – sie trinkt das Blut von Säugetieren, manchmal auch von Menschen. Obwohl es viele Schauergeschichten gibt, scheinen die meisten Tiere den Biss der Fledermaus gar nicht zu spüren. Nur angebundene Pferde reagieren sehr nervös, wenn sich Vampire nähern. Wenn mehrere Fledermäuse ein einzelnes Tier anfallen, kann der Blutverlust sogar gefährlich werden. Außerdem übertragen Vampirfledermäuse die Tollwut – ein guter Grund, wachsam zu sein.

## KINNBLATT-FLEDERMÄUSE

Zwei Arten der Kinnblatt-Fledermäuse leben in den wärmeren Regionen von Amerika und in der Karibik.

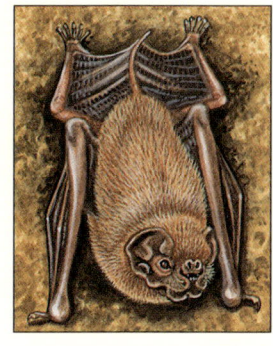

Sie jagen Insekten tief am Boden und kommen viel später aus ihren Verstecken als andere Fledermäuse mit derselben Beute. Welchen Zweck die fleischigen „Blätter", die Hautfalten und die langen Haare um den Mund genau haben, ist unbekannt.

## SACKFLÜGELFLEDERMAUS

Etwa 40 Tiere der hier gezeigten Art können gemeinsam in einem hohlen Baum schlafen. Eine solche Gruppe besteht aus Männchen, die jeweils einen Harem mit bis zu acht Weibchen um sich scharen.

Jedes Männchen markiert durch Bellen ein kleines Revier; manchmal auch durch Flügelschlag – vielleicht über Duft.

*Sackflügelfledermäuse erzeugen einen Duftstoff in großen Drüsen auf den Flügeln.*

# Leben in der Gruppe

Obwohl Fledermäuse selten allein schlafen, wissen wir nur wenig über die Beziehungen der Tiere untereinander. Bei fast allen Arten schließen sich die Mütter mit ihren Babys zu Kindergruppen zusammen, während die Männchen unter sich bleiben. In kühlen Regionen, wo die Tiere Winterschlaf halten, gibt es nur eine Brutperiode pro Jahr. In den Tropen kommen dagegen mehrmals pro Jahr Junge zur Welt. Vor der Paarung stimmen sich die Partner durch eine Balz aufeinander ein. Bei manchen Arten besteht sie aus Flügelschlagen und Lausen, die Männchen der Sackflügelfledermäuse machen singende Laute und schütteln die Duftsäckchen auf ihren Flügeln. Auch bei anderen tropischen Arten erzeugen die Männchen Düfte in Drüsen an Kopf oder Hals um eine Partnerin anzulocken. Männliche Hammerköpfe aus Westafrika versammeln sich in Balzplätzen; dort stellen

*Die Fransenlippen-fledermäuse leben in den Wäldern des Tieflandes von Mexiko bis Nordbrasilien.*

*Die Fransenlippenfledermäuse kennen die Rufe der balzenden Frösche ...*

## FRANSENLIPPEN-FLEDERMAUS

Die Fransenlippenfledermaus gehört zu einer Gruppe von Fledermäusen, die sich von großen Insekten und kleinen Wirbeltieren, wie Eidechsen, Vögeln und anderen Fledermäusen, ernähren. Diese Art hat sich auf Frösche speziali-siert, deren Männchen während der Balzzeit laut quakend herumsitzen und leicht zu erbeuten sind.

*... und können essbare von giftigen Arten unterscheiden.*

## HASENMAUL-FLEDERMÄUSE

Die Hasenmaul-Fledermäuse leben in den warmen Regionen von Amerika. Meist gehen sie abends und nachts auf die Jagd. Sie fliegen in kleinen Gruppen zickzack im Tiefflug über Flüsse, Seen oder das Meer und stoßen dabei hörbare, zwitschernde Laute aus. Mit ihrem Sonar können sie 25–75 mm lange Fische wahrnehmen. Sie packen die Beute mit den langen Krallen an ihren Füßen und tragen sie in der Schwanzflughaut bis zu einem Fressplatz. Die Hasenmaul-Fledermäuse gehören zu den wenigen Tieren, die mit anderen zusammenarbeiten: Man hat beobachtet, wie sie am Tag jagende Pelikane begleiten und die Fische fangen, die von den tauchenden Vögeln aufgeschreckt werden.

## LEPTONYCTERIS-FLEDERMAUS

In den wärmeren Regionen Nordame-rikas und den amerikanischen Tropen leben mehrere Arten von *Leptonycteris.*

Manche haben einen winzigen Schwanz ohne Schwanzflughaut, aber alle eine lange Schnauze mit sehr langer Zunge. Sie fressen Nektar, Pollen, Beeren und Insekten, die sie meist zufällig erwischen, wenn sie um die Pflanzen herumfliegen.

## NASENFLEDERMAUS

Nasenfledermäuse teilen sich den Lebensraum mit den Hasenmaul-Fledermäusen. Sie leben in Wäldern am Fluss und jagen Insekten über der Wasseroberfläche. Den Tag verschlafen sie am Wasser, ohne sich zu verstecken. Die Gruppen scheinen stabil in einem Revier zu leben, denn wenn man sie vertreibt, kehren sie immer wieder an den Schlafplatz zurück. Außerdem verteidigen die Männchen ihr Revier, wenn sie an den Gren-zen auf der Suche nach Beute auf Eindringlinge stoßen.

## GELBOHR-FLEDERMÄUSE

Diese südamerikanischen Fledermäuse bauen sich ein Schlafnest, indem sie die Mittelrippe von Palm- und anderen Blättern zerbeißen. Dann falten sie das Blatt zusammen und ziehen sich in das sichere, feuchte Ver-steck zurück. Ein solches Zelt hält zwei Monate, dann ist das Blatt verwelkt.

## DREIZACK-BLATTNASE

Diese kleinen Insektenfresser haben die kompliziertesten Gesichter aller Fledermäuse. Sie besiedeln viele Lebensräume, von den Wüsten des Iran und

Jemen, über Teile Ostafrikas bis zum Kongo und einige Inseln im Indischen Ozean. Früh am Abend verlassen sie ihre Höhlen, Bergwerkstunnel, unterirdischen Schächte, und jagen knapp über dem Boden nach Insekten.

*Wie kompliziert die Nasenblätter der Dreizack-Blattnase aufgebaut sind, ist am besten von der Seite zu erkennen.*

## GESPENSTFLEDERMAUS

Die australische Gespenstfledermaus mit einer Flügelspannweite von 60 cm verdankt ihren Namen der geisterhaft hellen Farbe. Sie schläft in Höhlen, die sie nachts zum Fressen verlässt. Dann hängt sie sich an einen Ast und wartet, bis ein kleines Tier, etwa eine Hausmaus, vorbeikommt. Sie lässt sich auf ihr Opfer fallen, umschließt es mit den Flughäuten und tötet es durch Bisse in Kopf und Hals. Anschließend wird die Beute auf dem Baum verspeist.

## HUFEISENNASEN

Bei vielen tropischen Fledermausarten ist die Nase zu komplizierten „Blättern" gefaltet; in Europa kommen nur fünf solcher Arten vor. Wozu die Blätter genau dienen, ist nicht bekannt, wahrscheinlich helfen sie dabei, den Ultraschall gebündelt und gerichtet durch die Nase auszusenden. In Nordeuropa hat die Zahl der Großen und der Kleinen Hufeisennase stark abgenommen – sie gehören zu den vom Aussterben bedrohten Arten. Sie überwintern in Höhlen, brauchen zur Jungenaufzucht aber Gebäude, wo sie heute wenig willkommen sind.

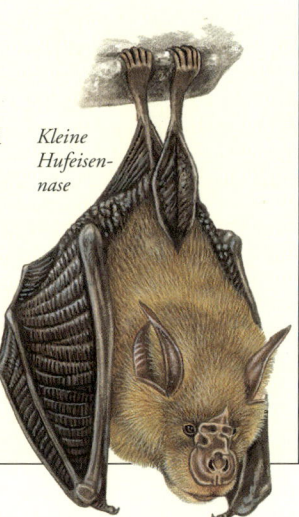

*Kleine Hufeisennase*

## SCHWERTNASE

Die Nasenblätter der Schwertnase, die zwischen Mexiko und Brasilien mit vier Arten vorkommt, sind fast so lang wie die Ohren. Einige leben in Regenwäldern, eine Art jedoch in Trockengebieten, wo sie sich in Höhlen und Tunnels zurückzieht.

## HONDURAS-ZWERGFLEDERMAUS

Die besonders auffallend gefärbte Honduras-Zwergfledermaus kommt nur in Teilen von Mittelamerika vor. Dort lebt sie an Orten, wo die Menschen den Wald gerodet und Bananenplantagen gepflanzt haben. Sie baut sich ein Zelt, indem sie die Seitenrippen eines Blattes zerschneidet und das Blatt beidseitig der Mittelrippe zu einem sicheren Schutz zusammenfaltet. In einem Zelt ruhen bis zu sechs Tiere. Sie ernährt sich von Beeren, frisst aber auch Insekten.

## GLATTNASEN-FREISCHWÄNZE

Bei diesen Fledermäusen aus den Tropen der Alten Welt liegt der lange Schwanz frei auf der Schwanzflughaut. Wenn sie ihre Hinterbeine beugen und strecken, verändert sich die Form der Flughaut, sodass sie sehr wendig fliegen können.

*Flügel eines Glattnasen-Freischwanzes*

*Durch Beugen und Strecken der Hinterbeine kann diese Fledermaus sehr geschickt manövrieren.*

sich die Weibchen ein und suchen nach einem Partner. In Europa und großen Teilen von Nordamerika findet die Balz am Ende des Sommers statt. Allerdings beginnt die Schwangerschaft nicht sofort: Die Weibchen einiger Arten heben die Spermien, andere die befruchtete Eizelle solange auf, bis die Bedingungen günstig sind.

Bei vielen Fledermäusen ist die Dauer der Tragzeit unbekannt, bei den kleineren europäischen Arten dauert sie zwischen sechs und acht Wochen. Vampirfledermäuse kommen nach acht Monaten zur Welt. Insekten fressende Arten bringen meist kleine, nackte und wenig entwickelte Junge zur Welt, während die Babys der Früchte fressenden Arten größer und weiter entwickelt sind. Immer werden sie mit dem Schwanz zuerst geboren und fallen in eine Art Wiege, die ihre Mutter mit der Schwanzflughaut aufspannt. Das Baby krabbelt auf den Körper der Mutter und beginnt sofort Milch zu trinken. Bis die Jungen etwa ein Drittel des mütterlichen Gewichtes haben – bei manchen Arten auch mehr – werden sie von der Mutter auf die Jagd mitgenommen; danach bleiben sie im Versteck zurück.

## HAMMERKÖPFE

Die Hammerköpfe bewohnen weite Teile von Zentral- und Westafrika. Sie leben in Regenwäldern und Mangrovensümpfen, wo sie nachts bis zu 10 km weit fliegen, um reife Wald- oder Plantagenfrüchte zu finden. Besonders lieben sie Mangos, Stachelanemonen und Bananen, verschmähen aber auch Fleisch nicht.

Wahrscheinlich sind sie die lautesten aller Fledermäuse. Die Männchen sind mit einer Spannweite von fast 1 m sehr viel größer als die Weibchen. Sie haben große Luftsäcke im Kopf und mächtige Schallblasen, die sich über die halbe Körperlänge erstrecken.

Wenn sie zurückkommt, erkennt sie ihr Junges an der Stimme. In den meisten Fällen bekommt das Junge auch dann noch Milch, wenn es schon fliegen kann. Man hat beobachtet, wie Junge ihrer Mutter folgten und jede ihre Bewegungen nachahmten. Wenn die Jungen entwöhnt sind und für sich selbst sorgen, werden die Kindergruppen aufgelöst und Männchen und Weibchen schließen sich wieder zusammen.

# Fledertiere als Samenverbreiter und Bestäuber

Es ist leicht zu beobachten, dass Insekten jagende Fledermäuse häufig so nahe an Pflanzen vorbeifliegen, dass sich Pollen, Nektar oder Fruchtsaft in ihrem Fell verfangen. In der Neuen Welt haben sich Früchte und Nektar fressende Fledermäuse wahrscheinlich aus Insekten fressenden Vorfahren entwickelt. In der Alten Welt entstand jedoch die Familie der Flughunde, zu denen auch die größten Fledertiere gehören, unabhängig von den anderen Gruppen. Einige

## GELBSCHULTER-BLATTNASE

Die 14 Arten der Gelbschulter-Blattnase kommen zwischen Mexiko und Venezuela vor. Sie sind kleiner als die Flughunde der Alten Welt, ernähren sich aber auch vorwiegend von Früchten. Sie leben in Wäldern und schlafen in hohlen Bäumen oder alten Gebäuden.

## FLUGFÜCHSE

Die Flugfüchse sind eine große Gattung Früchte fressender Flughunde, die mit über 50 Arten auf den Inseln des Indischen Ozeans bis nach Australien und darüber hinaus vorkommen. Sie haben eine Spannweite von bis zu 1,70 m, ein hundeartiges Gesicht mit großen Augen, aber weder Falten noch Nasenblätter. Den Tag verbringen sie in Bäumen, scheinen aber nicht tief zu schlafen, denn in ihren Kolonien herrscht stets Trubel und Lärm. In der Dämmerung fliegen sie auf direktem Weg zu ihren Fressplätzen. Manchmal stützen sie schwere Früchte beim Fressen mit dem Flügel ab. Weiches Fruchtfleisch schlucken sie herunter, meistens trinken sie aber nur den Saft und spucken Fasern und Samen wieder aus. Trotz der flüssigen Nahrung müssen sie regelmäßig trinken; einige Arten sogar Salzwasser, wegen der Mineralien.

*Oben links: In manchen Teilen der Erde sind die Kolonien von schlafenden Flugfüchsen, kurz bevor sie zu ihren Fressplätzen aufbrechen, eine echte Touristenattraktion.*

### LANGZUNGEN-FLUGHUNDE

Die drei Arten der Lang-
zungen-Flughunde, die
von Ostindien über
Neuguinea bis zu einigen
pazifischen Inseln vor-
kommen, sind mit den
Flugfüchsen verwandt.
Allerdings sind sie kleiner
und ernähren sich vom
Nektar und Pollen einiger
Kulturpflanzen, daneben
vom Saft weicher Früchte.
Sie leben meist einzeln
und ruhen in zusam-
mengerollten Blättern,
Bäumen oder unter
offenen Dächern.

*Ein Röhrennasen-
Flughund (links)
nutzt seine
Nasenlöcher
vielleicht für die
Echoortung.*

### RÖHRENNASEN-
FLUGHUNDE

Auf den Inseln zwischen
Sulawesi bis zum Süd-
pazifik leben 14 Arten der
Röhrennasen-Flughunde.
Sie halten sich in Wäldern
auf, wobei die gefleckten
Flügel vielleicht als Tarnung dienen. Bei Störun-
gen schwillt ihre Nase an
und beginnt zu zittern;
wahrscheinlich ist sie an
der Erzeugung von Ultra-
schall beteiligt. Von den
Früchten, darunter auch
jungen Kokosnüssen,
schlucken sie nur den Saft,
nachdem sie das
Fruchtfleisch
gründlich
zerkaut
haben.

### NANONYCTERIS-
FLEDERMAUS

Diese kleine westafrika-
nische Fledermaus (unten)
lebt ausschließlich von
Nektar, den sie mit ihrer
langen Zunge aufleckt. Da
sie später an den Bäumen
ankommt als andere Ar-
ten, muss sie ihre Konkurrenten erst vertreiben;
dann bleibt sie aber fast
die ganze Nacht. Sie trinkt
auch an der Parkia-Blüte,
die sich nur 30 Sekunden
lang öffnet.

Forscher vermuten, dass sie von Früchte fressenden Vorfahren abstammen.
Flughunde kommen überall in den Tropen vor. Einige mögen Früchte, die
ungenießbar für Menschen sind, andere schätzen aber auch Plantagenobst,
wie Mangos und Guaven. Daher werden Flughunde nicht nur getötet,
sondern mancherorts sogar gegessen. In der Wildnis finden sie stets
ausreichend Nahrung, da die Bäume getrennt stehen und die Früchte zu
unterschiedlichen Zeiten reifen. Flughunde setzen, mit wenigen
Ausnahmen, keine Echoortung ein; sie sehen und riechen die reifen
Früchte. Mit ihren kräftigen Eckzähnen durchdringen sie die Fruchtschale
und zerkauen das Fruchtfleisch mit den flachen Backenzähnen. Viele
Flughunde verbreiten mit ihrem Kot die Pflanzensamen, die entfernt vom
Elternbaum wieder auskeimen. Fledermäuse, die sich von Pollen und

### ZWERG-EPAULETTEN-FLUGHUND

Den hellgelben oder weißlichen
„Epauletten" auf den Schultern
der männlichen Tiere verdanken
diese kleinen afrikanischen Flughunde
ihren Namen. Um Weibchen zu beeindrucken, können diese Fellhaare ge-
sträubt und in Zittern versetzt werden.
Im Unterschied zu anderen Fledertieren
lassen sie sich kaum stören; sie leben
allein in Bäumen und ruhen an gut
zugänglichen Orten. Werden sie vertrieben, lassen sie sich kaum 10 m entfernt
vom alten Schlafplatz nieder. Beim
Fressen trinken sie langsam den Saft von
Früchten und spucken das Fleisch
wieder aus.

### HÖHLEN-LANGZUNGENFLUGHUND

Diese Flughunde kommen
von Indien bis zu den
Philippinen vor. Mit der
langen, bürstenartigen
Zunge in der schmalen
Schnauze lecken sie Pollen
und Nektar auf. Hinten

im Kiefer sitzen winzige
Zähne. Meist schlafen sie
in großer Zahl in Höhlen.
Eine gut untersuchte Art
ernährte sich fast aus-
schließlich von Agave-
früchten.

Nektar ernähren, haben meist sehr lange Zungen, die tief in die Blüten
reichen.

Viele Pflanzenarten sind auf die Bestäubung durch die Fledermäuse
angewiesen. Ihre weißen oder purpurnen Blüten öffnen sich nachts und
riechen für Menschen unangenehm. Um die Krallen einer gelandeten
Fledermaus auszuhalten, sind die Blütenblätter in der Regel robust gebaut.
Bei uns wird die Glockenrebe, die manchmal in Gärten gepflanzt wird,
von großen Insekten statt von Fledermäusen bestäubt.

# SPITZHÖRNCHEN

**DATEN ZUR ORDNUNG**

**7**

Die kleinen Spitzhörnchen kommen in den Wäldern von Indien und Nepal bis Südostasien vor. Obwohl ihr wissenschaftlicher Name auf das malaiische Wort für Eichhörnchen zurückgeht, bestehen außer dem buschigen Schwanz und ihrem lebhaften Benehmen keinerlei Ähnlichkeiten. Früher zählte man sie zur Ordnung der Insektenfresser und einige Merkmale haben sie sogar mit den Primaten gemeinsam: Es gibt

Ähnlichkeiten im Knochenbau und im Blutkreislauf, und ihr aktives, neugieriges Verhalten gleicht sehr dem der Affen. Moderne Wissenschaftler fassen sie wegen ihrer besonderen Eigenschaften jedoch in einer eigenen Ordnung zusammen. Sie könnten aber ein Verbindungsglied zwischen den ursprünglichen Plazentatieren und den Affen und ihren Verwandten darstellen.

**Ordnung Scandentia (nach einem lateinischen Wort für „klettern")**
**Familien: 1**
**19 Arten in 5 Gattungen**

Der Familienname Tupaiidae wurde von dem malaiischen Wort für Eichhörnchen abgeleitet.

**SPITZHÖRNCHEN 7**

## FAMILIENMERKMALE

*Familie:* Tupaiidae

*Zahl der Arten:* 16
*Artnamen (Beispiele):*
Tupaja: *Tupaia glis*
Indisches Tupaja: *Anathana ellioti*
Federschwanztupaja: *Ptilocercus lowii*

*Größe:* Länge Kopf/Körper:
10–20 cm
Schwanzlänge: 9–22 cm
Gewicht: bis 400 g

*Zahl der Jungen:* 1–3

*Verbreitung:* Süd- und Südostasien

A uch wenn man ganz gezielt nach Spitzhörnchen sucht, wird man nicht sehr viele entdecken, denn sie leben als Einzelgänger und dulden keine Artgenossen in der Nähe. Sie bewohnen feuchte Wälder, wo sie häufig trinken und baden. Die meisten Arten sind tagaktiv und suchen mit ihren scharfen Augen und einem guten Geruchssinn nach kleinen Beutetieren; außerdem fressen sie Früchte. Sie haben lange Zehen mit Krallen, die sie geschickt zum Klettern benutzen. Spitzhörnchen flitzen nicht nur durch das Geäst, sondern hüpfen auch auf dem Boden herum. Ihre Schneidezähne sind spitz wie Raubtierzähne, während hinten im Kiefer einige Zähne mit breiten Kauflächen sitzen – insgesamt haben sie 38 Zähne. Einige in Freiheit lebende Arten bekommen das ganze Jahr über Junge, andere nur zu bestimmten Jahreszeiten. Die Mütter bringen ihre ein bis zwei Babys in hohlen Baumoder Bambusstämmen zur Welt.

### FEDERSCHWANZ-TUPAJA

Die Federschwanztupajas leben in Paaren zusammen und sind nachtaktiv – eine Ausnahme unter den Spitzhörnchen. Ihr Schwanz dient nicht nur der Balance, sondern ist vielleicht auch ein Tastorgan; im Schlaf decken sie ihr Gesicht mit seinem flachen Haarbüschel ab.

### INDISCHES TUPAJA

Dieses Tupaja klettert nur selten auf Bäume, häufiger streift es zwischen Felsen umher. Dort legt es Baue mit mehreren Ausgängen an. Es durchwühlt die Erde nach Würmern und Larven, ab und zu erwischt es ein fliegendes Insekt im Sprung.

### DIE TUPAJAS

D ie Arten der Gattung *Tupaia* sind tagaktiv und verbringen viel Zeit mit der Nahrungssuche auf dem Waldboden. Ähnlich wie manche Insektenfresser besitzen sie Hautdrüsen im Bereich der Kehle. Die meisten Arten besetzen ein Revier: Dabei überschneiden sich die etwa 1 ha großen Reviere der Männchen mit kleineren, weiblichen Revieren. Ein Wurf besteht aus bis zu drei Babys und wird in einem besonderen Nest untergebracht, das ausschließlich von der Mutter besucht wird. Obwohl die Jungen nur alle 48 Stunden Milch bekommen, sind sie mit 36 Tagen entwöhnt und schließen sich ihren Eltern an.

*Mit den Krallen an Fingern und Zehen können Spitzhörnchen ihre Nahrung aufnehmen und festhalten.*

# AFFEN

**Ordnung Primates**
Unterordnungen:
Prosimiae (Halbaffen mit
Lemuren und Loris) und
Simiae (Affen mit Alt-
und Neuweltaffen, Men-
schenaffen und Mensch)
Familien: 13
Über 235 Arten in 70
Gattungen

Der Mensch ist der am weitesten
verbreitete Primat.

Der wissenschaftliche Name „Primaten"
bedeutet „die Ersten" und wurde von einem
frühen Zoologen geprägt. Damals hielt man den
Menschen, der zu den Primaten gehört, für die
Krone der Schöpfung und glaubte, er solle über
alle anderen Tiere herrschen. Die meisten Affen
kommen in den Tropen vor. Es gibt kleine
Arten, wie die Zwergmakis, die nur knapp 50 g
wiegen, während es die Gorillas auf fast 300 kg

bringen. Trotz ihrer Größenunterschiede sind
alle Affen Waldtiere. Auch Arten, die heute nicht
mehr klettern, verfügen noch über die
entsprechenden Anpassungen: Die Augen sind
nach vorn gerichtet und können räumlich sehen,
Hände und Füße dienen dazu, sich im Geäst der
Bäume festzuhalten. Die meisten Affen sind
intelligent und viele leben in Gruppen – beides
hat sicher zu ihrem Erfolg beigetragen.

*Beim Schwingen durch das Geäst balanciert ein Gibbon mit allen Körperteilen.*

## SCHWINGHANGELN

Manche Affen klettern langsam und vorsichtig, andere springen von Ast zu Ast und nutzen ihren langen Schwanz zur Balance. Eine Gruppe der Kleinen Menschenaffen bewegt sich mit „Schwinghangeln" durch die Baumkrone Bei ihnen sind ausnahmsweise die Arme länger und kräftiger als die

Beine. Mit den Fingern der verlängerten Hände greifen sie wie mit einem Haken zu, ohne jedoch die Äste zu umfassen. Um vorwärts zu kommen schwingen sie ihren Körper, an einer Hand hängend, nach vorn, greifen mit der anderen Hand zu und schwingen den Körper wieder nach vorn – daher dreht sich ihr Körper bei jedem „Schwung" um 180°. Auf diese Weise bewegen sie sich sehr schnell durch das dünne Geäst.

*Auch Gibbons greifen manchmal daneben und stürzen zu Boden. Forscher haben aber herausgefunden, dass viele Tiere mit gebrochenen Knochen überleben.*

## GRIFF

Obwohl alle Primaten Gegenstände in ihren Händen halten können, hat keine Art bewegliche Daumen wie Menschen. Allerdings können alle Primaten ihren Daumen an die Spitze eines Fingers legen und daher kleine Objekte, z. B. Nahrung, sicher und präzise anfassen.

*1 Kraftvoller Griff;
2 Präzisionsgriff; 3 Hakengriff;
4 „Greifzangengriff" für große
Gegenstände*

## RÄUMLICHES SEHEN

Dank ihres räumlichen Sehvermögens – dazu müssen beide Augen auf ein Ziel gerichtet werden – können die meisten Primaten Entfernungen abschätzen. Diese Fähigkeit wird durch die flachen Gesichter der Affen unter-

stützt: Eine lange Schnauze, wie sie andere Tiere besitzen, würde die Sicht zu stark einschränken. Bei den Pavianen sind die langen, kräftigen Kiefer schräg nach unten gerichtet, sodass sie den Blick nicht behindern.

*Primatenfamilien:* 13

*Kleinste Art:* Zwergmaki
Länge Kopf/Körper:
bis 15 cm
Schwanz: bis 15 cm
*Größte Art:* Gorilla
Höhe: 1,75 m
Gewicht eines Männchens:
über 300 kg

*Lebenserwartung:* Im Zoo
bis 5 Jahre

*Zahl der Jungen:* meist nur
1; fast immer werden die
Jungen sehr lange betreut,
daher bekommen die gro-
ßen, weiblichen Primaten in
ihrem Leben nur wenige
Babys

*Verbreitung:* vorwiegend in
den Tropen

## FINGERABDRÜCKE

Die Hände vieler Affen werden durch verdickte oder gefaltete Hautpartien auf den Fingern „griffiger". Bei den Affen und Menschen entstanden daraus die Muster der Fingerabdrücke, die jedes Tier unverwechselbar machen.

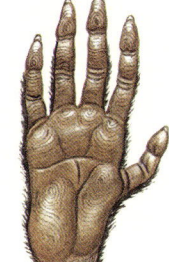

*In den Hautrillen, die den Fingerabdruck erzeugen, sitzen zahlreiche Nervenendigungen, die Finger und Zehen zu empfindlichen Tastorganen machen.*

## FAMILIENMERKMALE

# Ursprüngliche Primaten

*Halbaffen, Zahl der Familien:* 6

*Zahl der Arten:* 35
*Artnamen (Beispiele):*
Zwerggalago:
 *Galago demidovii*
Plumplori:
 *Nycticebus coucang*
Koboldmakis:
 *Tarsius-Arten*
Potto:
 *Perodicticus potto*
Katta:
 *Lemur catta*

*Kleinste Art:* Zwergmaki
 Länge Kopf/Körper:
  12,5–15 cm
 Gewicht: weniger als 100 g
*Größte Art:* Indri
 Länge Kopf/Körper:
  bis 90 cm
 Gewicht: bis 10 kg

*Lebenserwartung:* Manche Lemuren 10 Jahre und älter

*Verbreitung:* Tropen der Alten Welt

Zur Gruppe der ursprünglichen Primaten oder Halbaffen gehören die unterschiedlichsten Tiere. Äußerlich sehen einige Arten den höher entwickelten Affen ähnlich, viele haben jedoch längere Schnauzen. Obwohl alle Halbaffen fünf Finger und Zehen besitzen, können ihre Glieder zum Umklammern von Ästen abgewandelt sein. Außerdem tragen die Finger und Zehen der Halbaffen eine oder mehrere lange Krallen, mit denen sie ihr Fell pflegen – die Affen haben Finger- und Zehennägel. Auch das Zusammenleben ist nur selten so weit entwickelt wie bei den höheren Affen. So kann das Revier eines Männchens mehrere weibliche Reviere überschneiden, ohne dass sich die Tiere regelmäßig sehen. Allerdings prüft das Männchen täglich die Duftmarken der Weibchen und informiert sich damit, wo sich die Weibchen aufhalten und wie es ihnen geht.

## POTTO

Die Pottos bewohnen die unteren Etagen in den dichten, zentralafrikanischen Urwäldern. Nachts kommen sie hervor und suchen nach Früchten, Pflanzensaft und Insekten. Einige ihrer

Wirbel enden in spitzen Fortsätzen, die fast durch die Haut am Hals dringen. Vielleicht schützen sie das Tier im dichten Geäst oder dienen zur Verteidigung gegen Raubtiere.

## PLUMPLORIS

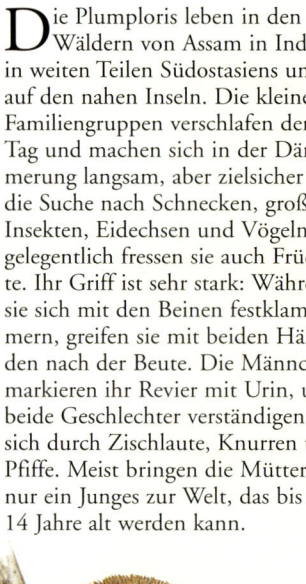

Die Plumploris leben in den Wäldern von Assam in Indien, in weiten Teilen Südostasiens und auf den nahen Inseln. Die kleinen Familiengruppen verschlafen den Tag und machen sich in der Dämmerung langsam, aber zielsicher auf die Suche nach Schnecken, großen Insekten, Eidechsen und Vögeln, gelegentlich fressen sie auch Früchte. Ihr Griff ist sehr stark: Während sie sich mit den Beinen festklammern, greifen sie mit beiden Händen nach der Beute. Die Männchen markieren ihr Revier mit Urin, und beide Geschlechter verständigen sich durch Zischlaute, Knurren und Pfiffe. Meist bringen die Mütter nur ein Junges zur Welt, das bis zu 14 Jahre alt werden kann.

## SENEGAL-GALAGO

Im Unterschied zu den übrigen Arten bewohnen Senegal-Galagos offene Wälder oder sogar die Savanne. Nachts gehen sie in kleinen Familiengruppen auf die Jagd nach Insekten. Sie laufen nur selten auf allen Vieren und können sehr weit hüpfen.

## ZWERGGALAGO

Das Zusammenleben der Zwerggalagos wird unter anderem von der Größe der Männchen bestimmt: Je größer das Männchen, desto größer sein Revier und umso mehr Weibchen leben darin. Weibliche Galagos bringen einmal im Jahr ein Baby zur Welt. Während die Mutter nachts nach Nahrung sucht, versteckt sie ihr Baby zwischen dichten Pflanzen. Tagsüber ziehen sich die beiden in ein Nest zurück.

## KOBOLDMAKIS

Ihren wissenschaftlichen Namen „Tarsiidae" verdanken die Koboldmakis den verlängerten Fußwurzelknochen (Tarsus); das erlaubt ihnen Sprünge von mehreren Metern Weite. Die Nachtjäger, die in den Wäldern von Sulawesi bis zu den Philippinen leben, fressen Insekten und andere kleine Beutetiere. Mit ihren riesigen Augen und einer Kopfdrehung von fast 180° können sie rundum räumlich sehen. Mit Ausnahme einer langen Putzkralle tragen Finger und Zehen Nägel.

*Fuß eines Koboldmakis*

*Mit den Saugnäpfen auf Händen und Füßen können Koboldmakis an Scheiben „kleben".*

## INDRI

Der Indri, er ist der größte Halbaffe, gehört zu den Lemuren und kommt nur in den Wäldern von Nordost-Madagaskar vor. Am Tag ziehen die kleinen Familiengruppen auf der Suche nach Blättern, Blüten und Früchten umher. Die Männchen verteidigen ihr Revier, das sie mit Urin und Sekreten aus einer Drüse an der Schnauze markieren.

## FETTSCHWANZMAKI

In Madagaskar leben mehrere Arten Katzenmakis. Sie hüpfen wie Eichhörnchen durch das Geäst; dort bauen sie auch ihre Schlafnester für den Tag. Während der Regenzeit speichert der Fettschwanz- oder Mittlere Katzenmaki Fett in seinen Hinterbeinen und dem Schwanz. In der mageren Trockenzeit verbraucht er seine Fettvorräte wieder.

Loris und Pottos verschlafen den Tag in hohlen Bäumen; nachts kommen sie aus ihrem Versteck, um nach Insekten und zarten Sprossen und Blättern zu suchen. Sie können nicht springen, sondern klettern langsam und zielsicher umher; ihren festen Griff kann man kaum lösen. Die nachtaktiven Galagos oder Buschbabys klettern viel aktiver durch das niedrige Geäst. Sie machen in kleinen Gruppen Jagd auf Insekten, die sie mit einer schnellen Handbewegung erwischen. Galagos urinieren regelmäßig in ihre Hände. Vielleicht verbreitet dieses merkwürdige Verhalten ihren Geruch oder verbessert die Haftung der Hände an den Ästen.

### FINGERTIER

Das Fingertier oder Aye-Aye unterscheidet sich in seiner Lebensweise von den übrigen Lemuren: Es horcht an toten Baumstämmen auf die Geräusche von Insektenlarven. Sobald es ein Opfer gehört hat, reißt das Aye-Aye mit den beiden langen, ständig wachsenden, gebogenen Schneidezähnen das Holz auf. Wenn der Insektengang frei liegt, pult es die Larve mit dem verlängerten dritten Finger heraus. Fingertiere essen aber auch gelegentlich Früchte, sogar Kokosnüsse.

*Beim Fingertier ist der dritte Finger der Hand verlängert.*

## VARI

Die im Wald lebenden Varis laufen über stärkere Äste oder springen vorsichtig von Baum zu Baum. Sobald die Dämmerung einsetzt, verlassen sie in kleinen Familiengruppen ihre Tagesverstecke und suchen nach Früchten. Die Weibchen bringen nach einer sehr kurzen Tragzeit meist Zwillinge zur Welt, die schon nach fünf Wochen gut klettern können. Im Alter von fünf Monaten werden sie entwöhnt.

*Auf dem Boden laufen die Sifakas auf zwei Beinen und balancieren mit ihren kurzen Armen.*

Die Gruppe der Lemuren kommt nur auf der Insel Madagaskar vor. Sie sehen den höheren Affen schon recht ähnlich und verbringen viel Zeit auf den Bäumen. Einige Arten laufen aber auch geschickt auf zwei Beinen am Boden. Sie fressen vorwiegend zarte Pflanzenteile, einige Arten auch Insekten oder Vogeleier. Viele leben in kleinen Familiengruppen oder größeren Trupps zusammen und verständigen sich durch Laute. Früher galten sie auf Madagaskar als heilig, heute sind einige Arten vom Aussterben bedroht, da ihre Lebensräume verschwinden und man Jagd auf sie macht.

## SIFAKAS

Die Sifakas leben in den hohen Bäumen der immergrünen Regenwälder von Madagaskar. Mit Hilfe ihrer kräftigen Hinterbeine können sie 10 m weit von Baum zu Baum springen. Die friedlichen Sifakas ziehen in Gruppen von bis zu 12 Tieren umher; die Männchen markieren ihre Reviere mit Urin und einem Sekret aus einer Drüse an der Kehle.

## KATTAS

Die geselligen Kattas leben
in den Wäldern von Süd-
madagaskar. Innerhalb der
Gruppen, die bis zu 24
Tiere umfassen, bilden die
Weibchen mit ihren Babys
und Jungen die Mehrheit.
Sie scheinen auch über die
Männchen zu bestimmen,
obwohl es kein ausge-
sprochenes Leittier gibt.
Jede Gruppe bewohnt ein
großes Streifgebiet, dessen
Kernstück von den
Männchen verteidigt wird.
Die Männchen streiten
sich untereinander und
mit den Männchen aus
benachbarten Gruppen.

*Ein männlicher Katta verteilt
den Duft des Unterarms auf
seinem Schwanz; anschließend
wedelt er damit durch die Luft.*

Allerdings bricht nur selten ein ernsthafter Kampf
aus, denn die Welt der
Kattas wird von Gerüchen
bestimmt. Die Drüsen auf
ihren Unterarmen sondern
einen intensiven Duft ab.
Die Männchen ziehen
ihren Schwanz zwischen
den Handgelenken durch,
um diesen Duft mit einem
Sporn aus Horn im
Schwanzfell zu verteilen.
Treffen fremde Männchen
aufeinander, wedeln sie
mit ihren Schwänzen.
Durch solche „Duft-
Duelle" werden Streitig-
keiten ohne Gewalt
geschlichtet. Das Geheul
der Weibchen kann man
kilometerweit hören.

AFFEN  *Früher waren Kattas beliebte Haustiere; heute sind sie so selten, dass sie in ihrer Heimat Madagaskar unter Artenschutz stehen.*

37

## FAMILIENMERKMALE

# Neuweltaffen

*Zahl der Arten:* mindestens 20 Marmosetten und Tamarine (Familie Callitrichidae) und 44 Kapuzinerartige (Familie Cebidae)

*Artnamen (Beispiele):*
Goldgelber Löwenaffe: *Leontopithecus rosalia*
Zwergseidenaffe: *Cebuella pygmaea*
Brüllaffen: *Alouatta-Arten*
Totenkopfaffe: *Saimiri sciureus*

*Kleinste Art:*
Zwergseidenaffe
Länge Kopf/Körper: 12–15 cm
Schwanz: 17–22 cm
Gewicht: 100–140 g
*Größte Art:* Brüllaffen
Länge Kopf/Körper:
55–90 cm
Schwanzlänge: 58–90 cm
Gewicht: 4–10 kg

*Zahl der Jungen:* Marmosetten und Tamarine 1–3

*Lebenserwartung:*
bis 16 Jahre

*Verbreitung:* Süd- und Mittelamerika

Die Affen der amerikanischen Tropen werden in Marmosetten, Tamarine und die größeren Kapuzinerartigen untergliedert. Die 100–1 000 g leichten Marmosetten haben ein weiches, dichtes Fell. Bei den verwandten Tamarinen bildet das Haar um den Kopf dichte Büschel; außerdem sind ihre Eckzähne verlängert. Keine Art kann mit dem Daumen die Spitze eines Fingers berühren. Bis auf den großen Zeh – er trägt einen flachen Nagel – enden alle Finger und Zehen in scharfen, gebogenen Krallen. Die kleineren, lebhaften Tiere leben in kleinen Gruppen, die tagsüber nach Beeren, Insekten und Pflanzensäften suchen. Die größeren Kapuzinerartigen bilden eine sehr uneinheitliche Gruppe. Von den Affen der Alten Welt unterscheiden sie sich durch ein flaches Gesicht und weit auseinander stehende Nasenlöcher. Die meisten leben in den Baumkronen; viele besitzen einen Greifschwanz.

### NACHTAFFE

Mit seinen großen Augen kann der Nachtaffe auch im Mondlicht genug sehen, um zu laufen und von Ast zu Ast zu springen. Er frisst Früchte, Insekten und kleine Wirbeltiere. Die Nachtaffen leben in kleinen Gruppen und kennen rund 50 Rufe, um Artgenossen aus ihrem Revier zu vertreiben.

### TAMARINE UND MARMOSETTEN

Die Arten dieser Familie leben vorwiegend in den Baumkronen der tropischen Regenwälder im Norden Südamerikas. Der Goldgelbe Löwenaffe (rechts) reißt mit seinen scharfen Schneidezähnen dünne Zweige auf und leckt die austretenden Säfte auf. Er lebt in kleinen, festen Familiengruppen und gehört zu den besonders bedrohten Tierarten, da sein Lebensraum immer mehr schwindet. Der Zwergseidenaffe (rechts unten) ist der kleinste Affe.

*Während er eine Frucht verzehrt, hält der Zwergseidenaffe (rechts) mit dem Schwanz die Balance.*

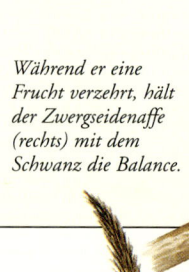

*Der Goldgelbe Löwenaffe (oben) misst etwa 30 cm, sein Schwanz rund 40 cm.*

### BRÜLLAFFEN

Die sechs Arten Brüllaffen bewohnen üppige Wälder, in denen viele Feigenbäume wachsen. Sie sind die größten und am weitesten verbreiteten Affen der Neuen Welt. Eine Gruppe mit bis zu 15 Tieren beherrscht ein mindestens 5 ha großes Revier. Ihren Namen verdanken sie den lauten Rufen, mit denen sie morgens und abends ihr Revier markieren.

### KLAMMERAFFEN

Die Klammeraffen, die auf den obersten Zweigen der Bäume leben, fallen durch ihr lebhaftes Verhalten auf. Sie können sich durch Schwinghangeln bewegen oder auf allen Vieren über breite Äste laufen – dabei benutzen sie ihren Greifschwanz wie eine fünfte Hand. So bleibt eine Hand frei, mit der sie nach Früchten und Blättern greifen können. Meist leben sie in kleinen Gruppen zusammen, in denen die Weibchen während des ganzen Jahres jeweils ein Baby zur Welt bringen.

### TOTENKOPFAFFE
(Nebenseite, Vordergrund)

Die Totenkopfaffen sind die kleinsten Kapuzinerartigen in Südamerika. Sie sind sehr lebhaft, haben aber keinen Greifschwanz. In der Regel bevölkern sie die mittleren Baumstockwerke, wo sich manchmal bis zu 200 Tiere zusammenfinden. Sie fressen alle möglichen Pflanzen und kleine Tiere.

### WEISSSTIRN-KAPUZINERAFFE
(Nebenseite, Hintergrund)

Die vier Arten Kapuzineraffen kommen von Mittelamerika bis zu den Regenwäldern Brasiliens in recht großer Zahl vor. Sie können ihren Schwanz zur Not zum Festhalten benutzen, sind lebhaft, aktiv und intelligent. Kapuziner ernähren sich auch von Baumfröschen und können hartschalige Nüsse knacken.

AFFEN 8

## FAMILIENMERKMALE

*Familie:* Cercopithecidae (Meerkatzenartige)

*Zahl der Arten:* über 90
*Artnamen (Beispiele):*
Mandrill: *Papio sphinx*
Bärenpavian: *Papio cynocephalus*
Meerkatzen: *Cercopithecus-Arten*
Nasenaffe: *Nasalis larvatus*
Rotgesichtsmakak: *Macaca fuscata*

*Kleinste Art:*
Zwergmeerkatze
  Länge Kopf/Körper:
    bis 45 cm
  Schwanz: bis 52 cm
  Gewicht: Männchen 1,2 kg;
    Weibchen etwas leichter
*Größte Art:* Mandrill
  Schulterhöhe: etwa 50 cm
  Gewicht: bis 54 kg

*Tragzeit:* 158–176 Tage

*Zahl der Jungen:* meist 1 pro Jahr

*Lebenserwartung:* hoch; im Zoo über 20 Jahre; ein Mandrill wurde sogar 46 Jahre alt

## MANDRILL

Der Mandrill ist nicht nur der größte unter den Altweltaffen, sondern auch der farbenprächtigste: Gesicht und Hinterteil der Männchen sind leuchtend bunt gefärbt. Die Farben dienen als Erkennungs-

zeichen, wenn die Gruppen von bis zu 200 Tieren durch den dichten Regenwald streifen. Ihre Nahrung finden sie vorwiegend auf dem Boden, klettern aber bei Gefahr in die Bäume.

# Altweltaffen

Die Affen der Alten Welt unterscheiden sich in Größe und Lebensweise viel stärker voneinander als ihre Verwandten in Amerika. Winzige Arten, wie die Marmosetten, fehlen ganz, und die größte Art bringt es auf ein Gewicht von 54 kg. Einige haben lange Schwänze, mit denen sie balancieren, sich aber nicht festhalten können – manche haben nur Stummel- oder gar keine Schwänze. Es gibt zwar Arten mit langem Fell, die meisten haben jedoch kurze Haare, die nur auf dem Kopf etwas länger werden. Das Gesicht der Altweltaffen ist gewöhnlich nackt und – außer bei Meerkatzen – schwarz gefärbt. Zum Ausruhen setzen sie sich häufig aufrecht hin, einige Arten besitzen dazu „Sitzschwielen" auf dem Hinterteil. Diese dicken Hautpartien können

## MEERKATZEN

Die 26 afrikanischen Meerkatzenarten kommen in zahlreichen Lebensräumen vor. Einige haben sich auf das Leben in Bäumen spezialisiert, wo sich oft mehrere Arten zu umherziehenden Trupps zusammenschließen. Auf der Suche nach Früchten und Insekten springen und laufen sie durch das Geäst. Meerkatzen sind besonders auffallend gezeichnet, vielleicht erkennen sich so die Mitglieder einer Art.

## PAVIANE

Vielleicht sind die Paviane die bekanntesten afrikanischen Affen. Obwohl sie gut klettern können und sich nachts in Schlafnester auf Bäume oder in unzugängliche Felsen zurückziehen, suchen sie ihre Nahrung tagsüber in großen Trupps auf dem Boden. Die südafrikanischen Bärenpaviane

kann man leicht beobachten: Die großen, dominanten Männchen streiten um die Weibchen und bestimmen den Weg der Gruppe. Als intelligente Opportunisten fressen Bärenpaviane alles, was sie finden. An der Küste lebende Tiere suchen z. B. Krebse und Weichtiere; andere

Gruppen stürzen sich auf Wanderheuschrecken, die gelegentlich in Massen auftreten. Selbst eine junge Thomsongazelle wird rasch verspeist, bevor sich die Gruppe wieder den Pflanzen zuwendet.

## SCHLANK- UND STUMMELAFFEN

Die Vertreter dieser Gruppe sind die Akrobaten der afrikanischen Bäume – sie springen und schwingen und kommen nur selten auf den Boden. Da ihnen der Daumen fehlt, packen sie mit einem Hakengriff zu. Ihre Nahrung besteht fast ausschließlich aus Blättern, die in einer besonderen Magenkammer verdaut werden. Da bei der Verdauung viel Gas entsteht, müssen sie sich ab und zu mit kräftigen Blähungen Luft verschaffen.

### SIEBEN MEERKATZEN-ARTEN

1 Brazzameerkatze
2 Blaumaulmeerkatze
3 Rotschwanzmeerkatze
4 Eulenkopfmeerkatze
5 Dianameerkatze
6 Rotschwanzmeerkatze
7 Monameerkatze

*Am Schädel eines Pavians fällt die lange Schnauze mit den mächtigen Eckzähnen auf.*

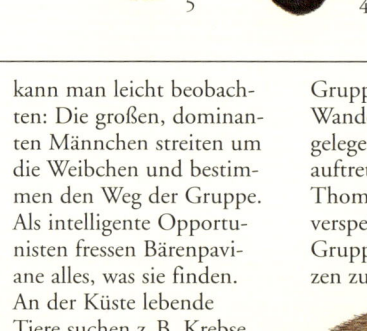

*Ein großer Bärenpavian schlägt eine junge Gazelle.*

## NASENAFFEN

Nasenaffen kommen nur in den Mangroven und Küstenwäldern von Borneo vor. Sie können gut klettern und schwimmen. In einer Gruppe, die ein großes Streifgebiet bewohnt, leben mehrere Männchen. Die Tiere fressen Blätter, Sprosse und Blüten. Die Weibchen sind halb so groß wie die Männchen; außerdem fehlt ihnen die typische Nase.

## RHESUSAFFEN

Die Makaken, zu denen die Rhesusaffen gehören, haben das größte Verbreitungsgebiet aller Affen. Obwohl sie in Indien als heilige Tiere gelten, wurden sie in gewaltigen Mengen als Labortiere gefangen. In den 1950er Jahren exportierte man über 200 000 Rhesusaffen in die USA, sodass der natürliche Bestand stark abnahm.

während der Paarungszeit kräftig gefärbt sein. Die Arme sind meist kürzer als die Beine, allerdings können sie sowohl mit Händen als auch mit Füßen Äste umklammern oder kleine Gegenstände greifen. Obwohl manchen Formen der Daumen fehlt oder zu einem Stummel verkürzt ist, können alle den großen Zeh ihren Zehen gegenüberstellen. So vielfältig wie die Tiere sind auch ihre Lebensweisen: Paviane verbringen die meiste Zeit auf dem Boden, Makaken leben auf Bäumen und dem Boden, die meisten übrigen sind Baumbewohner. Vor allem Schlankaffen und Languren bewegen sich mit „affenartiger" Geschwindigkeit durch das Geäst.

### STUMPFNASENAFFEN

In den Bergen zwischen Tibet und Vietnam leben vier Arten Stumpfnasenaffen in Höhen bis zu 4000 m. Im Winter ziehen sie in die Täler, wo sie ihre übliche Nahrung aus jungen Kiefernnadeln, Bambussprossen, Blättern und Knospen suchen. In der Regel bewohnen kleine Gruppen aus einem Männchen und mehreren Weibchen ein Streifgebiet von 20 km², das sich nicht mit dem anderer Gruppen überschneidet. Es dauert einen ganzen Monat, bis die Tiere ihr Gebiet durchstreift haben. Finden sie reichlich Nahrung, legen sie pro Tag allerdings nur 1,5 km zurück. Da ihr Fell angeblich gegen Rheuma hilft, wurden sie stark bejagt, sodass sie heute zu den bedrohten Arten gehören.

Fast alle Altweltaffen sind tagaktiv und können gut sehen, hören und riechen. Die meisten Arten leben in Gruppen, in denen man die Weibchen leicht an ihrer geringeren Größe erkennt (etwa ein Drittel kleiner als Männchen). Zu ihren komplizierten Verhaltensweisen gehören verschiedene Rufe, Körpersprache und eine Reihe von Gesichtsausdrücken. In vielen Gebieten kommt es zu Konflikten mit den Menschen, weil die Affen die Ernte plündern oder die Menschen Waldbäume fällen. Viele Affen werden auch wegen ihres Fleischs oder Fells abgeschossen.

## LANGUREN

In Südasien leben mehrere Langurenarten. Sie sind akrobatische Kletterer, die sich hauptsächlich von Blättern ernähren und sie auf ähnliche Weise wie die Schlank- und Stummelaffen verdauen. In den Familiengruppen, die von einem Männchen angeführt werden, kümmern sich alle Weibchen um die Jungen.

## ROTGESICHTSMAKAKEN

Diese Affen leben so weit im Norden, dass sie sich im Winter in heiße Quellen flüchten. Im Wasser überstehen sie die bittere Kälte, die sogar ihr Kopfhaar vereisen lässt. Obwohl die Makaken seit langem geschützt werden, gibt es in neuester Zeit zunehmend Probleme mit Menschen. Da die Tiere gut erforscht wurden, wissen wir viel darüber, wie sie Probleme lösen.

## MANTELMANGABEN

Die Mantelmangaben leben in den Wäldern von Zentral- und Ostafrika. Eine Gruppe besteht aus einem männlichen Wächter, mehreren Weibchen und ihren Jungen. Die meiste Zeit halten sie sich in den Baumkronen auf, nur gelegentlich machen sie sich über Felder her.

## FAMILIENMERKMALE

# Menschenaffen

*Überfamilie:* Menschenarti-ge (Hominoidea)
*Familien:* Kleine Menschen-affen oder Gibbons (Hylobatidae)
*Große Menschenaffen* (Pongidae)
*Menschen* (Hominidae)

*Zahl der Arten:*
Kleine Menschenaffen 9
Große Menschenaffen 4
*Artnamen (Beispiele):*
Siamang: *Hylobates syndactylus*
Hulock: *H. hoolok*
Zwergsiamang: *H. klossi*
Orang-Utan: *Pongo pygmaeus*

*Kleinster Gibbon:*
Zwergsiamang
Länge Kopf/Körper: 45 cm
Gewicht: unter 8 kg, bis 4 kg
*Größter Gibbon:* Siamang
Armspannweite: bis 1,50 m
Gewicht: bis 13 kg

*Zahl der Jungen:* 1, alle 2–3 Jahre

*Lebenserwartung:* im Zoo über 34 Jahre

*Verbreitung der Gibbons:*
Südostasien und die benachbarten Inseln

Obwohl einige der „menschenartigen" Affen kaum an die Gestalt eines Menschen erinnern, sind die Unterschiede zu den übrigen Affenfamilien groß genug, um sie zusammen mit dem Mensch und seinen ausgestorbenen Vorfahren in eine eigene Überfamilie zu stellen. Menschenaffen sind fast immer größer als andere Affen – obwohl ein ausgewachsener Pavian einen kleinen Menschenaffen überragt. Sie haben keinen Schwanz und ihr Stoffwechsel gleicht in vielen Details dem des Menschen. Die Menschenartigen werden in zwei Gruppen untergliedert: Die Kleinen Menschenaffen oder Gibbons, dazu gehört auch der Siamang, leben in Südostasien. Sie sind schlank mit langen Gliedern und haben kleine Sitzschwielen, ähnlich wie die übrigen Affen. Zu den Großen Menschenaffen zählen die schweren, menschenähnlicheren Arten aus Sumatra, Borneo und Afrika. Die Gibbons besiedeln die Baumkronen, wo sie sich als vollendete Akrobaten durch Schwinghangeln fortbewegen. Mit einem einzigen Schwung legen sie 3 m, im Sprung sogar 9 m zurück.

## WEISSHANDGIBBON

Bei der Geburt sind viele Gibbonbabys weiß gefärbt, dunkeln aber nach, bis sie im Alter von 4 Jahren ihre endgültige Färbung erreicht haben – Männchen und Weibchen oft unterschied-lich. Der Weißhandgibbon kann in beiden Geschlech-tern hellgelblich bis fast schwarz werden.

## SIAMANG

Wie alle Gibbons sind auch Siamangs geschickte Kletterer, die auf zwei Beinen über Äste oder den Boden laufen kön-nen. Ein Paar bleibt dauerhaft zusammen und verteidigt ein Revier, das es zusammen mit seinen Jungen bewohnt.

## HULOCK

Der Hulock oder Weißbrauengibbon, der in den Wäldern von Assam bis Burma und China lebt, hat längeres Fell als die übrigen Gibbons. Eine Familie kommt mit einem Streifgebiet von 22 ha aus, da sie in ihrem üppigen Lebensraum genügend Früchte, Blätter und kleine Tiere finden. Zur Verteidigung geben sie an den Reviergrenzen akrobatische Vorstellungen, zerbrechen Äste und rufen. Der große Kehlsack, den beide Geschlechter besitzen, dient als Verstärker für die Stimme. Am Morgen singt das Männchen meist allein, später stimmen die Weibchen ein, die besonders lange und komplizierte Gesänge haben. Auch die Jungen können mitsingen, sodass ihre Lieder kilometerweit zu hören sind.

### GIBBONSCHÄDEL

Im Vergleich zu den übrigen Menschenaffen haben Gibbons kleine, zarte Schädel, besitzen aber ebenso viele Zähne. Obwohl Gibbons sehr friedliche Tiere sind, können sie sich mit den mächtigen Eckzähnen verteidigen.

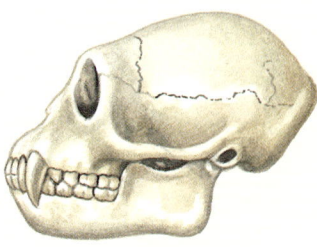

*Gibbonschädel*

*Orang-Utan*

## ORANG-UTAN

Der Schädel der Orang-Utans zeichnet sich durch kräftige Überaugenwülste und eine große, vorsprin-gende Schnauze aus; die Augen stehen dicht zusam-men.

## SUMATRA-ORANG-UTAN

Die auf Sumatra lebende Unterart hat helleres, rötliches Fell, das auf Armen und Schultern länger ist als bei ihren Verwandten auf Borneo. Der Gesichtsbart ist üppiger und die Männ-chen haben breite, seitlich abstehende Backenwülste.

## ERNÄHRUNG IM ZOO

Erwachsene Männchen speichern Fett in seitlichen Backenwülsten, die sehr groß werden können. Da Zootiere gut ernährt werden und sich kaum bewegen, werden diese Wülste bei ihnen viel größer als bei frei lebenden Orang-Utans. Allerdings scheint dies die Tiere weder zu behindern noch sie in ihrem natürlichen Verhalten einzuschränken – so weit das im Zoo möglich ist.

## SCHLAFNESTER

Da den Orang-Utans die Sitzschwielen fehlen, ruhen sie lieber im Liegen, statt zu sitzen. Jeden Abend bauen sie sich ein Nest hoch in den Bäumen. Dazu flechten sie Zweige zu einer weichen Unterlage zusammen. Ein solches Schlafnest wird nur einmal benutzt und manchmal bauen die Tiere sogar ein neues, kleineres Nest für ein Schläfchen am Tag.

## AUFZUCHT DER JUNGEN

Eine Orang-Utan-Mutter bringt meist nur ein Baby zur Welt. Es ist bereits behaart, hat offene Augen und klammert sich mit festem Griff seiner Hände und Füße am Bauch der Mutter fest. Ein Jahr lang trägt es die Mutter mit sich herum. Es wird erst mit vier Jahren entwöhnt und bleibt dann noch bis zum Alter von sieben oder acht Jahren bei seiner Mutter.

Die Orang-Utans sind die einzigen Großen Menschenaffen, die außerhalb von Afrika leben. Waren sie früher in großer Zahl in ganz Ostasien verbreitet, kommen sie heute nur noch auf den Inseln Borneo und Sumatra vor. Sie sind kräftig gebaut; ihre Arme sind länger und stärker als die Beine. Ein erwachsenes Männchen wird 150 cm groß und hat eine Armspannweite von etwa 2,25 cm. Sein durchschnittliches Gewicht beträgt 90 kg, es gibt aber auch schwerere Tiere. Wie bei allen Großen Menschenaffen sind die Weibchen mit 40 kg sehr viel leichter. Im Zoo können Orang-Utans lernen, auf zwei Beinen zu gehen, in der Wildnis laufen sie mit geballten Fäusten auf allen Vieren. Als Waldtiere kommen sie mit unterschiedlichen Lebensräumen zurecht – von sumpfigen Küsten- bis zu den Gebirgswäldern in 1 500 m Höhe. Sie halten sich meist in den unteren Bereichen der Bäume auf, wo sie langsamer als die Gibbons von Ast zu Ast schwingen. Wenn sie tagsüber und am Nachmittag nach wilden Feigen suchen, die einen großen Teil ihrer Nahrung ausmachen, bewegen sie sich selten weiter als 1 km. Orang-Utans ernähren sich auch von anderen Früchten und Blättern, man hat auch beobachtet, dass sie mineralhaltige Erde und sogar Fleisch fressen – allerdings gehen sie nicht aktiv auf die Jagd. Erwachsene Männchen sind Einzelgänger. Die Weibchen leben mit ihren Jungen in Revieren, die sich überlappen können und treffen sich gelegentlich; dabei schließen sich die Sumatra-Orang-Utans eher zusammen als die auf Borneo.

## BORNEO-ORANG-UTAN

Der Orang-Utan auf Borneo ist dunkler gefärbt als sein Verwandter auf Sumatra (bisweilen sogar fast schwarz). Die Backenwülste stehen näher am Gesicht und sind leicht tellerförmig gewölbt.

Der Kiefer ragt weit nach vorn, dafür fehlen ihm die starken Überaugenwülste. Obwohl sie schwerfällig wirken, klettern beide Unterarten außerordentlich geschickt.

## GRIFFE

Orang-Utans haben lange Hände und Füße mit gekrümmten Gliedern, allerdings nur kurze, unbeholfene Daumen. Obwohl sie damit Gegenstände längst nicht so geschickt anfassen können wie die Schimpansen, packen ihre Hände und Füße im sicheren Hakengriff zu. Wir Menschen haben zwar viel geschicktere Finger, dafür haben unsere großen Zehen die Fähigkeit verloren, Gegenstände zu umfassen.

*Griff des Menschen*

*Griff des Orang-Utans*

## FAMILIENMERKMALE

*Familie :* Pongidae

*Zahl der Arten:* 2
*Artnamen:*
Schimpanse: *Pan troglodytes*
Bonobo: *P. paniscus*

*Größe:* Länge Kopf/Körper 63–94 cm
Gewicht (in Freiheit): Männchen bis 70 kg, Weibchen bis 50 kg; in Gefangenschaft häufig viel schwerer

*Zahl der Jungen:* fast immer 1

*Tragzeit:* 230 Tage

*Lebenserwartung:* vielleicht bis 60 Jahre in der Wildnis; im Zoo sind 53 Jahre belegt

*Verbreitung:* Schimpanse in West-, Zentral- und Ostafrika; Bonobo im Kongo

### WERKZEUGGEBRAUCH

Um einen Feind abzuwehren, werfen Schimpansen mit Steinen oder Stöcken. Außerdem können sie natürlichen Gegenständen eine passende Form geben, sie stellen also einfache Werkzeuge her. Besonders bekannt sind die dünnen „Angeln" aus entblätterten Zweigen: Schimpansen stochern damit in den Löchern eines Termitennests und fressen die schmackhaften Termiten, die sich an der „Angel" festgebissen haben – ohne Werkzeug blieben diese Leckerbissen unerreichbar.

# Schimpansen

Schimpansen gelten als besonders menschenähnlich. Ihr Verhalten, der Stoffwechsel und vor allem ihre Intelligenz zeichnet sie vor allen anderen Menschenaffen aus. Sie leben hauptsächlich in Wäldern, wo sie nach Baumfrüchten suchen und sich Schlafnester in bis zu 12 m Höhe bauen. Schimpansen können Trupps von bis zu 80 Tieren bilden, spalten sich darin aber zu kleineren Gruppen von nur wenigen Tieren auf. Je nach Nahrungsangebot haben sie größere oder kleinere Reviere, die aber selten kleiner sind als 5 km²; die Reviergrenzen werden verteidigt. Das Leben in der Schimpansen-Gesellschaft ist sehr kompliziert; es gibt männliche und weibliche Rangordnungen, allerdings auch lang andauernde Freundschaften. Freunde pflegen sich gegenseitig das Fell und drücken Zuneigung und andere Gefühle über Laute, Gesichtsausdrücke und Körpersprache aus.

## FAMILIENLEBEN

Bei der Geburt wiegt ein Schimpansenbaby knapp 2 kg. Schimpansen sind hingebungsvolle Mütter, die ihre Babys im Arm wiegen und die ersten drei Monate mit sich herumtragen. Danach klammern sich die Kleinen bis zum Alter von sechs Monaten am Bauch der Mutter fest. Schließlich sind sie stark genug um auf ihrem Rücken zu reiten – mehrere Jahre lang. Obwohl die Jungen ab und zu mit Gleichaltrigen spielen, bleibt die Mutter ihr wichtigster Lehrer; sie zeigt ihnen den Lebensraum und bringt ihnen bei, wie man sich in der Gruppe verhält. Mit vier Jahren werden die Jungen entwöhnt, danach kann die Mutter ein neues Baby bekommen. Aber selbst dann bleibt das „alte" Kind noch mehrere Jahre bei seiner Mutter, bis es schließlich im Alter von etwa zehn Jahren eigene Wege geht. Die Bindung an die Mutter bleibt aber auch bei erwachsenen Schimpansen erhalten; sie ziehen mit der Mutter umher, fressen gemeinsam und pflegen sich gegenseitig ihr Fell.

## FÜSSE

Da die große Zehe den anderen gegenübersteht, können Schimpansen auch mit den Füßen Gegenstände ergreifen und untersuchen. Obwohl sie auf den Hinterbeinen

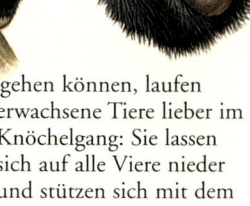

gehen können, laufen erwachsene Tiere lieber im Knöchelgang: Sie lassen sich auf alle Viere nieder und stützen sich mit dem zweiten Fingergelenk auf den Boden.

## BONOBOS

Die Bonobos oder Zwergschimpansen werden etwa so groß wie die echten Schimpansen. Sie kommen nur in einem kleinen Gebiet in den Regenwäldern des Tieflandes vor. Bonobos haben ein ähnliches Gruppenverhalten, sind allerdings geschicktere Kletterer als ihre Verwandten. Sie fressen vorwiegend Früchte, Blätter, Samen und töten manchmal kleine Tiere, wie Antilopen. Obwohl sie in Gefangenschaft sehr gelehrig sind, stellen sie wahrscheinlich keine Werkzeuge her.

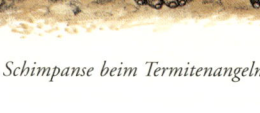

*Schimpanse beim Termitenangeln*

## FLACHLANDGORILLA

Die Zahl der Flachland-
gorillas ist zwar höher als
die der Berggorillas, dennoch dürften kaum 4000
Tiere überlebt haben. Dies
liegt an der Zerstörung
ihrer Lebensräume durch
die Menschen, die sie
auch als Trophäe
oder wegen des
Fleisches
jagen.

# Gorillas

Gorillas sind die größten Primaten. Sie leben am Äquator, in den
dichten Regenwäldern von Afrika. Wegen ihres enormen Gewichts
verbringen sie die meiste Zeit am Boden, können aber bei Bedarf sehr gut
klettern. Man unterscheidet drei Unterarten: zwei Flachlandgorillas, die
im Osten leben, und einen Berggorilla, der nur noch zwei winzige Schutzgebiete im Grenzbereich von Kongo, Ruanda und Uganda bewohnt.
Die Verbreitungsgebiete sind nicht miteinander verbunden. Vielleicht
war es die Furcht der Gorillas vor dem Wasser – sie können nicht
schwimmen – dass isolierte Populationen entstehen konnten, die
sich unabhängig von den anderen weiterentwickelten.

## AUFZUCHT DER JUNGEN

Gorillababys werden mit
einem starken Greifreflex
geboren und klammern
sich sofort am Bauchfell
ihrer Mutter fest. Später
reitet das Junge auf dem
Rücken der Mutter, wenn
die Gruppe die kurzen

Strecken zu den Futter-
plätzen zurücklegt. Nachts
bauen die Gorillas Schlafnester knapp über dem
Boden; hier kuschelt sich
auch das Baby ein, um
mit der Mutter sicher
die Nacht zu
verbringen.

## BERGGORILLAS

Die Zahl der Berggorillas hat
stark abgenommen, doch inzwischen zeigen die Schutzmaßnahmen erste Erfolge.
Man konnte die örtliche Bevölkerung davon überzeugen,
dass der Gorilla-Tourismus
wirtschaftliche Vorteile bringt.
In einem Gebiet nimmt ihre
Zahl inzwischen wieder zu.
Dieser Gorilla brüllt und
schlägt sich auf die Brust; nur
bei dieser Gelegenheit richtet
er sich auf und läuft kurze
Strecken auf zwei Beinen. Ein
solches Drohverhalten kann
durch einen fremden Gorilla
oder Menschen ausgelöst
werden. Anschließend fällt das
Männchen wieder auf alle
Viere, rennt umher und zer-
bricht Äste.

*Der Gorilla frisst wilden
Sellerie, eine besonders
geschätzte Nahrung.*

## VEGETARIER

Gorillas verbringen ein
Viertel ihrer wachen Zeit
mit dem Fressen; sie sam-
meln Blätter, Wurzeln und
Sprosse von Pflanzen am
Boden, die etwa 85 %
ihrer Ernährung aus-
machen. Gelegentlich
fressen sie auch Insekten
und Maden.

*Trotz ihres großen Schädels ist das
Gehirn der Gorillas nur ein Drittel
so groß wie ein Menschengehirn.*

### FAMILIENMERKMALE

*Familie:* Pongidae

*Zahl der Arten:* 1
Gorilla: *Gorilla gorilla*
*Drei Unterarten:*
Westlicher Flachlandgorilla:
*Gorilla gorilla gorilla*
Östlicher Flachlandgorilla:
*G. g. graueri*
Berggorilla: *G. g. beringei*

*Größe:*
Berggorillas sind etwas
größer als Flachlandgorillas
 Männchen, Größe: 1,70 m
 Armspannweite: 2,60 m
 Gewicht: 165 kg, im Zoo
 bis 275 kg

*Zahl der Jungen:* 1
Weibchen bekommen alle
3,5–4,5 Jahre ein Baby, das
bei der Geburt etwa 2 kg
wiegt. Geschlechtsreife bei
Männchen nach etwa 8
Jahren, bei Weibchen nach
10 Jahren; die ersten Babys
bekommen sie frühestens
mit 12 Jahren. Wegen der
hohen Sterblichkeit über-
leben höchstens 2–3 Junge
eines Gorillaweibchens.

*Lebenserwartung:* 40–50
Jahre in der Wildnis

*Verbreitung:* afrikanische
Regenwälder am Äquator

## GORILLASCHÄDEL

Am Schädel eines Gorillas
lässt sich die Kraft ablesen,
mit der er seine harte
Nahrung kaut. Vom
Unterkiefer ziehen kräftige
Muskeln bis oben auf den
Schädel, wo sie an einem
Knochenkamm verankert
sind, der sich vom Scheitel
bis zum hinteren Gehirn-
schädel entlangzieht.
Männliche Gorillas haben
starke Über-
augenwülste.

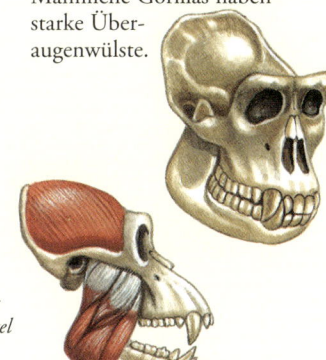

## SILBERRÜCKEN MIT FAMILIE

In den Nationalparks von Uganda und dem Kongo haben weniger als 1000 Berggorillas überlebt. Ihre waldreichen Lebensräume liegen in Höhen zwischen 2500 und 4000 m. Berggorillas bilden stabile Gruppen aus einem Männchen, mehreren Weibchen und ihren Jungen. Da sich bei Männchen ab dem 16. Lebensjahr das Rückenhaar grau verfärbt, nennt man sie „Silberrücken". Ein Silberrücken ist nicht nur das Leittier, er beschützt auch die Gruppe. Daher halten sich alle stets in seiner Nähe auf. Berggorillas sind in der Regel friedlich und verbringen ein Viertel des Tages mit Fressen. Sie kennen 142 verschiedene Nahrungspflanzen, fressen aber nur drei Arten von Früchten. Wenn sie sich in dichtem Unterholz befinden, halten sie sich über rülpsende Laute Kontakt untereinander.

Sobald sie älter werden, verlassen die meisten Gorillas ihre Familie. Weibchen suchen sich im Alter von acht Jahren eine neue Gruppe, die Männchen gehen etwas später. Dann schließen sie sich einer Gruppe von Männchen an oder ziehen allein umher, bis sie ein Weibchen finden.

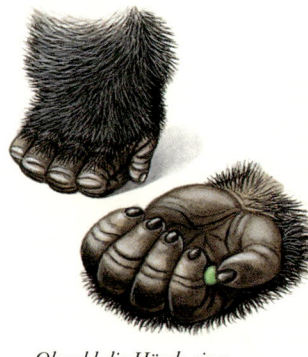

*Obwohl die Hände eines Gorillas plump und gedrungen wirken, können sie kleine Gegenstände zwischen Daumen und Zeigefinger festhalten.*

*Eine Gruppe von Berggorillas bedient sich aus dem reichhaltigen Pflanzenangebot.*

# FAULTIERE, AMEISENBÄREN UND GÜRTELTIERE

Zur Ordnung der Nebengelenktiere gehören drei sehr unterschiedliche Tiergruppen: Faultiere, Ameisenbären und Gürteltiere. Die meisten Arten leben in Südamerika, einige auch in Mittel- und Nordamerika. Früher fasste man sie unter dem Namen „Zahnlose" oder „Zahnarme" zusammen, was aber nicht ganz korrekt ist, da nur Ameisenbären keine Zähne haben. Andere Arten, wie das Riesengürteltier, bringen es auf bis zu 120 Zähne. Diese Zähne sind nicht von Zahnschmelz bedeckt und haben eine offene Wurzel, wachsen also lebenslang weiter. Im Unterschied zu den meisten übrigen Säugern (mit sieben Halswirbeln) besitzen die Nebengelenktiere sechs bis neun Halswirbel. Wegen einer Reihe anderer innerer Merkmale vermuten manche Wissenschaftler, dass sich die Urahnen der heutigen Arten früher von den „Ursäugetieren" abgespalten haben als die übrigen Plazentatiere.

## DATEN ZUR ORDNUNG

**Ordnung Xenarthra („falsche Gelenke", weil ihr Rückgrat zusätzliche Wirbelgelenke besitzt) Familien: 4 30 Arten in 13 Gattungen**

*Früher als „Zahnarme" bezeichnet*

---

## FAMILIENMERKMALE

## Faultiere

*Zahl der Familien:* 2
Megalonychidae (Zweifingerfaultiere)
Bradypodidae (Dreifingerfaultiere)

---

*Zahl der Arten:* 5

---

*Größe:* in beiden Familien ähnlich, die Zweifingerfaultiere sind etwas größer
Länge Kopf/Körper: 54–70 cm
Gewicht: bis 8 kg

---

*Zahl der Jungen:* 1

---

*Lebenserwartung:* hoch; im Zoo lebende Zweifingerfaultiere wurden älter als 30 Jahre

---

*Verbreitung:* in den Wäldern von Mittelamerika bis Zentralbrasilien

## KÖPFE

Faultiere haben gedrungene, runde Köpfe mit 18 Zähnen in den Kiefern, um die Blattnahrung zu zermahlen. Mit seinen acht oder neun Halswirbeln kann ein Faultier seinen Kopf 270° weit drehen – weiter als alle anderen Säuger.

Früher streiften zahlreiche Faultiere durch Mittel- und Südamerika. Einige waren riesig groß, wie ein kleiner Elefant. Möglicherweise wurden einige dieser großen Arten sogar von der Urbevölkerung in Südargentinien als Haustiere gehalten. Heute leben nur noch fünf kleinere Arten. Sie kommen in den tropischen Wäldern vor, wo sie ein sehr gemächliches Leben auf den Bäumen führen – daher ihr Name. Sie konnten sich nicht

## KRALLEN

Finger und Zehen sind unter der Haut miteinander verwachsen, nur die 7,5 cm langen Krallen ragen heraus. Mit diesen hakenartigen Fingernägeln klammern sich Faultiere an Ästen fest oder nutzen sie zum Klettern an Baumstämmen.

### DREIFINGERFAULTIER

Das Dreifingerfaultier verbringt die meiste Zeit unbeweglich an einem Cecropia-Baum hängend, dessen Blätter ihm als einzige Nahrung dienen. Seine Arme sind viel länger als die Beine. Sowohl am Tag wie in der Nacht machen sie sich für kurze Zeit auf die Suche nach Blättern – allerdings legen sie täglich selten mehr als 38 m zurück. Ein bis zwei Mal pro Woche steigen sie zu Boden um Kot abzugeben. Es gibt etwa gleich viel Männchen wie Weibchen. Die meisten Weibchen bringen einmal im Jahr nach fünf Monaten Tragzeit ein einziges Baby zur Welt. Es wird vier Wochen lang gesäugt, bleibt aber danach noch mehrere Monate bei seiner Mutter.

*Das Dreifingerfaultier bewegt sich nicht viel – und wenn, dann sehr langsam.*

*Kopf des Dreizehenfaultiers (oben) und des Zweizehenfaultiers (rechts)*

weiter ausbreiten, weil sie auf das tropische Klima angewiesen sind: Faultiere können ihre Körpertemperatur, die zwischen 24 °C und 33 °C schwankt, kaum regulieren. Sie können Farben sehen, gut riechen, aber nur schlecht hören.

Anders als alle übrigen Säugetiere verbringen die Faultiere ihr Leben mit dem Bauch nach oben, wobei sie an den riesigen, gekrümmten Krallen hängen. Sie fressen, schlafen

## ZWEIFINGERFAULTIER

Arme und Beine der Zwei-fingerfaultiere sind etwa gleich lang. Wenn sie mit nah aneinander liegenden Gliedern ruhen, gleichen sie einem Blattbüschel, das an einem Zweig hängt. Sie sind meist nachts aktiv und bewegen sich etwas rascher als die Dreifinger-faultiere, aber immer noch sehr langsam. Außerdem fressen sie eine abwechs-lungsreichere Nahrung aus verschiedenen Pflanzen, Knospen und Sprossen. Die Zahl der Weibchen –

*Das Zweifinger-faultier ist nicht ganz so langsam wie sein Verwandter.*

sie leben in Grup-pen zusammen – ist höher als die der Männ-chen. Ihre Babys kom-men nach elf Monaten Tragzeit zur Welt. Die Kleinen hängen schon mit vier Wochen allein im Baum, bleiben aber bis zum Alter von zwei Jahren bei der Mutter.

## MEGATHERIUM, EIN URZEITLICHES FAULTIER

Das Megatherium war das größte der ausgestorbenen Faultiere. Es kam vom südlichen Nordamerika bis nach Argentinien vor. Mit seinen starken Zähnen und den kräftigen Muskeln konnte es härteste Pflanzen fressen. Wahrscheinlich zerrte es mit den riesigen Krallen seiner Hände die Pflanzen zum Mund und grub Knollen und Wurzeln aus. So konnte es auch in trockenen Gebieten

überleben. Die Krallen seiner Füße waren eben-falls sehr lang, vor allem die mittlere ragte so weit nach vorn, dass ein Megatherium auf den Außenkanten seiner Füße laufen musste.

und paaren sich in die-ser Stellung, die Mütter brin-gen sogar ihre Jungen „kopfunter" zur Welt. Zwei- und Dreifinger-faultiere unterscheiden sich zwar in zahlreichen Merkmalen ihres Körperbaus, typisch sind jedoch vor allem die langen, hakenförmigen Krallen an den Fingern – zwei beim Zweifinger- und drei beim Dreifingerfaultier. In der Lebensweise unterscheiden sie sich kaum. Von einem Scheitel auf dem Bauch fallen die Fellhaare seitlich am Körper hinunter. Die Haare sind tief gerillt und bieten damit in dem feuchten Klima einen perfekten Lebens-raum für mindestens sechs Arten kleiner, fadenförmiger Algen. Deren grüne Farbe tarnt die Faultiere, wenn sie unbeweglich an einem Ast hängen. Auch Motten und Käfer fühlen sich in dem Fell wohl. Ein Mal pro Woche klettern Faultiere auf den Boden und geben ihren Kot ab. Bei der Gele-genheit legen die Motten und Käfer ihre Eier in den Kot. Am Boden sind die langsamen Faultiere völlig hilflos und werden manchmal von Jaguaren oder anderen Raubkatzen erbeutet; auf den Bäumen haben sie jedoch gute Überlebenschancen.

### SCHWIMMEN

Faultiere sind gute Schwim-mer – ausnahmsweise mit dem Rücken nach oben. Sie bewegen ihre Arme wie beim Brustschwimmen. Wenn die Wälder in der Regenzeit überschwemmt werden, gelangen sie schwimmend an neue Nahrungsquellen.

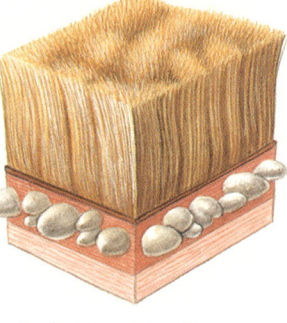

*In die Haut einiger Riesen-faultiere waren kleine, schützende Knochen eingelagert.*

*Im Fell eines Faultieres leben bis zu 200 Motten, die hier allerdings keine Nahrung suchen.*

### FELL

Das Fell eines Faultieres besteht aus zwei Lagen: Über kurzen, dünnen Haaren auf der Haut sitzen lange Deckhaare. Das trockene Fell sieht grau aus, wird aber während der Regenzeit, wenn es feucht wird, von grünen Algen gefärbt.

## FAMILIENMERKMALE

# Ameisenbären

*Familienname:*
Myrmecophagidae
(„Ameisenfresser")

*Zahl der Arten:* 4
*Namen (Beispiele):*
Großer Ameisenbär:
  *Myrmecophaga tridactyla*
Tamandua: *Tamandua-Arten*

*Kleinste Art:*
  Zwergameisenbär
  Länge Kopf/Körper:
    bis 23 cm
  Schwanzlänge: bis 29 cm
  Gewicht: 175–357 g
*Größte Art:* Großer
  Ameisenbär
  Länge Kopf/Körper:
    bis 120 cm
  Schwanzlänge: bis zu 90 cm
  Gewicht: 18–39 kg

*Zahl der Jungen:* gewöhnlich 1

*Lebenserwartung:* Großer
Ameisenbär über 25 Jahre,
die übrigen deutlich weniger

*Verbreitung:* Südmexiko,
Mittel- und Südamerika

Die vier Arten der Ameisenbären kommen von Südmexiko über Mittelamerika bis ins nördliche Argentinien vor. Dort bewohnen sie ein breites Spektrum von Lebensräumen. Die kleineren Arten können recht gut klettern, sie besiedeln die Wälder, während sich der Große Ameisenbär eher in Savannen und Sümpfen zu Hause fühlt. Nur für sie gilt der alte Name der Ordnung („Zahnlose") ohne Einschränkung, denn ihre langen Kiefer sind völlig zahnlos. Ameisenbären sind Einzelgänger, nur die Mütter bleiben mit ihren Kindern zusammen, bis sie fast ausgewachsen sind. Sie leben von Ameisen und Termiten, gelegentlich auch von anderen, kleinen Insekten, die sie mit ihrer langen Zunge auflecken. Die Zunge trägt winzige, nach hinten gerichtete Stacheln und wird durch klebrigen Speichel befeuchtet, wenn das Tier frisst. Die stabilen Insektenbauten reißen die Ameisenbären mit ihren langen, scharfen Krallen auf. Mit ihnen können sie sich auch verteidigen oder gelegentlich ein anderes Männchen angreifen, das ihnen das Revier streitig macht. Jedes männliche Revier überschneidet kleinere Reviere von Weibchen. Ameisenbären können gut riechen, aber schlecht hören und haben nur kleine Augen – sie scheinen weniger wichtig zu sein.

## ZWERGAMEISENBÄR

Der Zwergameisenbär ist ein nachtaktives Tier der Baumwipfel. Wenn er mit seinem Greifschwanz und den großen Krallen durch die Bäume klettert, sucht er nach Insekten und Termiten, seiner wichtigsten Nahrung.

## TAMANDUA

Tamanduas kommen sowohl in Wäldern als auch in Savannen vor; sie brauchen täglich etwa 9000 Ameisen. Um die großen Krallen nicht zu verletzen, mit denen sie die Insektenbauten aufbrechen und sich verteidigen, laufen sie auf den Handkanten.

## GROSSER AMEISENBÄR

Der große Ameisenbär bevorzugt offenes Gelände und feuchte Wälder, wo er am Boden reichlich Ameisen- oder Termitennester findet. An einem einzigen Tag kann er bis zu 30 000 Ameisen, Eier und Larven mit seiner Zunge auflecken. Sie ist länger als 60 cm, aber nur 10–15 mm breit. Um

die Nester der Insekten aufzureißen, benutzt der Ameisenbär seine mächtigen Krallen; sie sind so lang, dass er auf den Knöcheln gehen muss.

Das einzige Junge kann während des ganzes Jahres zu Welt kommen. Es wiegt weniger als 2 kg, öffnet nach sechs Tagen seine Augen und wird mit sechs Wochen entwöhnt. Bis zum Alter von einem Jahr – dann ist es fast ausgewachsen – wird es von der Mutter getragen.

*Obwohl ein Großer Ameisenbär gut graben kann, lebt er nicht in Erdhöhlen. Wenn er schlafen möchte, sucht er sich einen geeigneten Platz und legt zur Tarnung seinen Schwanz über den Kopf.*

*Schädel des Große Ameisenbären*

*Schädel des Tamandua*

## SCHÄDEL

Ameisenbären haben eine kleine Mundöffnung – nur etwa bleistiftgroß beim Tamandua. Da die Knochen jedoch dick und sehr hart sind, ist die lange Schnauze robuster, als sie aussieht.

## GÜRTELTIER MIT JUNGEN

Die meisten Gürteltiere bringen eineiige Zwillinge oder Vierlinge zur Welt: Bei der Paarung wird nur ein Ei befruchtet, das sich mehrfach teilt, bevor es sich im Uterus einnistet. Die Babys sind bei der Geburt mit einer weichen, ledrigen Haut bedeckt, die erst später hart wird.

## NEUNBINDEN-GÜRTELTIER

Diese Art hat es als einzige geschafft, in Nordamerika zu überleben. Da das Neunbinden-Gürteltier keine längeren Kälteperioden verträgt, kommt es nur in Florida und den Südstaaten der USA vor. Dort gräbt es sich Gänge in den weichen Boden. Neunbinden-Gürteltiere können sogar schwimmen: Sie schlucken Luft, um besser im Wasser zu schweben oder lassen sich zu Boden sinken und laufen auf dem Grund.

*Die Füße des Neunbinden-Gürteltiers werden auf der Außenseite durch Hornplatten geschützt. Mit den langen Krallen der Vorbeine kann es erstaunlich schnell graben.*

# Gürteltiere

Gürteltiere leben in ganz Süd- und Mittelamerika, dringen aber auch bis in den Süden der USA vor. Sie tragen als einzige Säugetiere einen schützenden Panzer aus Knochenplatten, die mit Horn überzogen sind. Dank der beweglichen „Panzergürtel" in der Körpermitte und einer elastischen, meist behaarten Haut unter dem Panzer sind Gürteltiere sehr beweglich. Auch die Körperunterseite ist behaart.

Die meisten Gürteltiere bevorzugen offenes Gelände, einige leben im Wald. Mit Hilfe ihrer kraftvollen Krallen können sie perfekt graben und legen sich unterirdische Höhlen an. Beim Laufen treten sie auf den Hinterfüßen und den Spitzen der Vorderfüße auf. Es gibt nachtaktive Arten, einige sind auch tagaktiv; sie fressen Insekten, kleine Tiere, Aas und zarte Pflanzen.

Gürteltiere zerkauen ihre Nahrung mit kleinen, hakenartigen

## KUGELGÜRTELTIER

Die meisten Gürteltiere schützen sich, indem sie ihre Beine unter den gepanzerten Körper ziehen. Das Kugelgürteltier kann sich jedoch zu einer Kugel zusammenrollen. Es ernährt sich hauptsächlich von Termiten und gräbt keine eigenen Höhlen, sondern benutzt die Baue anderer Tiere.

*Wenn sich das Kugelgürteltier völlig zusammengerollt hat, ist es für die meisten Raubtiere unangreifbar.*

Zähnen, die lebenslang weiter wachsen. Während die meisten Arten 28 oder 36 Zähne haben, bringt es das Riesengürteltier auf 120 Zähne. Die Weibchen bekommen meist zwei oder vier Junge, es sind aber auch Geburten zwischen ein und zwölf Babys bekannt. Die Babys werden erst sehr lange nach der Paarung geboren, weil die Embryos ihre Entwicklung nach einigen Tagen einstellen und sich nicht im Uterus festsetzen. Erst wenn sich der Embryo in der Uteruswand einnistet, beginnt die normale Schwangerschaft, die beim Neunbinden-Gürteltier mindestens vier Monate dauert.

*Familienname:* Dasypodidae („behaarte Füße", was allerdings nur für einige Arten gilt)

*Zahl der Arten:* 20
*Artnamen (Beispiel):* Riesengürteltier: *Priodontes maximus*

*Kleinste Art:*
Kleiner Gürtelmull
Länge Kopf/Körper: bis 15 cm
Schwanzlänge: 2,5 cm
Gewicht: 85 g
*Größte Art:*
Riesengürteltier
Länge Kopf/Körper: bis 1 m
Schwanzlänge: 50 cm
Gewicht: bis 60 kg

*Zahl der Jungen:* unterschiedlich – bis zu 12 sind nachgewiesen

*Lebenserwartung:* Riesengürteltier 12–15 Jahre

*Verbreitung:* Süd- und Mittelamerika bis südliche USA

## RIESENGÜRTELTIER

Das Riesengürteltier ist die bei weitem größte Art der Familie. Mit den riesigen Vorderkrallen – die größte ist länger als 20 cm – kann es hervorragend graben. Obwohl es vor allem Termiten und andere Insekten frisst, verschmäht es weder Schlangen noch Aas. Angeblich soll es auch Gemüse aus Gärten stehlen, wahrscheinlicher ist jedoch, dass es den Boden nach Maden durchwühlt. Wie andere Gürteltiere wird es von den Menschen gejagt und gehört heute zu den bedrohten Arten.

# SCHUPPENTIERE

Die Schuppentiere der Alten Welt haben eine ähnliche Lebensweise wie die Ameisenbären und Gürteltiere Amerikas. Während man sie daher früher in eine gemeinsame Gruppe stellte, weiß man heute, dass sie nicht enger miteinander verwandt sind. Schuppentiere sind in den Wäldern, Buschländern und Savannen von China, Malakka und auf vielen der asiatischen Inseln bis nach Afrika verbreitet. Wegen ihres Panzers aus Horn-

platten, die von der dicken Haut gebildet werden, kann man Schuppentiere mit keinem anderen Tier verwechseln. Wie die Ameisenbären ernähren sie sich vorwiegend von Ameisen und Termiten. Manche Arten haben so starke, riesige Krallen an den Vorderfüßen, dass sie gezwungen sind, auf den Handkanten zu laufen. Die zahnlosen Tiere lecken die Insekten mit ihren langen Zungen auf und zerkleinern sie erst in ihrem muskulösen Magen.

## DATEN ZUR ORDNUNG

**Ordnung Pholidota**
**Familien: 1**
**7 Arten in 1 Gattung**

Wegen der merkwürdigen Form ihrer Schuppen nennt man sie manchmal „lebende Fichtenzapfen".

### KRALLEN

Mit den riesigen Krallen der Hände reißen Schuppentiere die Nester von Ameisen und Termiten auf; einige Arten graben damit ihre Erdhöhlen. Anders als die Ameisenbären setzen sie ihre Krallen aber nicht zur Verteidigung ein.

## FAMILIENMERKMALE

*Familie:* Manidae

*Artname (Beispiel):*
Riesenschuppentier:
*Manis gigantea*

*Kleinste Art:*
Langschwanzschuppentier
Länge Kopf/Körper: 30 cm
Schwanzlänge: 35 cm
Gewicht: 4,5 kg

*Größte Art:*
Riesenschuppentier
Länge Kopf/Körper:
 bis 88 cm
Schwanzlänge: bis 88 cm
Gewicht: bis 33 kg

*Zahl der Jungen:* 1

*Lebenserwartung:* über 13 Jahre im Zoo

*Verbreitung:* Süd- und Zentralafrika, Süd- und Südostasien

### WEISSBAUCH-SCHUPPENTIER

Die Weißbauch-Schuppentiere ernähren sich, wie ihre am Boden lebenden Verwandten, von Ameisen und Termiten. Wenn sie langsam durch die Bäume klettern, wickeln sie ihren Greifschwanz um einen Ast. Er ist so kräftig, dass sie sich frei am Schwanz hängen lassen können. Wenn sich zwischen den Schuppen lastige Zecken festsetzen, lassen Schuppentiere räuberische Ameisen unter ihren Panzer kriechen, um die Plagegeister loszuwerden.

Trotz ihrer Panzerung wagen sich die meisten Schuppentiere nur nachts heraus. Ihre Beute stöbern sie mit dem Geruchssinn auf. Manche Arten können gut klettern und verstecken sich in hohlen Bäumen. Die am Boden lebenden Arten suchen in Höhlen Schutz. Entweder beziehen sie eine vorhandene Höhle oder graben sich einen eigenen Bau. Er ist in der Regel mehrere Meter tief und endet mit einer Schlafkammer. Solange das Tier in der Höhle ist, verschließt es den Eingang mit Erde.

### RIESENSCHUPPENTIER

Das afrikanische Riesenschuppentier ist die bei weitem größte Art dieser Tierordnung. Es hat keine Ohrmuscheln und kann seine Augen und Nase dicht verschließen. So schützt es sich vor Ameisen, die ihr Nest verteidigen. Riesenschuppentiere wählen ihre Beutetiere sehr gezielt aus: Im Sudan hat ein Biologe, der einem Tier folgte, zwei neue Ameisenarten entdeckt, die sich nicht mit Bissen verteidigen können. Junge Schuppentiere reiten auf dem Rücken ihrer Mutter. Selbst wenn sie schon fast erwachsen sind, klammern sie sich mit aller Kraft fest, wenn die Mutter versucht, sie abzuschütteln.

Auf der Jagd bewegen sich die Schuppentiere sehr langsam; manchmal benutzen sie nur die Hinterbeine und stützen sich mit dem Schwanz ab. Bei Gefahr rollen sie sich zu einer dichten Kugel zusammen, die kaum ein Raubtier aufbrechen kann. Dabei stellen sie die scharfkantigen Schuppen auf und bewegen sie zuckend hin und her. Davon lassen sich die meisten Raubtiere abschrecken. Menschen töten Schuppentiere wegen ihres Fleisches, in Asien auch wegen der Häute und Schuppen.

### VERTEIDIGUNG

Bei Gefahr rollen sich die langsamen Schuppentiere zu einer Kugel zusammen und halten einem Angreifer die scharfkantigen Schuppen entgegen. Einige Arten verspritzen eine übel riechende Flüssigkeit.

# KANINCHEN UND HASEN

**DATEN ZUR ORDNUNG**

**Ordnung: Lagomorpha
Familien: 2
69 Arten in 12 Gattungen**

FAMILIEN
Hasenartige (Hasen und
Kaninchen)
Pfeifhasen oder Pikas

Kaninchen und Hasen sind kleine bis mittelgroße Pflanzenfresser. Lange Zeit hielt man sie für Nagetiere und stellte sie in eine Gruppe mit Hörnchen und Ratten. Heute bilden sie zusammen mit den Pikas die eigene Ordnung der Lagomorpha (Hasentiere). Der wichtigste Unterschied zwischen Nage- und Hasentieren ist der Bau ihrer Schneidezähne: Im Oberkiefer von Nagetieren sitzen nur zwei Schneidezähne, deren Vorderseiten von Zahnschmelz überzogen sind. Hasenartige werden mit drei Paar Schneidezähnen im Oberkiefer geboren, die vollständig mit Zahnschmelz überzogen sind. Ein Paar fällt jedoch rasch aus und das zweite bleibt winzig – es liegt versteckt hinter den beiden großen Nagezähnen. Die Hasentiere bilden zwei Arten von Kot: Eine weiche Form fressen sie nochmals, sodass keine Vitamine und Nährstoffe verloren gehen.

## SCHÄDEL UND ZÄHNE

Manchmal findet man bei Spaziergängen auf dem Land einen Kaninchenschädel, denn viele Raubtiere lassen den Kopf ihrer Beute liegen. Auffallend sind die kräftigen Kieferknochen mit den langen, ständig wachsenden Zähnen. Die Lage der Augenhöhlen zeigt, dass Kaninchen sowohl nach vorne als auch nach hinten sehen können. Im Oberkiefer sitzen noch zwei kleine Schneidezähne, die aber keine Rolle beim Zernagen der Nahrung spielen.

## Kaninchen und Hasen

**FAMILIENMERKMALE**

Die relativ kleinen Kaninchen und Hasen sind an ihren großen Augen, den langen Ohren und den kräftigen Hinterbeinen zu erkennen. Da diese viel länger sind als die Vorderbeine, bewegen sich Hasentiere hoppelnd vorwärts. Kaninchen sind meist kleiner, leben regelmäßig in unterirdischen Bauen und bringen hilflose Junge zur Welt. Hasen sind kräftige Läufer, leben in offenen Landschaften und legen keine Höhlen an. Ihre Jungen werden mit offenen Augen und mit Fell geboren.

*Familie:* Leporidae

*Zahl der Arten:* 47
*Artnamen (Beispiele):*
Europäisches
Wildkaninchen:
 *Oryctolagus cuniculus*
Schneehase: *Lepus timidus*
Kalifornischer Jackrabbit:
 *Lepus californicus*

*Kleinste Art:*
 Zwergkaninchen
 Länge Kopf/Körper: 22 cm
*Größte Arten:*
 Jackrabbits
 Länge Kopf/Körper: 70 cm

*Zahl der Jungen:*
Kaninchen: bis zu 6 Würfe
 mit jeweils 5 Babys
Hasen: oft 2 Würfe mit 1–2
 Babys

*Tragzeit:* Europäisches
Wildkaninchen: 30 Tage
Hasen: 45 Tage

*Lebenserwartung:* Kaninchen bis 9 Jahre; Hasen: bis
7 Jahre in Gefangenschaft

*Verbreitung: Fast überall
auf der bewohnbaren Erde*

## KANINCHENRASSEN

Obwohl sich schon die Römer Kaninchen hielten, wurden erst seit dem Mittelalter unterschiedliche Rassen gezüchtet. Heute kennen wir etwa 70 Kaninchenrassen. Die großen Speisekaninchen wiegen über 7 kg. Andere, wie die Angorakaninchen, haben seidiges Fell, das zu Wolle gesponnen wird. Die kleineren Kaninchen, die als Haustiere gehalten werden, haben hübsche Fellfarben oder Schlappohren.

### BALZ

Kaninchen sind von einer sprichwörtlichen Fruchtbarkeit; dennoch bringen die meisten Arten ihre Jungen nur in bestimmten Jahreszeiten zur Welt. Vor der Paarung findet sowohl bei Kaninchen wie Hasen eine Balz statt, bei der die Männchen z. B. ihren Urin verspritzen.

### VULKANKANINCHEN

Obwohl sich die europäischen Kaninchen massenhaft vermehren, gehören einige Arten zu den bedrohten Tieren. Das Vulkankaninchen lebt ausschließlich an den Hängen einiger Vulkane in Zentralmexiko. Nur noch ein paar hundert Tiere dieser Art graben ihre Gänge in die lockere Lava.

### EUROPÄISCHES WILDKANINCHEN

Die Wildkaninchen (siehe S. 77) haben sich von Südeuropa über beinahe die ganze Welt ausgebreitet. Sie passen ihre Baue perfekt an die herrschenden Bedingungen an (es sind Kaninchenbaue mit 45 m langen Gängen bekannt). Häufig schließen sich Kaninchen zu großen Kolonien zusammen; die größten bestehen aus einigen hundert Bauen.

### WITTERN

Kaninchen prüfen sehr häufig die Luft um ihre Feinde rechtzeitig zu wittern. Meistens sind die Nasenlöcher – direkt dahinter sitzen die empfindlichen Riechzellen – durch einen Hautlappen verschlossen (1). Wird er hochgezogen (2), nehmen Kaninchen den Geruch von Füchsen oder Menschen schon aus weiter Entfernung wahr.

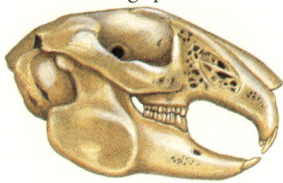

*Hermelinkaninchen*

*Holländer*

*Angorakaninchen*

*2*

*1*

Hasenbabys können schon nach wenigen Minuten herumlaufen und führen eine Woche nach der Geburt ein selbstständiges Lebens. Hasen und Kaninchen haben fast die ganze Welt erobert. Von Europa wurden sie nach Australien und in andere Erdteile verschleppt, wo sie ihre Nahrung auf den Feldern der Menschen suchen. Obwohl sie fast überall wegen ihres Fleisches und der Felle gejagt werden, konnten sie sich stark ausbreiten – unter anderem, weil diese Grasfresser in Notzeiten auf andere Pflanzen und sogar Baumrinde zurückgreifen.

## DER JACKRABBIT

Die meisten amerikanischen Hasen werden wegen ihrer Ohren Jackrabbits genannt – jackass ist eine Bezeichnung für Esel. Im gemäßigten Klima Nordamerikas kommen mehrere Arten in unterschied- lichsten Lebensräumen vor, von Wüsten bis zu Gärten. Sie sind fast immer abends und nachts aktiv. Wenn sie sich fürchten, rasen sie mit einer Geschwindigkeit von 60 km/h davon, wobei sie 6 m weite Sprünge machen.

## Pfeifhasen

Die Pfeifhasen oder Pikas bewohnen felsige Gegenden von Zentralasien bis zu den Gebirgen im Westen Nordamerikas. Sie leben in lärmenden Kolonien und sehen ungefähr wie Meerschweinchen aus. Obwohl sie in kalten Regionen leben, halten sie keinen Winterschlaf. Statt dessen lassen sie Gras und andere Pflanzen als Wintervorrat von der Sonne trocknen.

**Familienmerkmale**
*Familie:* Ochotonidae
*Zahl der Arten:* 22
*Lange:* bls 30 cm
*Zahl der Jungen:* 2 Würfe mit 5 Babys
*Tragzeit:* 30 Tage
*Lebenserwartung:* 7 Jahre; selten mehr als 5
*Verbreitung:* Asien, westliches Nordamerika

### JUNGHASEN

Schon kurz nach der Geburt trägt die Häsin ihre Babys in ein sicheres Versteck. Meist taucht sie dort nur einmal am Tag auf um ihren Nachwuchs zu säugen. Nach wenigen Tagen beginnen die Jungen Gras zu fressen und nach einer Woche sind sie selbstständig.

### RINDE ABSTREIFEN

In Notzeiten fressen Hasen Zweige; sie können Jungbäume schädigen, weil sie deren Rinde abstreifen. Hasen reichen bis in 1 m Höhe.

### SCHNEEHASE

Die Schneehasen sind von Irland bis Alaska, in den Tundren Europas und Asiens und weiter südlich auch in einigen Gebirgen verbreitet. Nur sehr weit im Norden bleiben sie ständig weiß, während sie im Süden ein braunes Fell haben. Meistens ändert sich jedoch ihre Fellfarbe je nach Jahreszeit: Im Sommer sind sie braun, grau im Herbst und im Winter weiß – dieser Farbwechsel dient der Tarnung.

*Sommer*

*Herbst*

*Winter*

*Wie viele Hasen, die in Regionen mit harten Wintern leben, verlängern die Schneehasen ihre offenen Baue zu einem kurzen Tunnel unter dem Schnee.*

### BOXENDE HASEN

Im Frühling verwandeln sich männliche Europäische Feldhasen in wilde Kämpfer. Ohne auf ihre üblichen Feinde zu achten, kämpfen sie boxend und tretend gegen ihre Rivalen. Sie jagen sogar im hellen Tageslicht hinter den Weibchen her.

Die europäischen Kaninchen leben in Bauen (siehe S. 75). Sobald sich ein Feind, z. B. ein Bussard, nähert, schlägt ein erwachsener Wächter Alarm, und alle Tiere flüchten in den Bau.

# NAGETIERE

## DATEN ZUR ORDNUNG

Ordnung: Rodentia
(bedeutet „Nagezähne")
Familien: 29
Etwa 1820 Arten in 426
Gattungen

Die bekanntesten Nagetiere sind Ratten und Hausmäuse. Tatsächlich gehören diese Nagetiere zu unseren ärgsten Schädlingen: Sie machen sich über Getreide und Vorräte her und übertragen Krankheiten auf Menschen und Haustiere. Fast die Hälfte aller bekannten Säugetiere gehört zu den Nagetieren; die meisten von ihnen sind jedoch klein und völlig harmlos. Nagetiere tauchen als Fossilien erst in der jüngsten Erdvergangenheit auf. Die ersten Versteinerungen von Tieren aus anderen Ordnungen sind viel älter. Fast alle fossilen Nagetiere besaßen nur wenig spezialisierte Körper – ähnlich wie die ältesten Säugetiere. Vielleicht war das ihr Vorteil: Sie hatten keine spezialisierten Gliedmaßen und waren nicht besonders groß, sodass sie sich rasch an viele Lebensräume anpassen konnten.

## FAMILIENMERKMALE

*Familien der Nagetiere:* 29

*Kleinste Art:* mehrere sehr kleine Arten, z. B. die Eurasische Zwergmaus
Länge Kopf/Körper: 5,5–7,5 cm
Schwanzlänge: 5–7,5 cm
Gewicht: 5–7 g
Lebenserwartung: selten mehr als 1 Jahr
*Größte Art:* Wasserschwein
Länge Kopf/Körper: bis 130 cm
Schulterhöhe: 50 cm
Gewicht: Weibchen über 60 kg
Lebenserwartung in Freiheit: 8–10 Jahre

*Zahl der Jungen:* sehr unterschiedlich (viele Nagetiere sind äußerst fruchtbar); von 1–22 (als Ausnahme bei einer Wanderratte entdeckt)

*Verbreitung:* weltweit

Außer in den Weltmeeren kommen Nagetiere fast überall auf der Erde vor. Ob groß oder klein, hüpfend, rennend, grabend, kletternd oder im Süßwasser schwimmend – jedes Nagetier hat vorne im Kiefer zwei Paar scharfe Nagezähne (Schneidezähne), eins im Ober- und eins im Unterkiefer. Die Zähne bestehen aus weichem Zahnbein, das nur auf der Außenseite von einer harten Schicht aus Zahnschmelz bedeckt wird. Da die Zähne ständig gegeneinander mahlen, wird der Zahnschmelz messerscharf gewetzt und kann durch fast alle Materia-

## TASCHENRATTEN

Die kleinen, grabenden Taschenratten kommen nur in den USA und Kanada vor. Ihren Namen verdanken sie den mächtigen Backentaschen, die vom Gesicht bis zu den Schultern reichen. Darin verstauen sie Nistmaterial oder Vorräte für den Winter.

## SPRINGHASE

Die Springhasen, die wie kleine Kängurus auf den Hinterbeinen hüpfen, leben in Südafrika in Gegenden mit trockenen, sandigen Böden. Sie können hervorragend graben, und ein Paar legt mehrere, bis 40 m lange Baue an, die sie abwechselnd bewohnen. In der Nacht kommen sie aus ihrem Versteck und suchen nach feuchten, fleischigen Wurzeln, obwohl sie auch grüne Pflanzen nicht verschmähen.

## SCHÄDEL

Im Schädel von Nagetieren ist deutlich eine breite Lücke (Diastema) zwischen den Nage- und den mahlenden Backenzähnen zu erkennen. Anders als bei den meisten anderen Säugetieren sind die beiden Hälften des Unterkiefers nur locker miteinander verbunden. Obwohl die Kaumuskeln bei den einzelnen Arten unterschiedlich arbeiten, können alle den Unterkiefer vor und zurück, aber auch drehend bewegen, sodass sie selbst harte Nahrung zernagen können.

lien hindurch schneiden. Nagezähne wachsen ständig weiter, sodass sie mit der stetigen Abnutzung Schritt halten. Gelegentlich wachsen die bogenförmigen Zähne schief aus und können in den Gaumen des Tieres eindringen. Hinter den Schneidezähnen folgt eine Lücke, dahinter sitzen einige Backenzähne. Obwohl einige Arten auch Fleisch fressen, gibt es kein Nagetier mit Fleischfresser-

## BIBERHÖRNCHEN

Dieses sehr scheue Tier kommt im Westen der USA von der Küste bis zu den Rocky Mountains in rund 2200 m Höhe vor. Es ist nachtaktiv und durchstreift ein kleines Revier, entfernt sich aber nur selten weit von seinem Bau. Der Bau besteht aus einer großen Wohnhöhle, Vorratskammern und einer Toilettenkammer. Um seine Zähne zu schärfen, nagt das Biberhörnchen auf Kügelchen aus hartem Ton oder kleinen Steinen herum.

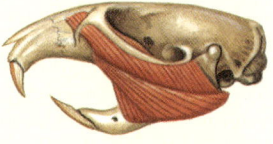
*Kiefer und Muskeln der Hörnchen*

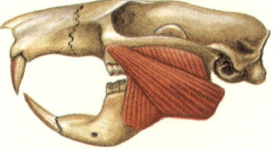
*Kiefer und Muskeln der Ratten*

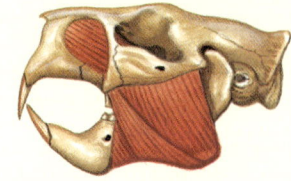
*Kiefer und Muskeln der Stachelschweine*

## BAUE

Um sich vor ihren Feinden in Sicherheit zu bringen, legen viele Nagetiere Baue an, die sie mit den Krallen, manchmal auch mit den Zähnen graben. Wie dieser Murmeltierbau haben sie meist mehrere Ausgänge. Während des Winterschlafes werden die

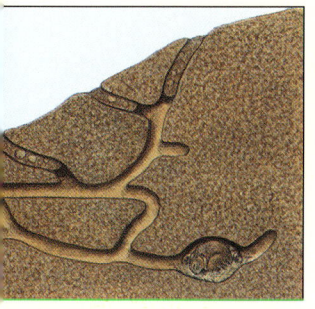

Eingänge zur Sicherheit mit Erde aus Seitentunneln verstopft.

## NAHRUNG

Nagetiere sind Pflanzenfresser, die fast alle Teile einer Pflanze verwerten. Für den Winter lagern sie vor allem Samen und Knollen ein, viele Arten fressen zusätzlich Insekten und ihre Maden. Dieses Ziesel ist eben aus dem Winterschlaf erwacht und braucht viel Nahrung, um die anstrengende Jungenaufzucht zu überstehen. Es sucht nach Eiern bodenbrütender Vögel, die viel Eiweiß enthalten.

Gebiss. Die Backenzähne sind unterschiedlich ausgebildet, fast immer wechseln jedoch Bögen aus Schmelz mit Zahnbein ab, sodass sie die Nahrung sehr wirkungsvoll zermahlen können. Bei manchen Arten wachsen auch die Backenzähne ständig weiter, bei anderen nutzen sie sich ab. Wenn ein Nagetier eine harte Schale zernagt, z.B. eine Nuss, schabt es ungenießbare Stücke ab. Sie fallen aber nicht in den Mund, denn Nagetiere können ihre Wangen ansaugen, bis die Nagezähne frei nach vorne ragen. Manche Arten haben Backentaschen, in denen sie Nahrung in ihre Speisekammern tragen. Ohne diese Vorräte würden viele Nagetiere den Winter nicht überstehen. Häufig sind die Backentaschen behaart und können nach Gebrauch ausgebürstet werden.

Weil sie so klein sind, werden Nagetiere von vielen Raubtieren gejagt. Dennoch nimmt ihre Zahl kaum ab, da sie sich reichlich vermehren. Kleine Arten bekommen bei gutem Wetter einen Wurf Junge nach dem anderen. Allerdings überleben sie häufig auch nur eine Brutsaison. Die meisten größeren Nagetiere werden älter, bekommen aber weniger Junge pro Jahr. Es gibt nur ein paar Nagetierarten, die Winterschlaf halten. Diese Tiere bleiben fast ein halbes Jahr völlig erstarrt liegen, werden aber ziemlich alt.

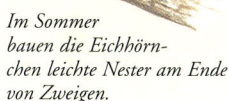

## WINTERSCHLAF

Auch in sehr kalten Gebieten leben Nagetiere, die während des Winters wach bleiben und sich von ihren Vorräten ernähren. Im Unterschied zu Zugvögeln oder großen Säugetieren, die im Winter nach Süden wandern, gibt es aber keine Nagetierarten, die in wärmere Gegenden ziehen. Statt dessen flüchten sich viele Arten in den Winterschlaf. Während dieser Zeit laufen alle Körperfunktionen auf Sparflamme. Zur Vorbereitung futtern sich solche Tiere eine dicke Fettschicht an. Zu Beginn des Winterschlafes verändert sich die Zusammensetzung ihres Blutes, die Körpertemperatur sinkt ab und Atmung und Herzschlag werden sehr langsam. So schafft es ein Nagetier, fast keine Energie zu verbrauchen.

*Bilche halten ihren Winterschlaf in einem kuscheligen Nest; ihren Schwanz legen sie um den Körper.*

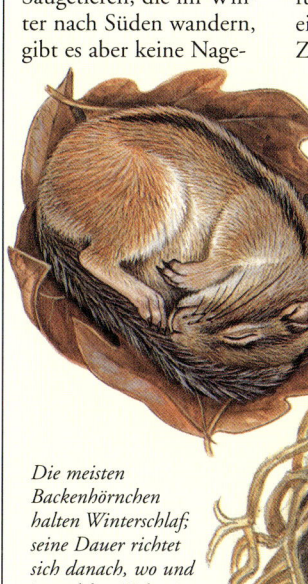

*Die meisten Backenhörnchen halten Winterschlaf; seine Dauer richtet sich danach, wo und in welcher Höhe sie leben.*

## NESTER

Nagetiere polstern ihre Nester gewöhnlich mit Gras, Moos und anderem weichem Material gemütlich aus. Es wird in den Backentaschen oder dem Mund transportiert. Nester von Nagetieren sind nur selten so kompliziert gebaut wie Vogelnester, bestehen aber ebenfalls aus festen, tragenden Zweigen oder Gräsern und weicherem Polstermaterial. Die Eichhörnchen legen ihre

*Im Sommer bauen die Eichhörnchen leichte Nester am Ende von Zweigen.*

Nester („Kobel") in Astgabeln an und polstern sie vor dem Winter dick mit Moos aus. Gute Nester werden von den Eichhörnchen über viele Generationen genutzt.

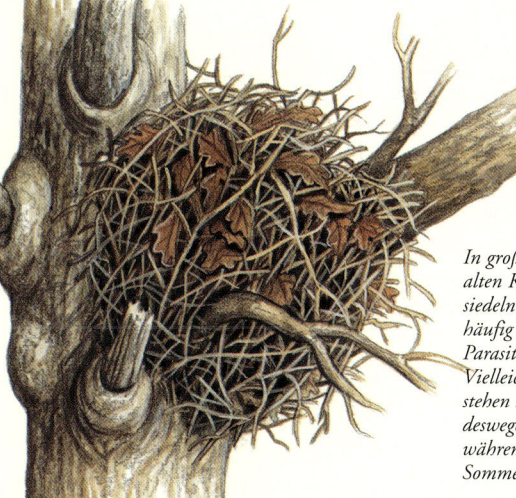

*In großen, alten Kobeln siedeln sich häufig viele Parasiten an. Vielleicht stehen sie deswegen während des Sommers leer.*

## FAMILIENMERKMALE

*Familie:* Sciuridae
(Hörnchen)

*Zahl der Arten:*
  Baumhörnchen 159 Arten
*Artnamen (Beispiele):*
  Europäisches Eichhörn-
  chen: *Sciurus vulgaris*
  Grauhörnchen:
    *S. carolinensis*
  Riesengleithörnchen,
    Taguan: *Petaurista-Arten*

*Kleinste Art:* Afrikanisches
  Zwerghörnchen
  Länge Kopf/Körper:
    bis 7,5 cm
  Schwanzlänge: bis 6 cm
  durchschnittliches
    Gewicht: 16,5 g
*Größte Art:*
  Riesengleithörnchen
  Länge Kopf/Körper:
    bis 58 cm
  Schwanzlänge: bis 63 cm
  Gewicht: bis 2,5 kg

*Zahl der Jungen:* 1–9

*Lebenserwartung:*
Grauhörnchen bis 12 Jahre
in Freiheit, 23 Jahre im Zoo

### FARBEN

Viele Hörnchen sind
auffallend gefärbt, doch
bei den europäischen
Eichhörnchen ändert sich
die Fellfarbe mehrmals je
nach der Jahreszeit. In
Europa und Asien
kommen auch solche hier
gezeigten, dunklen
Formen vor.

### FÜSSE

Die Vorderfüße der Eich-
hörnchen haben vier Zehen
mit langen Krallen, die
Hinterfüße fünf Zehen.
Daumen und großer Zeh
können nicht gegen die
Fingerspitzen gestellt
werden, sie stehen aber
weit genug ausei-
nander für einen
sicheren Griff.

# Baumhörnchen

Obwohl die meisten Nagetiere klettern können, haben es darin nur
die Baumhörnchen zur Meisterschaft gebracht. Die meisten Arten
sind tagaktiv und leben in den Tropen. Viele haben auffallend gefärbtes
Fell und vermutlich können sie besser Farben sehen als die meisten
anderen Tiere, mit Ausnahme der Affen. Beim Klettern drücken sie ihre
langen Krallen in die Rinde der Bäume, denn sie können ihre Fingerspitzen nicht mit dem Daumen berühren und so, wie die Affen, die Äste
mit einem Griff umschließen. Ihre langen Schwänze sind nur auf der
Oberseite buschig behaart; auf der Unterseite sind sie leicht
abgeflacht, um besseren Halt an Zweigen zu finden.
Einige Arten verbringen die meiste Zeit ihres
Lebens auf den Bäumen, doch fast alle klettern

### EUROPÄISCHES EICHHÖRNCHEN

Unser Eichhörnchen
gehört zu den Säuge-
tieren mit der weitesten
Verbreitung: Es kommt
von Irland über Europa
und Asien bis nach Japan
vor. In England ist es selten
geworden, weil es von dem
amerikanischen Grauhörn-
chen verdrängt wurde. Es
lebt vorwiegend in
Nadelwäldern,
wo es die Zapfen
von Kiefern und

Fichten öffnet, um an die
Samen zu kommen. Auch in
Buchenwäldern findet es
reichlich Nahrung, wie
Pilze, Knollen und junge
Triebe. Eichhörnchen
führen die Nahrung mit den
Händen zum Mund. Sie

legen sich zwar
Vorräte für schlechte
Zeiten an, können sich
aber nicht lange merken,
wo die Verstecke liegen.
Daher spüren sie ihre
Vorräte meist mit dem
Geruchssinn auf.

## NAHRUNG

Hier sind die Eichhörn-
chen mit ihrem Fell vom
Mai (oben), Januar (Mitte)
und März (unten)
dargestellt. Sie ernähren
sich von vielen Produkten
des Waldes; es kommt vor,
dass sie täglich Pflanzen
von einem Drittel ihres

*Im Mai bessern
Eichhörnchen ihren
Speiseplan mit
Vogeleiern auf.*

*Im Januar si
Eichhörnchen
auf ihre eiger
Vorräte oder
Nahrungsver.
anderer Tiere
angewiesen.*

Körpergewichtes
fressen. Das sind etwa 150
Kiefernzapfen mit je 30
Samen. Den „Esstisch"
eines Eichhörnchens
erkennt man an den
zahlreichen Schuppen
von Zapfen oder
herabgefallenen
Samenschalen.

*Eichhörnchen richten
sich häufig auf, wenn sie
fressen; so können sie die
Umgebung nach Feinden
absuchen.*

## ABERTHÖRNCHEN

Die Ohren der Aberthörnchen (rechts) enden in besonders langen Haarbüscheln. Sie leben in Nadelwäldern, in trockenen, einsamen Gebirgen im Westen der USA und ernähren sich vorwiegend von den Samen einiger Kiefernarten. Aberthörnchen bauen in den Astgabeln von Bäumen sehr große Nester mit zwei Eingängen, die mehrere Jahre lang benutzt werden.

## GRAUHÖRNCHEN

Obwohl die Grauhörnchen (oben) weniger stark in der Farbe schwanken, kommen auch bei ihnen schwarze oder noch seltener weiße Exemplare zur Welt. Grauhörnchen paaren sich im Spätwinter und Frühsommer. Die Jungen kommen etwa im April und gegen Ende des Sommers in einer Baumhöhle zur Welt. Bis der Winter beginnt, sind sie selbstständig.

ab und zu auf den Boden. Nur wenige Arten klettern selten oder nie. Mit den großen, weit auseinander stehenden Augen können Baumhörnchen fast rundum sehen. Da der „blinde Fleck" in ihrer Netzhaut sehr klein ist, können sie hervorragend räumlich sehen und sicher klettern und springen. Während sie äußerst flink an Baumstämmen hochklettern, brauchen sie zum Absteigen viel länger; sie halten häufig an und schauen sich um. Bis auf Australien, wo Beuteltiere ihren Platz einnehmen, kommen Hörnchen in allen Teilen der Erde mit gemäßigtem oder tropischem Klima vor. Sie fressen alle möglichen Pflanzen, Blätter, Sprosse und Früchte, suchen aber auch gelegentlich nach Insekten, Vogeleiern oder kleinen Wirbeltieren. Die Hörnchen der gemäßigten Klimazonen halten keinen Winterschlaf, legen sich aber Vorratslager für die kalte Jahreszeit an. Da sie weder starken Wind noch Regen mögen, bleiben sie häufig so lange in ihren Nestern, bis sie der Hunger heraustreibt. Viele Hörnchen sind recht laute Tiere; sie hängen sich an einen Ast und schnattern oder schimpfen auf Rivalen und Feinde. Baumhörnchen bringen zweimal im Jahr zwischen zwei und fünf Junge zur Welt. Sie werden nackt und hilflos geboren und bleiben bis zu sechs Wochen im Nest. Erwachsene leben meist als Einzelgänger, schließen sich in beliebten Gegenden aber auch zu großen Gruppen zusammen. In Nordamerika kann es zu Massenwanderungen kommen, wenn die Nahrung knapp wird.

## PREVOST-SCHÖNHÖRNCHEN

Der Name dieser Eichhörnchen – „Schönhörnchen" – bezieht sich auf ihr ausnehmend hübsch gefärbtes Fell. Sie kommen in den Wäldern von Südostasien und den vorgelagerten Inseln vor. Prevost-Schönhörnchen leben allein oder in kleinen Familiengruppen; ihre Jungen kommen im August zur Welt.

**12 NAGETIERE**

## ROTSCHENKEL-HÖRNCHEN

Die Rotschenkelhörnchen (oben) sind ziemlich kleine Arten mit dünnen Schwänzen, die sich meist in Palmenhainen oder Gebüschen aufhalten. Sie bauen ihre Nester in Palmwedeln 2 m über dem Boden. In der Hitze des Tages ruhen sie sich aus und kommen frühmorgens oder am Spätnachmittag aus dem Versteck, um nach Samen und Früchten zu suchen; manchmal auch nach Vogeleiern und kleinen Wirbeltieren.

## GLEITHÖRNCHEN

Die Gleithörnchen sind in Ostasien verbreitet; einige Arten leben in den Tropen, andere kommen weiter nördlich, bis in die Mandschurei, vor. Solange sie durch die Bäume laufen, erinnern sie an Eichhörnchen. Bei Bedarf spannen sie aber eine Flughaut auf und gleiten bis zu 450 m weit. Sie können Kurven fliegen, wenden und sogar die Luftströmungen ausnutzen, um aus tiefen Tälern aufzusteigen.

## FAMILIENMERKMALE

### Familie: Sciuridae

**Zahl der Arten:** 92
**Artnamen (Beispiele):**
Präriehunde:
  *Cynomys*-Arten
Alpenmurmeltier:
  *Marmota marmota*

**Kleinste Art:**
  Zwergstreifenhörnchen
  Länge Kopf/Körper: 8 cm
  Schwanzlänge: 6 cm
  Gewicht: bis zu 25 g
**Größte Art:** Murmeltiere
  Länge Kopf/Körper:
    bis 60 cm
  Schwanzlänge: bis 25 cm
  Gewicht: bis 7,5 kg

**Lebenserwartung:**
Murmeltiere bis 15 Jahre

# Erdhörnchen

Erdhörnchen haben kürzere Schwänze als ihre kletternden Verwandten; sie leben in Erdhöhlen und fressen auf der Erde wachsende Pflanzen. Viele haben gestreiftes oder fleckiges Fell. Einige Arten leben in Kolonien von der Größe kleiner Städte. In Texas sollen in einer solchen „Stadt" von 64 000 km² rund 400 Millionen Präriehunde gelebt haben. In den Tropen kommen zwar zahlreiche Baumhörnchen, aber nur wenige Erdhörnchen vor – in Afrika kennen wir nur vier Arten. Die meisten Erdhörnchen leben in den Steppen der nördlichen Halbkugel. Da die Winter hier sehr kalt werden, überstehen die meisten Arten diese Zeit im Winterschlaf.

## AMERIKANISCHE ERDHÖRNCHEN

Die *Ammospermophilus*-Hörnchen leben in den Wüsten der südwestlichen USA und Mexikos. Sie sind meist hell gefärbt und damit im Sand gut getarnt. Im Unterschied zu anderen Erdhörnchen tragen sie ihren Schwanz hoch.

## SIBIRISCHES STREIFENÖRNCHEN

Dieses Streifenhörnchen, auch Burunduk genannt, ist von Sibirien bis nach Japan verbreitet. Es wurde in Massen als Haustier gefangen. Einige konnten entkommen und haben sich in vielen Teilen von Europa eingelebt.

## EISGRAUES MURMELTIER

Jeder Feind, wie etwa ein Bär, der sich der Kolonie nähert, wird mit durchdringenden Pfiffen empfangen. Dieses Murmeltier, das bis 7 kg wiegen kann, lebt in den Rocky Mountains von Nordamerika bis nach Alaska. Vom Frühherbst bis April hält es seinen Winterschlaf; im Mai bringt es 4–5 Junge zur Welt.

## GOLDMANTELZIESEL

Dieses hübsche kleine Erdhörnchen kommt in den Gebirgen der westlichen USA bis nach British Columbia vor. Vom Herbst bis zum Mai zieht es sich zum Winterschlaf in eine Höhle zurück. Es frisst Samen, Nüsse und Früchte, aber auch grüne Pflanzen und Insekten. Die Tiere verbringen viel Zeit damit, Staubbäder zu nehmen und ihr Fell zu pflegen.

## ZIESEL

Die Ziesel sind mittelgroße Erdhörnchen mit gestreiftem oder geflecktem Fell. Man findet sie in Nordamerika und Asien; zwei Arten kommen in Osteuropa vor. Die grabenden Ziesel haben bis auf Wüsten und Wälder fast alle Lebensräume erobert. Das Europäische Ziesel (unten) gräbt einen Bau mit zahlreichen Tunneln von mehreren Metern Länge. Wie alle Nagetiere hat es viele Feinde, z. B. den hier gezeigten Iltis. Sie werden auch von Menschen verfolgt, da sie Getreide für ihren Wintervorrat sammeln.

## PRÄRIEHUND

Diese kurzbeinigen kleinen Tiere gehören keinesfalls zu den Hunden, sondern sind besonders erfolgreiche Erdhörnchen, die ihre Tunnel in den Prärien

graben. Jeder Ausgang ist wie ein Minivulkan geformt, sodass das Regenwasser leicht ablaufen kann.

**ALPENMURMELTIER**

Die Alpenmurmeltiere besiedeln die Hochgebirge von Mittel- und Südeuropa, wo sie ein System aus Tunneln graben. Im Sommer legen sie sich gerne zusammen mit ihren Jungen in die Sonne. Dabei suchen sie ständig die Umgebung nach Feinden ab. Im eiskalten Winter ziehen sie sich in ihren Bau zurück und fallen in einen tiefen Winterschlaf.

## FAMILIENMERKMALE

*Familie:* Castoridae

*Zahl der Arten:* 1

*Artname:* Castor fiber

*Größe:*
Länge Kopf/Körper 60–80 cm
Schwanzlänge: 25–45 cm
Gewicht: durchschnittlich
12–25 kg; höchstens
bis 40 kg

*Tragzeit:* 100–110 Tage

*Zahl der Jungen:*
durchschnittlich 2–4; bis 9 sind
bekannt

*Lebenserwartung:* 35–50 Jahre
im Zoo; in Freiheit
wahrscheinlich die Hälfte

*Lebensraum:* am Wasser in
kühlen, waldreichen Regionen

*Verbreitung:* Europa, Asien,
Nordamerika

*Ernährung:* Pflanzen am
Wasser, Blätter und Rinde von
Bäumen

*Paarung:* einmal pro Jahr im
Januar oder Februar

*Schwimmgeschwindigkeit:* 10
km/h

*Tauchzeit:* bis 15 min

# Biber

Biber sind die größten Nagetiere außerhalb der Tropen. Früher kamen sie an allen Flüssen von Europa, Asien und Nordamerika vor, die durch kühle, waldreiche Gegenden flossen. Heute sind sie selten geworden, kehren aber in ihre alten Lebensräume zurück, wenn sie geschützt werden. Biber wurden wegen ihres sehr feinen, dichten Fells und den Duftdrüsen, aus deren Sekret man Medikamente und Parfüm herstellte, lange Zeit gejagt. Man konnte sie leicht fangen und töten, da sie in festen Gemeinschaften leben und sich an Land langsam und ungeschickt bewe-

### NAHRUNG

Biber sind meist nachts aktiv; dann sammeln sie Nahrung und kümmern sich um ihren Damm. Im Sommer fressen sie vorwiegend die Pflanzen am Ufer, dazu kommen

Blätter und Rinde von kleinen Bäumen, wie Weiden, Erlen und Pappeln. Den Winter verbringen sie in ihrer Burg und ernähren sich von Vorräten, halten aber keinen Winterschlaf.

### ZÄHNE

Vorne im Kiefer sitzen die auffallenden, orange gefärbten Nagezähne. Sie wachsen lebenslang nach, werden aber durch die

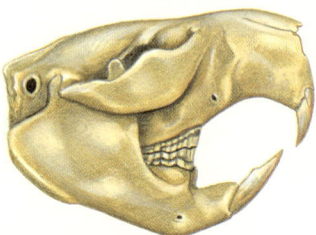

harte Nahrung ständig abgeschliffen. Die flachen Mahlzähne hinten im Kiefer wachsen nur begrenzt nach; sie brauchen nur weiche Blätter und saftige Rindenstücke zu zermahlen und nutzen sich kaum ab.

### DAMMBAU

Wahrscheinlich erkennen Biber die richtige Stelle für den Dammbau am Geräusch schnell fließenden Wassers. Zuerst rollen sie Steine auf den Bachboden, dann fügen sie Baumstämme und dicke Äste dazu. Schließlich

folgen dünne Zweige, bis der Damm eine Dicke von 3 m und eine Höhe von 2 m erreicht hat. Meistens biegt er sich unter dem Druck des Wassers in der Mitte etwas durch. In sicherem Abstand vom Ufer baut der Biber seine

Burg mit einer Schlafkammer und Vorratsräumen für den Winter. Die Eingänge liegen unter Wasser. Da die Biber ihren Damm pflegen und reparieren, kann er viele Jahre lang halten.

## FÜSSE

Zwischen den Zehen der Hinterbeine sitzen große Schwimmhäute. Während ein Biber an Land ein Bein vor das andere setzt, bewegt er sie unter Wasser gleichzeitig. Die Doppelkralle am zweiten Zeh verwenden Biber wie eine

*Hinterfuß*

*Vorderfuß*

*Doppelkralle*

*Griff mit dem kleinen Finger*

Pinzette; sie verbringen viel Zeit damit, ihr Fell mit dieser Kralle zu pflegen. Gleichzeitig ölen sie das Fell aus einer Drüse neben dem Schwanz ein, um es wasserdicht zu machen. Mit den kleineren Vorderfüßen halten sie Gegenstände fest, denn sie können ihren kleinen Finger ähnlich wie einen Daumen nach vorne bewegen.

*Die dicken Wände der Biberburg schützen vor den eisigen Wintertemperaturen, die für mehrere Monate unter 0 °C fallen können.*

## AUFZUCHT DER JUNGEN

Biberbabys kommen mit offenen Augen und flauschigem Fell zur Welt. Schon nach wenigen Tagen erkunden sie die Gänge der Burg. Allerdings passen ihre Eltern stets auf, dass sie sich nicht zu weit vorwagen – zur Not werden sie mit

Mund und Pfoten in Sicherheit getragen. Im Alter von zwei Monaten sind die Kleinen entwöhnt und dürfen allein ins Wasser oder ans Ufer gehen.

## BÄUME FÄLLEN

Biber fällen Bäume als Nahrung und Baumaterial für ihre Dämme. Mit einem dünnen Baum sind sie rasch fertig; für die größeren brauchen sie etwas länger. Zuerst schneiden die Biber mit den untern Nagezähnen große Holzschnipsel heraus, dann drehen sie

den Kopf und machen dasselbe höher am Stamm mit den oberen Nagezähnen. Schließlich ist der Stamm bis auf die dünne Mitte abgenagt und fällt um. Blätter und dünne Zweige frisst der Biber auf, die dickeren Teile braucht er als Baumaterial.

## BIBER UNTER WASSER

Wenn Biber einen Damm bauen, rollen sie zunächst große Steine als Unterlage zur „Baustelle". Später kommen dann Zweige und Schlamm hinzu. Beim Abtauchen sieht man eine

Reihe von Luftblasen aufsteigen: Wenn der Wasserdruck die Deckhaare zu einer wasserdichten Schicht zusammenpresst, wird die Luft aus dem weichen Unterfell gedrückt.

### WARNSIGNAL

Meistens tauchen Biber leise ab, doch bei Gefahr heben sie den Schwanz und drücken sich kraftvoll mit den Hinterbeinen unter Wasser. Auf diese Weise klatscht der Schwanz laut auf die Wasseroberfläche und warnt die anderen Biber.

### DUFTMARKEN

Sowohl Männchen wie Weibchen haben eine Drüse, in der ein gelbliches Sekret („Bibergeil") gebildet wird. Damit setzen sie Duftmarken um andere Biber zu informieren – vor allem während der Paarungszeit.

*Die Duftdrüse sitzt in der Leistengegend.*

gen. Da Biber Bäume fällen und Dämme bauen, verändern sie ihre natürliche Umgebung stärker als jedes andere Tier. Biber fühlen sich im und am Wasser zu Hause; im Wasser erscheinen ihre plumpen Körper elegant und stromlinienförmig. Beim Tauchen werden Nase und Ohren automatisch verschlossen und ein durchsichtiges Häutchen schiebt sich über die Augen, um sie vor Verletzungen durch Schwebteilchen zu schützen. Hautlappen verschließen den Mund, lassen aber die Nagezähne frei, sodass Biber Nahrung oder Holz für den Dammbau transportieren können.

Als Ausnahme unter den Nagetieren bekommen Biber nach langer Tragzeit nur einmal pro Jahr Junge. Die Babys entwickeln sich langsam und bleiben länger als ein Jahr bei den Eltern; dann kommen die nächsten Geschwister zur Welt. Die vorjährigen Jungen leben noch ein Jahr in der Familie, dann müssen sie abwandern und eine eigene Familie gründen.

*Nach einigen Jahren verschlammt der alte Stausee und die Biberfamilie muss weiter bachabwärts einen neuen Damm bauen.*

*Die Dämme werden genau an die Strömung des Baches angepasst.*

## FAMILIENMERKMALE

*Familie:* Muridae und Verwandte (auch einige Arten aus anderen Familien werden vorgestellt)

*Zahl der Arten:* über 1130

*Kleinste Art:*
mehrere, darunter die Eurasische Zwergmaus
Länge Kopf/Körper:
 weniger als 7 cm
Schwanzlänge:
 höchstens 7 cm
Gewicht: 5–7 g

*Größte Art:*
Riesenhamsterratten
Länge Kopf/Körper:
 24–45 cm
Schwanzlänge: bis 45 cm
Gewicht: 1–2,8 kg

*Zahl der Jungen:*
unterschiedlich; 1–2 bis 8 bei einigen Arten

*Lebenserwartung:* 1–2 Jahre bei kleinen Arten mit vielen Nachkommen; 8–10 Jahre bei Arten, die Winterschlaf halten

### LEICHTE BEUTE

Viele mittelgroße bis kleine Raubtiere sind auf Ratten und Mäuse als Beute angewiesen. Allerdings haben Nagetiere scharfe Sinne und können blitzschnell flüchten. Werden sie dennoch am Schwanz erwischt, hilft einigen Mäusen ein Trick: Ihr Schwanz reißt an der dünnen Haut ab – die Maus ist frei.

*Diese Maus scheint nicht sehr beeindruckt: Lieber ein längeres Leben mit kürzerem Schwanz als umgekehrt.*

# Ratten und Mäuse

Zur Gruppe der Mäuseverwandten gehören nicht nur die echten Mäuse und Ratten, sondern auch Hamster, Wühlmäuse, Lemminge und Rennmäuse. Zusammen bilden sie die größte Verwandtschaftsgruppe unter den Säugern. In diesem Kapitel werden auch die ähnlichen Springmäuse und Bilche behandelt, die zu anderen, kleineren Familien gehören. Meistens bezeichnet man die kleineren Formen als Mäuse, die größeren als Ratten. Sie haben fast immer kurzes, weiches Fell und lange, oft fast kahle oder nackte Schwänze (einige Arten haben kurze oder gar keine Schwänze). Ein paar Arten werden wegen ihres Fells gefangen. Bis auf die Antarktis und einige abgelegene Inseln haben die Mäuseverwandten die gesamte Erde erobert. Obwohl die meisten völlig harmlos sind, haben sich unsere Hausmäuse und Ratten mit den Menschen sehr weit

### EURASISCHE ZWERGMAUS

Die Zwergmaus besiedelt die Halme hoch wachsender Gräser und Kräuter, vor allem die Getreidefelder von England bis nach Japan. Da sie sich mit ihrem Greifschwanz festhalten kann, klettert sie hervorragend. Für das Nest, das sie im Sommer für ihre Jungen baut, verwendet sie nur Teile der Pflanze. Die zerschlitzten Blätter bleiben grün und dienen als Tarnung. Weil das Gras weiter wächst, schiebt es das Nest höher hinauf.

*Einer der Feinde der Zwergmaus ist das Wiesel, das hier die Mausjungen im Nest bedroht.*

*Da das Nest keinen Eingang hat, zwängt sich die Zwergmaus durch die Blätter. Für den Winter baut sie ein Nest auf dem Boden.*

HAUSMAUS

Hausmäuse findet man überall dort, wo Menschen wohnen. Da sie riesige Familien haben – unter guten Bedingungen kommen alle drei bis vier Wochen bis zu 16 Babys zur Welt – wird man sie kaum wieder los.

verbreitet und drangen damit in viele neue Lebensräume ein. Sie sind nach den Menschen die anpassungsfähigsten Arten der Erde und geraten gerade deswegen häufig in Konflikt mit den Menschen. Sobald ein Bauer Getreide lagert, stellen sich diese Nager ein. Ratten nagen sich sogar durch Bleirohre. Sie haben Häuser beschädigt, weil sie Elektroleitungen zerbissen und durch Kurzschlüsse Brände auslösten. Selbst wenn sie Teile der Vorräte zurücklassen, sind diese durch ihren Kot verdorben.

Viele Mäuseverwandte können gut klettern. Obwohl die meisten typischen Baumbewohner in den Tropen leben, sind einige Vertreter dieser Gruppe auch in den europäischen Wäldern verbreitet, z. B. die Gelbhalsmaus. Da sie, wie alle Mäuse, sehr anpassungsfähig ist, findet man sie in Teilen von Südeuropa auch im Gebirge. Nach England wurde die Gelbhalsmaus unbeabsichtigt eingeschleppt. Sie hat sich an Häuser gewöhnt, klettert ohne Probleme an den Hauswänden hoch, sucht nach kleinen Löchern und macht es

*Hausmäuse lieben Zeitungspapier für ihre Nester. Sie können im Haus zu einer echten Plage werden, weil sie Vorräte plündern und Holzteile beschädigen.*

## WALDMÄUSE

Wir kennen 14 Arten von Wald- oder Feldmäusen, die von Island bis nach Nordafrika und Japan verbreitet sind. Diese sehr anpassungsfähigen Nager dringen zwar auch in Häuser ein, leben aber in der Regel im Freien. Hier suchen sie ihre Nahrung – von Insekten bis Eicheln. Alle zwei Wochen bringen sie bis zu fünf Babys zur Welt, die schon bald eigene Junge bekommen. Wahrscheinlich leben selbst in dicht bewohnten Gegenden im Sommer mehr Waldmäuse als Menschen.

## RENNMÄUSE

Es gibt über 50 Arten von Rennmäusen, die vor allem in den afrikanischen Trockengebieten leben. Die meisten können auf ihren langen Hinterbeinen 1 m weite Sprünge machen. In den Trockenzeiten kommen sie ohne Wasser aus.

### FELDHAMSTER

Feldhamster, die in den Steppen von Osteuropa bis Asien vorkommen, sind viel größer als die als Haustiere verkauften Goldhamster. Sie leben als nachtaktive Einzelgänger und graben tiefe Tunnel, die sie mit Duftdrüsen an ihren Flanken und Bauch markieren. Hamster bekommen zwei Würfe pro Jahr; die Jungen bringen erst im nächsten Sommer eigene Babys zur Welt.

*Dieser Hamster hat Körner in seine Backentaschen gestopft.*

*Der Bau eines Hamsters kann 2 m tief sein und besteht aus Schlafkammer und Vorratsräumen.*

12
NAGETIERE

sich in Speichern gemütlich. Gelbhalsmäuse ernähren sich hauptsächlich von Äpfeln, daher ist ihre Zahl an einem bestimmten Ort oft direkt von der Apfelernte abhängig. Kleine Nagetiere nutzen die Fähigkeit, Baue zu graben, zu ihrem Vorteil: Zwar sind weder Ratten noch Mäuse so geschickt wie manche Erdhörnchen, sind aber dennoch in der Lage, komplizierte Tunnelsysteme zu graben. Hier finden sie Schutz vor Raubtieren und dem Wetter. Alle grabenden Vertreter der Mäuseverwandten legen Vorratsspeicher an und gelten daher bei vielen Landwirten als Schädlinge. Einige konnten sich dank ihrer Höhlen sogar in Wüsten ansiedeln. Hier regnet es zwar nur sehr selten, dafür können sie große Samenmengen für Notzeiten sammeln. Mehrere Arten haben unabhängig voneinander die Fähigkeit entwickelt, zu überleben ohne zu trinken. In Laborversuchen kamen mehrere Generationen ausschließlich mit getrockneten Getreidekörnern aus.

## STACHELMÄUSE

Das Fell auf dem Rücken der Stachelmäuse ist stachelig rau. Sie sind von Kreta und Zypern bis nach Pakistan und in weiten Teilen Afrikas verbreitet. Die meisten sind Allesfresser, die nachts auf der Erde nach Nahrung suchen, einige auch auf Bäumen oder in Häusern. Die Jungen, die nach einer langen Tragzeit geboren werden, sind bereits weit entwickelt und werden nach zwei Wochen entwöhnt.

## KÄNGURURATTEN

Die Kängururatten gehören zur Familie der Taschenmäuse. Diese kleine Art ist das amerikanische Gegenstück zu den afrikanischen

Rennmäusen. Sie gräbt tiefe Baue mit bis zu 12 Ausgängen und kommt in New Mexico, Arizona und Texas vor.

## HAUSRATTE

Hausratten sind in den meisten wärmeren Ländern der Erde verbreitet. In den kühleren Regionen, wo vorwiegend Wanderratten leben, halten sie es nur in warmen Häusern oder auf Schiffen aus. In einem einzigen Jahr bringt ein Weibchen fünf oder mehr Würfe mit bis zu 10 Babys zur Welt. Als Allesfresser richten sie großen Schaden in Vorräten an. Hausratten werden aber nicht nur von den Menschen, sondern auch von vielen Raubtieren in Schach gehalten.

Während sie die Nahrung verdauen, entsteht etwas Wasser, das sie verwerten können. Da sie kaum Wasser an die Umgebung verlieren, reicht diese geringe Menge für ihr Überleben aus: Sie schwitzen nicht, scheiden trockenen Kot und hoch konzentrierten Urin aus und führen die Atemfeuchtigkeit über eine besondere Anpassung ihrer Nasen an den Körper zurück. Die meisten Wüstenratten haben lange Hinterfüße mit gewöhnlich drei steif behaarten Zehen. Damit hüpfen sie wie Kängurus umher und kommen auf dem sandigen Boden viel schneller vorwärts, als wenn sie rennen würden.

Vor allem drei der Arten – Hausmaus, Haus- und Wanderratte – haben sich an den Menschen gewöhnt. Da sie sich stark vermehren, kommt es immer wieder zu Massenplagen.

## BORKENRATTEN

Borkenratten leben in den Bergwäldern der Philippinen. Den Tag verschlafen sie in einem Astloch, nachts kommen sie heraus und suchen nach Knospen, Rinde und Früchten. Ihr schriller Schrei erinnert an Insekten.

## WANDERRATTE

W anderratten sind intelligente und anpassungsfähige Tiere, die Häuser und Vorräte der Menschen für sich nutzen. Da sie gut schwimmen können, leben sie oft in Abwasserkanälen, besiedeln aber auch Müllhalden und Flussufer. Sie werden von Füchsen, Eulen und anderen Raubtieren gejagt,

Menschen stellen Fallen und Giftköder auf. Allerdings kann man Wanderratten kaum ausrotten, da Rattenweibchen schon mit 12 Wochen eigene Babys bekommen können und dann 5-mal pro Jahr 5–12 Junge gebären.

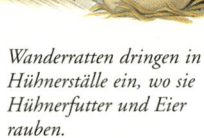

*Wanderratten dringen in Hühnerställe ein, wo sie Hühnerfutter und Eier rauben.*

Hausratten stammen aus den Wäldern von Südasien. Schon in der Antike breiteten sie sich in die dichter besiedelten Länder des Mittelmeeres aus, wo sie in Häusern nach Nahrung suchten. Sie kletterten auf Schiffe und gelangten so in viele Länder der Erde. Als Tiere der Tropen waren sie in kalten Regionen auf die Wärme von Häusern angewiesen. Sie waren es auch, die

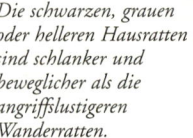

*Die schwarzen, grauen oder helleren Hausratten sind schlanker und beweglicher als die angrifflustigeren Wanderratten.*

*Birkenmäuse halten sich beim Klettern mit dem Schwanz fest.*

## MÄHNENRATTE

Die Mähnenratte ist etwa meerschweinchengroß und erinnert mit den stacheligen Rückenhaaren an ein Stachelschwein. Kleine Feinde lassen sich davon abschrecken. Sie ist in den Wäldern vom Sudan bis nach Kenia verbreitet. In der Nacht kommt sie aus dem Versteck und sucht nach Blättern und Sprossen, die sie sitzend mit den Händen festhält und verzehrt.

## BIRKENMÄUSE

Birkenmäuse gehören zur Familie der Hüpfmäuse und sind nahe mit echten Mäusen verwandt. Sie sind in Wäldern, insbesondere in der russischen Taiga bis nach Sibirien, verbreitet. Die nachtaktiven Birkenmäuse leben vor allem von Insekten, die sie unter Baumrinde und verrottendem Holz finden. Von Oktober bis April halten sie Winterschlaf. Eine weibliche Birkenmaus bekommt nur zweimal in ihrem Leben Nachwuchs.

*Junge Birkenmäuse entwickeln sich langsam; sie werden bis vier Jahre alt.*

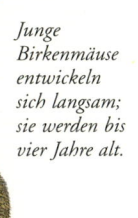

im Mittelalter die Pest übertrugen, an der viele Millionen von Menschen in Europa starben.

Die Wanderratte stammt aus Nordasien und breitete sich erst später nach Westeuropa aus; heute lebt auch sie fast weltweit. Sie überlebt auch in kaltem Klima im Freien, richtet große Schäden bei Ernte und Vorräten an und kann Krankheiten übertragen.

### BILCHE

Die hier gezeigte Haselmaus lebt in Wäldern mit reichem Unterwuchs, insbesondere mit dem kletternden Geißblatt, aus dessen papierartiger Rinde sie ihr Nest flicht. Sie kann sehr gut klettern und sucht nachts nach Nüssen und Insekten. Im Spätsommer setzt sie reichlich Fett an und hält dann Winterschlaf, der bis zum Spätfrühling dauert.

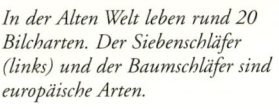
*In der Alten Welt leben rund 20 Bilcharten. Der Siebenschläfer (links) und der Baumschläfer sind europäische Arten.*

Die Hausmaus stammt eigentlich aus Mittelasien und Südeuropa, breitete sich aber mit dem Ackerbau fast über die ganze Erde aus. Da unsere Winter zu kalt sind, kann sie nicht das ganze Jahr im Freien leben, sondern sucht im Herbst die Wärme menschlicher Behausungen. Auf der schottischen Insel St. Kilda starben daher alle Mäuse aus, nachdem die Menschen die Insel verlassen hatten. Obwohl Hausmäuse weniger Krankheiten übertragen als Ratten, können sie Vorräte plündern und verschmutzen. Sowohl die Wanderratte wie die Hausmaus werden häufig als Labortiere gehalten und dienen der medizinischen und wissenschaftlichen Forschung.

## PFERDESPRINGER

In den Wüsten der Alten Welt, von der Sahara bis zur Wüste Gobi, leben 32 Arten von Springmäusen. Trotz des ähnlichen Aussehens sind sie nicht näher mit den Kängururatten verwandt. Der winzige Pferdespringer kann hervorragend graben; zum Schutz buddelt er sich immer wieder neue Tunnel.

## BLINDMÄUSE

Als Anpassung an ihr Leben unter der Erde haben Blindmäuse weder Ohrmuscheln noch Augen. Sie graben vorwiegend mit den Zähnen. Blindmäuse leben als gefürchtete Ernteschädlinge in den Steppen von Osteuropa und Russland.

## WIESENHÜPFMAUS

Die Hüpfmäuse, die nahe mit den Birkenmäusen verwandt sind, leben in Nordamerika. Die Wiesenhüpfmaus hält sich vorwiegend in feuchten Wiesen und Gebüschen auf. Auf der Flucht vor Feinden macht sie bis 1 m weite Sprünge.

Wühlmäuse kommen in den kühleren Regionen von Nordamerika, Europa und Asien vor. Es sind mäuseartige Tiere mit kleinen, eng stehenden Augen, kleinen Ohren – sie fallen zwischen dem dicken Fell oft kaum auf – und kurzen Schwänzen. Anders als die echten Mäuse sind sie auch am Tag aktiv. Wühlmäuse legen flache Gänge direkt unter der Erdoberfläche an, verbringen aber viel Zeit zwischen den Stängeln von Gras oder anderen dicht stehenden Pflanzen, von denen sie leben. Bei vielen Arten wachsen die Backenzähne ständig weiter, da sie durch die harte Nahrung kontinuierlich abgerieben werden.

Die meisten Wühlmäuse sind sehr fruchtbar. Ein einziges Weibchen kann während des Sommers mindestens vier Würfe Junge bekommen. Da die Jungen bereits nach einem Monat selbst Babys bekommen, entstehen rasch sehr viele Nachkommen, von

## ERDMAUS

Die Erdmaus legt flache Wege zwischen den Stängeln von Gräsern an. Die kurzsichtige Erdmaus kennt ihr sehr kleines Revier ganz genau und findet sich darin wahrscheinlich mit Hilfe ihres Geruchssinnes zurecht.

*Die Wege im Gras weisen auf das Revier einer Erdmaus hin.*

## RÖTELMAUS

Rötelmäuse kommen überall zurecht. Sie haben viele Lebensräume erobert, von kühlen Mooren bis zu Gebüschen oder Wäldern. Auch bei der Nahrung sind sie nicht wählerisch – sie fressen Insekten, Samen und Nüsse. Rötelmäuse können gut klettern und legen ihre Wintervorräte häufig in alten Vogelnestern oder auf niedrigen Ästen ab.

*Die Rötelmaus benutzt ein altes Vogelnest als Vorratslager.*

## BISAMRATTE

Die Bisamratten leben in der Nähe von Wasser. Sie sind in Nordamerika weit verbreitet, bis auf einige Südstaaten und das arktische Kanada. Neben Teichen oder Flüssen bauen sie einen Bau aus Schlamm und Wasserpflanzen. Bisamratten fressen fast alle Wasserpflanzen, dazu gelegentlich Flusskrebse, Frösche oder Fische.

Wegen ihres dichten, wertvollen Pelzes wurden Bisamratten nach Pelztierfarmen nach Europa eingeführt. Einige sind daraus entkommen; in einigen Teilen von Frankreich kommen sie nun häufig vor.

*Der Bau einer Bisamratte kann über 2 m breit und 1,50 m hoch sein.*

## SCHNEEMAUS

Oberhalb der Baumlinie in den Gebirgen von Süd- und Osteuropa leben zwischen Geröll und niedrigen Pflanzen isolierte Gruppen von Schneemäusen. Sie sind häufig beim Sonnenbaden zu beobachten und sind an den großen Schnurrbärten und dem langen Schwanz leicht zu erkennen. Schneemäuse fressen Pflanzen und ihre Samen, im Herbst auch die Früchte und Zweige kleiner Sträucher.

## SCHERMAUS

Schermäuse leben in und am Wasser. Obwohl sie gut schwimmen, haben sie weder abgeplattete Schwänze noch Schwimmhäute zwischen den Zehen. In anderen Regionen legen sie komplizierte Baue in Feldern an. Sie werden in der Dämmerung aktiv und suchen nach Gräsern, Seggen und Wurzeln sowie nach Getreide.

*Gelegentlich verzehren Schermäuse auch einen toten Fisch.*

## BERGLEMMING

Berglemminge (rechts) kommen nur in Skandinavien vor. Sie sind kräftiger gefärbt als die Arten in den Tundren von Europa, Asien und Nordamerika. Alle paar Jahre vermehren sie sich stark und viele der Tiere wandern auf der Suche nach neuen Lebensräumen ab. Obwohl dabei viele beim Durchqueren von Flüssen und Seen ertrinken, gehen sie nicht bewusst in den Tod, wie häufig vermutet wird.

denen viele den nächsten Winter überleben. Geht das vier Jahre so weiter, entwickeln sich die Wühlmäuse zur Plage. Ihr angestammter Lebensraum bietet nicht mehr genug Nahrung und Unterschlupf für alle – die Tiere werden aggressiver. Sie wandern in Scharen fort, um neue Lebensräume zu suchen; viele von ihnen erreichen schlechter geeignete Regionen und sterben. Die übrigen werden von den Raubtieren, die in solchen Jahren reichlich Beute machen, dezimiert. Schließlich nimmt sowohl die Zahl der Wühlmäuse wie die ihrer Feinde stark ab – der Vermehrungskreislauf beginnt von neuem.

## FAMILIENMERKMALE

# Stachelschweinverwandte

*Familien:*
Hystricidae (Alte Welt)
Erethizontidae (Neue Welt)

*Zahl der Arten:* 21

*Artnamen (Beispiele):*
Nordamerikanischer
  Baumstachler: *Erethizon
  dorsatum*
Eigentliche Stachel-
  schweine: *Hystrix-Arten*

*Kleinste Art:*
Pinselstachler
  Länge Kopf/Körper: 48 cm
  Schwanzlänge: 23 cm
*Größte Art:*
  Nordafrikanisches
  Stachelschwein
  Länge Kopf/Körper: 93 cm
  Schwanzlänge: 17 cm

*Tragzeit:* 90–100 Tage (Alt-
weltarten) über 200 Tage
(nordamerikanische Arten,
Baumstachler)

*Zahl der Jungen:* 1 oder 2

*Lebenserwartung:* 10–20 Jahre

### KRAFTVOLLER SCHÄDEL

Das Nordafrikanische
Stachelschwein hat den
kräftigsten Schädel aller
Nagetiere. Mit seinen
riesigen Schneidezähnen

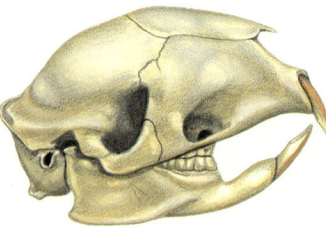

kann es die Rinde von sehr
großen Bäumen abnagen –
vorwiegend im Winter,
wenn es keine Blätter
findet. Wenn es Minera-
lien braucht, nagt es
Knochen und Hirsch-
geweihe ab. Stößt es auf
Holz mit Schweißgeruch,
z. B. die Handgriffe von
Äxten oder Spaten,
zerkleinert es sie bis auf
Holzsplitter.

Die meisten großen Nagetiere flüchten vor Raubtieren ins Wasser, die Stachelschweine wehren sich statt dessen: Ihre langen, spitzen Stacheln schützen sie vor fast allen Raubtieren, sogar vor Löwen oder Bären. Ähnlich wie bei den Igeln bestehen die Stacheln aus stark verdickten, hohlen Haaren. Sie messen bis 3 mm im Durchmesser und sind beim Nordafrikanischen Stachelschwein bis 35 cm lang. Die Zahl der Stacheln schwankt – so hat der Nordamerikanische Baumstachler über 30 000 Stacheln.

Die Stacheln der Babys sind bei der Geburt noch weich, härten aber rasch aus, manchmal schon innerhalb von Stunden. Die meisten kleinen Stachelschweine werden schnell entwöhnt, amerikanische Baumstachler

### STACHELN

Länge und Form der
Stacheln sind je nach Art
verschieden. Einige kleine,
tropische Arten haben
vorwiegend flache Stacheln
mit Rillen, andere verteidigen
sich mit spitzen Stacheln. Bei
einigen nordamerikanischen
Arten tragen die Stacheln
Widerhaken. Die Stachel-
schweine der Alten Welt
rasseln mit den Stacheln
um Raubtiere zu vertreiben.

### NÄCHTLICHE JAGD

Stachelschweine gelten als
kurzsichtig, können aber
gut hören und riechen. Meist
verlassen sie erst in der Nacht
ihre Felsenhöhlen oder Baum-
löcher, in denen sie den Tag
verbracht haben. Da man in
der Nähe ihrer Baue häufig
Knochen findet, fressen sie
wahrscheinlich Aas oder nagen
auf Knochen herum, um an
das notwendige Kalzium zu
kommen. Ihr wichtigste
Nahrung sind jedoch Pflanzen,
daher kommen sie häufig in
Konflikt mit Menschen, weil
sie Ernte und Bäume schädigen. Im Wald macht es kaum
etwas aus, wenn sie Rinde
abnagen, bei Obst- oder Zier-
bäumen können sie jedoch
großen Schaden anrichten. In
anderen Regionen werden sie
wegen ihres schmackhaften
Fleisches gejagt, daher hat man
sie teilweise bis an den Rand
der Ausrottung vernichtet.

*Ein Nordafrikanisches Stachel-
schwein ist nachts mit seinen Babys
unterwegs. Es lebt in den Savannen
von Nordafrika.*

### WINTERNAHRUNG

Selbst in den kältesten
Regionen ihres Verbrei-
tungsgebietes halten Sta-
chelschweine keinen Win-
terschlaf. Allerdings wird
im Winter ihre Pflanzen-
nahrung knapp. Die nord-
amerikanischen Arten
fressen dann vorwiegend
Kiefernnadeln und reißen
mit den kraftvollen
Nagezähnen die äußere,
harte Borke von Bäumen
auf. Sie sind an den nahrhaften, weichen Rinden-
schichten der Kiefern,
Tannen und Zedern inte-
ressiert, die unterhalb der
Borke liegen.

## WIRKSAME VERTEIDIGUNG

Wenn ein Stachelschwein vor Angst oder bei einem Angriff seine Stacheln aufrichtet, erscheint es fast doppelt so groß. Da die Stacheln nur locker in der Haut sitzen, reißen sie bei jeder Berührung sofort ab. Wegen ihrer Widerhaken dringen die Stacheln der nordamerikanischen Baumstachler immer tiefer ins Fleisch der Angreifer ein und können bis zum Tod führen, wenn sie auf ein lebenswichtiges Organ treffen. Um die Abschreckung zu steigern, tragen einige Stachelschweine der alten Welt dünnwandige „Rasselstacheln" auf dem Schwanz. Wird der Schwanz bewegt, entsteht ein raschelndes Geräusch.

*Dieser Bär war unklug; in seiner Schnauze stecken zahlreiche Stacheln.*

*Stachel des Nordamerikanischen Baumstachlers (unten).*

*Unter den langen, rauen Fellhaaren des Nordamerikanischen Baumstachlers sind die Stacheln kaum zu sehen.*

*Die Babys der Baumstachler (unten) haben lange Haare und kurze, weiche Stacheln.*

bekommen schon nach zwei Wochen keine Milch mehr. Allerdings bleiben die Jungen manchmal in der Familiengruppe.

Die gut geschützten Stachelschweine bewegen sich langsam und sind nicht aggressiv. Da die längeren Stacheln sehr locker in der Haut sitzen, brechen sie leicht ab. Daher muss jedes Tier, das sich zu nahe heranwagt, damit rechnen, eine Ladung Stacheln in Pfote oder Schnauze zu bekommen. Die Stacheln einiger Arten sind sogar mit Widerhaken besetzt, die im Fleisch des Angreifers stecken bleiben: Lahme Pfoten oder eine verletzte

### QUASTENSTACHLER

Die Quastenstachler sind in Südostasien und Teilen von Afrika verbreitet. Sie sind deutlich kleiner als das Nordafrikanische Stachelschwein und haben flache, gerillte Stacheln. Ihre Reviere, in denen kleine Familiengruppen leben, markieren sie mit Kot. Quastenstachler sind sehr anpassungsfähig.

Sie fressen nicht nur Wurzeln, Blätter und Früchte vieler Pflanzen, sondern auch das Fleisch von Insekten und Aas. Auf der Suche nach Nahrung bewegen sie sich schneller als andere Stachelschweine und können sogar schwimmen, klettern und springen. Ihr langer Schwanz ist sehr brüchig und fällt häufig ab.

*Quastenstachler leben in flachen Bauen.*

### GREIFSTACHLER

Greifstachler leben in den Bäumen tropischer Wälder von Süd- und Mittelamerika. Sie klettern gut, aber langsam; jede Nacht legen sie auf der Suche nach Blättern, Früchten und weicher Rinde rund

700 m zurück. Die breiten Sohlen ihrer Hände und Füße (rechts) sind mit rauer Haut bedeckt, sodass sie sicher zugreifen können.

Schnauze sind die Folge. Nur einige große Raubtiere – von großen Eulen bis zu Katzen – kennen den Trick, wie man dennoch an das Fleisch der Stachelschweine kommt: Sie werfen das Stachelschwein auf den Rücken und greifen vom ungeschützten Bauch her an. Der Fischermarder geht auf diese Weise vor und wurde deswegen in einigen Staaten der USA angesiedelt. So nahm die Zahl der Baumstachler in Nordmichigan um 76 % ab – 13 Jahre, nachdem der Fischermarder eingeführt wurde.

### NORDAMERIKANISCHER BAUMSTACHLER

Sein Greifschwanz, Füße mit runzliger Haut und lange, gebogene Krallen machen den Nordamerikanischen Baumstachler zu einem sicheren, aber langsamen Kletterer, der in Bäumen nach Nahrung und Schutz sucht. Obwohl er sehr gut balancieren kann, springt er nicht von Ast zu Ast. Manchmal baut er seinen Unterschlupf auf Bäumen, häufiger jedoch am Boden. Beim Schwimmen nutzt er seine mit Luft gefüllten Stacheln wie eine Schwimmweste. Die Babys – meist nur eines – kommen im Frühsommer zur Welt.

**NAGETIERE 12**

| **FAMILIENMERKMALE** |
|---|

# Südamerikanische Nagetiere

*Familien:* 11 Familien, die nur in Südamerika vorkommen

*Zahl der Arten:* etwa 155
*Artnamen (Beispiele):*
Meerschweinchen:
  *Cavia-Arten*
Wasserschwein, Capybara:
  *Hydrochoeris hydrochaeris*

*Kleinste Art:* mehrere maus-artige Formen, wie die Viscachas, die nur rund 100 g wiegen
*Größte Art:* Wasserschwein
Länge Kopf/Körper:
  bis 130 cm
Schulterhöhe: 30 cm
Gewicht: bis 70 kg

*Tragzeit und Zahl der Jungen:*
Viele südamerikanische Arten haben lange Trag-zeiten; sie bringen wenige, aber weit entwickelte Junge zur Welt

Wie das heutige Australien war auch der südamerikanische Kontinent fast während der ganzen letzten 60 Millionen Jahre eine Insel. Als er sich von den anderen Urkontinenten trennte, lebten dort noch keine Nagetiere – und so blieb es für Millionen von Jahren. Die ältesten Nagetier-Fossilien aus Patagonien sind 40 Millionen Jahre alt. Wahr-scheinlich gelangten diese Tiere auf einem riesigen Floß aus Bäumen und Pflanzen von Afrika mit der Meeresströmung nach Südamerika. Neben kleinen Nagetieren reisten auch einige Affen, die sich während der Reise von den Pflanzen ernährten, auf den neuen Kontinent – wahr-scheinlich war die Reise gar nicht so schlimm. Als sie Südamerika er-reichten, sahen sie sich keinen Konkurrenten gegenüber und konnten sich daher in ziemlich kurzer Zeit zu vielen Formen weiterentwickeln.

## MOKOS ODER FELSEN-MEERSCHWEINCHEN

Felsenmeerschweinchen leben in felsigen Regionen von Ostbrasilien. Die Männchen besetzen einen Steinhaufen als Revier und scharen mehrere Weibchen als Harem um sich, die da-rin Schutz suchen. Abends verlassen die Mokos ihr Versteck und suchen nach zarten Blättern – sie können sogar auf Bäume klettern.

## MEERSCHWEINCHEN ALS HAUSTIERE

Die ersten Meerschwein-chen wurden bereits vor 3000 Jahren aus wilden Vorfahren gezüchtet. Ihr Fleisch wird an einigen Orten noch immer geges-sen, bekannter sind sie aber als Haus- und Labor-tiere, deren Fell sich deutlich von dem der wilden Meerschweinchen unterscheidet.

## VISCACHA

Die Viscachas graben in den einsamen Pampas von Argentinien riesige Baue, die von mehreren Genera-tionen, sogar von anderen Tieren, benutzt werden. Ein solcher Bau hat bis zu dreißig Eingänge und

### WILDE MEERSCHWEINCHEN

Meerschweinchen kommen wild in Sümpfen, Savannen und Gebirgen vor. Jeweils etwa zehn Tiere bilden eine Gruppe, die einen selbst gegrabenen Bau bewohnt – manchmal nutzen auch sie fertige Höhlen anderer Tiere. Ihre kleinen Reviere überschneiden sich etwas. In jeder Gruppe gibt es eine männliche und eine weibliche Rangordnung. Meerschweinchen verstän-digen sich durch Zirpen und Quietschen und knir-schen bei Gefahr mit den Zähnen. In der Dämme-rung suchen sie nach Pflan-zennahrung. Einige Arten bekommen das ganze Jahr über Babys; sie bringen aber nur wenige, weit ent-wickelte Junge zur Welt.

## CHINCHILLA

Chinchillas sind Tiere der hohen Anden; dort finden sie Schutz in Felsspalten und Löchern. Nachts ge-hen sie auf die Suche nach Pflanzen. Ihr bemerkens-wertes Fell hält sie auch bei Kälte warm: Aus einer einzigen Haarwurzel wachsen bis zu 60 Fell-haare. Früher wurden sie wegen dieses Fells gejagt, heute sind sie sehr selten und der Handel mit ihrem Pelz ist verboten.

meterlange Gänge, die von einer runden Kammer ausgehen. Viscachas schmücken die ausgegrabene Fläche mit Knochen und Stöcken.

*Das Mara trägt an jedem der drei Finger des Hinterbeins eine hufartige Kralle.*

### MARAS ODER PAMPASHASEN

Auf den ersten Blick erin-nern die Maras an winzige Antilopen. Bei Gefahr flüch-ten sie tatsächlich mit einer Geschwindigkeit von 45 km/h. Nur wenn sie sich hin-setzen, erinnern sie an Hasen; manchmal falten sie auch die Vor-derbeine wie eine Katze ein. Maras leben in unterirdischen Höhlen, gerne beziehen sie die Baue von Viscachas. Am Tag kommen sie heraus um nach harten Gräsern zu suchen.

## ACOUCHI

Acouchis leben in den ungestörten Regenwäldern des Amazonasgebietes. Kleine Familiengruppen aus einem Männchen, Weibchen und ihren Jungen teilen sich einen Bau. Das kann ein hohler, mit Blättern ausgepolsterter Baumstamm sein oder die alte Erdhöhle eines Gürteltieres. Jedes Tier hat ein eigenes Streifgebiet:

Weibchen bevorzugen dichtere Vegetation, Männchen offenes Gelände. Da die Tiere wegen ihres Fleisches gejagt wurden, sind sie lokal selten geworden.

## PAKARANA

Die Pakaranas bevorzugen die höher gelegenen oder trockeneren Teile der südamerikanischen Regenwälder. Sie wiegen bis zu 15 kg, klettern aber geschickt auf Bäumen herum. Sobald sie einen sicheren Schlafplatz hoch über dem Boden erreichen, klammern sie sich mit den großen Krallen fest. Als Nahrung bevorzugen sie weiche Blätter und Früchte.

Ähnliche Arten gibt es nirgendwo auf der Erde. Heute kommen zehn Familien von Nagetieren ausschließlich in Südamerika vor. Als sich sehr viel später die Landbrücke nach Nordamerika bildete, wanderten einige Mäuse und Hörnchen nach Süden, die sich zu besonderen, südamerikanischen Formen entwickelten. Etwa gleichzeitig fand eine südamerikanische Stachelschweinart den Weg nach Norden. Sie besiedelte große Teile von Nordamerika und unterscheidet sich völlig von ihren Verwandten in der Alten Welt. Die meisten südamerikanischen Nagetiere sind klein, obwohl hier mit dem Capybara auch das größte aller Nagetiere lebt. Als sich die eingewanderten Nager zu neuen Arten entwickelten, waren die Lebensräume für große Pflanzen-

### NUTRIA

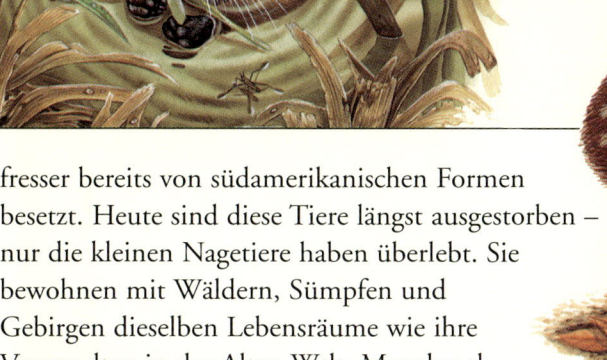

Die Sumpfbiber oder Nutrias kommen in der südlichen Hälfte von Südamerika vor. Hier finden sie die stehenden oder langsam fließenden Gewässer, in denen sie schwimmen und ihre Schilfnester oder Höhlen anlegen. Nutrias wagen sich erst in der Dämmerung aus dem Versteck und suchen nach Wasserpflanzen und Wurzeln. Die Babys werden mit offenen Augen und mit Fell geboren; sie bleiben etwa zwei Monate bei ihrer Mutter. Man hat den Nutria wegen seines weichen, wasserdichten Fells gejagt, daher ist er an manchen Orten sehr selten geworden. Allerdings konnte er auch aus Pelztierfarmen entkommen und kommt nun in einigen Teilen von Europa und Nordamerika vor.

fresser bereits von südamerikanischen Formen besetzt. Heute sind diese Tiere längst ausgestorben – nur die kleinen Nagetiere haben überlebt. Sie bewohnen mit Wäldern, Sümpfen und Gebirgen dieselben Lebensräume wie ihre Verwandten in der Alten Welt. Manchmal sehen sie einander sogar recht ähnlich.

Allerdings flitzen viele der mausartigen Nager auf längeren, schlanken Beinen umher. Bei einigen Arten haben sich die Krallen zu Hufen entwickelt; dennoch graben sie sich noch immer ausgedehnte Baue in der Erde. Viele der im Wald lebenden Nagetiere wurden von den Ureinwohnern des Amazonasgebietes gejagt. In einigen Fällen wurden Mensch und Nagetier sogar stärker voneinander abhängig als in anderen Teilen der Welt.

(weiter auf S. 98)

## AGUTI

Obwohl sie meist in der Nähe von Wasser leben, sind die Agutis Landtiere, die auf schlanken Beinen vor ihren zahlreichen Feinden davonlaufen – auch vor den Menschen. An ihren Füßen sitzen hufartige Krallen, sie können aber mit den Vorderpfoten Blätter und Früchte festhalten.

## PAKA

Pakas sind etwas kleiner als Pakaranas. Sie bewohnen als Einzelgänger die feuchteren Regionen des Regenwaldes, können gut schwimmen und flüchten bei Gefahr ins Wasser. Obwohl sie verschiedene Pflanzen fressen, scheinen sie Avocados und Mangos besonders zu mögen, daher halten sie viele Landwirte für Schädlinge. Da sie außerdem wegen ihres Fleisches getötet werden, sind sie überall selten geworden.

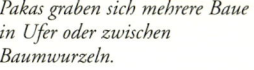

*Pakas graben sich mehrere Baue in Ufer oder zwischen Baumwurzeln.*

# CAPYBARA

Wasserschweine oder Capybaras sind die größten Nagetiere der Welt. Sie sind von Mittel- bis Südamerika und bis zu den Anden verbreitet und halten sich stets in der Nähe von Wasser auf. Wo sie nicht von den Menschen gestört werden, sind sie während der hellen Morgen- und Abendstunden aktiv und ruhen während der größten Tageshitze. Fühlen sie sich von den Menschen bedrängt, kommen sie erst nachts heraus. Capybaras fressen vorwiegend Landpflanzen – manchmal gemeinsam mit Weidevieh –, mögen aber auch Wasserpflanzen, Melonen und Kürbisse. Bei Gefahr verstecken sie sich im Wasser. Beim Schwimmen schauen nur Augen, Ohren und Nasenlöcher aus dem Wasser, außerdem können sie tauchen. Wasserschweine leben gewöhnlich in Familiengruppen – Fremde sind nicht willkommen. Gelegentlich schließen sich größere Gruppen aus mehreren Männchen, Weibchen und ihren Jungen zusammen. Innerhalb der Gruppen herrscht eine strenge Rangordnung: Sie werden von einem Männchen angeführt, das seine Stellung durch Kämpfe verteidigt. Je nach Klima bringen Wasserschweine einmal pro Jahr, aber zu unterschiedlichen Zeiten, ihre Jungen zur Welt.

*Männliche Capybaras tragen am Ende ihrer Schnauze eine Drüse, die eine ölige Substanz bildet; damit markieren sie die Pflanzen in ihrem Revier.*

## DEGU

Degus kommen in Mittelchile besonders häufig vor. Sie gleichen großen Mäusen und graben komplizierte Tunnelsysteme. Ihr Revier markieren sie mit Häufchen aus Zweigen, Steinen und Kot. Sie fressen Samen und Pflanzen und können sich zu Ernteschädlingen entwickeln. Werden sie beim Schwanz gepackt, drehen sie sich herum, bis die Haut zerreißt und der Schwanz abbricht.

Meerschweinchen sind leicht zu halten; sie werden als Haustiere exportiert oder als Fleischlieferanten genutzt. Das Fell des Sumpfbibers wird als „Nutria" vermarktet; die Tiere werden auch in Pelztierfarmen von Nordamerika und Europa gehalten. Wo sie in diesen Ländern in die Freiheit entkommen konnten, haben sie sich teilweise zu Schädlingen entwickelt, da sie tiefe Gänge in die Uferböschungen von Flüssen graben. Auch Chinchillas werden in Pelztierfarmen gezüchtet. Die Fellhaare dieses kleinen Gebirgstieres sind so einzigartig, dass man daraus kostbare und sehr teure Pelze herstellt. Da Chinchillas in ihrer Heimat sehr stark bejagt wurden, kommen sie in den Anden kaum noch wild vor.

### TUKOTUKO

Tukotukos oder Kammratten graben sich Gänge in trockenen Savannen. Sie kommen nur selten an die Oberfläche, da sie die Pflanzen einfach nach unten ziehen. Sie graben mit den Fußkrallen und nagen sich mit den mächtigen Nagezähnen durch Wurzeln hindurch, die im Weg stehen.

### STACHELRATTE

Ihren Namen verdankt die Stachelratte den steifen Fellhaaren auf ihrem Rücken, ist allerdings mit den echten Ratten nicht näher verwandt. Stachelratten leben in kleinen Gruppen in Wäldern oder auf Lichtungen, stets in der Nähe von Wasser. Nachts verlassen sie ihr Versteck in hohlen Bäumen oder einem Bau und suchen nach Früchten, Nüssen und anderen Pflanzen.

---

## FAMILIENMERKMALE

# Australasiatische Nagetiere

**Familie:** Muridae

*Zahl der Arten:* 64
*Artnamen (Beispiele):*
Australische Schwimmratte:
*Hydromys chrysogaster*
*Pseudomys delicatulus*

*Kleinste Art:*
Pseudomys delicatulus
Länge Kopf/Körper: 5–8 cm
Schwanzlänge: 5–8 cm
Gewicht: 6–15 g
*Größte Art:*
Australische Schwimmratte
Länge Kopf/Körper: 31 cm
Schwanzlänge: 29 cm
Gewicht: 755 g

*Population:* wie bei den Beuteltieren nimmt auch die Zahl der endemischen Nagetiere seit etwa 1800 kontinuierlich ab

Pseudomys delicatulus
*ernährt sich von Grassamen.*

Nagetiere sind erst sehr spät nach Australien eingewandert – viel später als die Eier legenden Säugetiere und die Beuteltiere. Daher stammen sie fast alle von einer sehr kleinen Gruppe von Nagern ab, vielleicht sogar von einer einzigen Art. Vermutlich trieb die Gruppe vor 15 Millionen Jahren auf einem Floß aus Bäumen von Südostasien nach Australien. Seit damals haben sie sich über den ganzen Kontinent verbreitet. Es gibt Land-, Wasser- und Waldtiere, die sich untereinander allerdings nicht so deutlich unterscheiden wie auf anderen Kontinenten. Vor etwa 1 Million Jahren unternahmen einige rattenähnliche Tiere dieselbe Reise; heute sind sie durch nur sieben Arten vertreten. Sehr viel später brachten die Menschen Hausmaus und Ratten ins Land, die heute noch genauso aussehen wie überall auf der Welt.

### KIESELMAUS

Die Kieselmaus kommt nur in einer kleinen Region im Grasland Westaustraliens vor. Sie schleppt Kieselsteine von ihrem halben Körpergewicht im Mund herbei und schichtet sie zu Nisthügeln auf, die 9 m² groß sein können.

### PSEUDOMYS DELICATULUS

Dieses winzige Nagetier hat etwa die Größe einer Hausmaus. Es bewohnt offene Wälder und Grasland im Norden von Australien. Es verbringt den Tag in einem hohlen Baum oder einem Bau; nachts sucht es nach Nahrung. *Pseudomys delicatulus* bringt im Juli oder August zwei bis vier Junge zur Welt.

### AUSTRALISCHE SCHWIMMRATTE

In der Regel lebt die Australische Schwimmratte an Flüssen oder Seen, kommt aber auch am Meeresstrand vor. Kleine Schwimmhäute zwischen den hinteren Zehen und ein dickes, wasserdichtes Fell machen sie zu einem guten Schwimmer. Anders als die übrigen Nagetiere Australiens verlässt es seinen Bau in der frühen Abenddämmerung und sucht nach kleinen Tieren, von Insekten bis Wasservögeln. Meist verzehrt es seine Beute an besonderen Fressplätzen.

## BLESSMULL

Mulle leben unterirdisch in sandigen Böden. Beim Graben lockern sie den Boden mit den kräftigen Nagezähnen. Wie seine Verwandten ist der Blessmull kurzsichtig und hat winzige Ohren. Er lebt vorwiegend von Wurzeln und Knollen, die er in einer unterirdischen Speisekammer lagert.

# Afrikanische Nagetiere

Die meisten afrikanischen Nagetiere sind mit den anderen Arten der Alten Welt verwandt, denn ihre Vorfahren konnten zwischen den nahen Landmassen von Afrika, Europa und Asien hin und her wandern. Sobald eine Gruppe einen neuen Lebensraum besiedelt hatte, entwickelten sich rasch neue Arten, die sich an die herrschenden Bedingungen anpassten. Dennoch kann man die Verwandtschaft noch gut erkennen. Daher sind afrikanische Stachelschweine mit jenen in Indien oder Borneo verwandt, während die südeuropäische Art dem afrikanischen Stachelschwein entspricht. Es gibt aber auch einige Arten, die nicht in das allgemeine Schema der Nagetiere passen, darunter Mulle, Rohrratten und Gundis. Auch die afrikanischen Riesenhamsterratten gehören zur weltweiten Familie der Ratten und Mäuse.

**Familien:** mindestens fünf Familien kommen nur in Afrika vor

**Zahl der Arten:** 17 (dazu Hunderte, die zu anderen Familien gehören)
**Artnamen (Beispiele):**
Nacktmull: *Heterocephalus glaber*
Blessmull: *Georychus capensis*
Rohrratte: *Thryonomis gregorianus*
Gundi: *Ctenodactylus*-Arten

**Kleinste Art:**
Nacktmull
Länge Kopf/Körper: 8–9 cm
Schwanzlänge: 3–4 cm
durchschnittliches Gewicht: 35 g
**Größte Art:**
Rohrratte
Länge Kopf/Körper: 35–60 cm
Schwanzlänge: bis 26 cm
Gewicht: bis 9 kg

**Verbreitung:** große Teile Afrikas, meist südlich der Sahara

## NACKTMULL

Die Nacktmulle sind in den Trockengebieten von Ostafrika verbreitet. Sie leben in Kolonien, die von einem Weibchen geführt werden; nur sie bekommt Nachwuchs. Diese „Königin" verlässt fast nie ihre unterirdische Wohnkammer, wo sie zusammen mit Jungen und nicht arbeitenden Koloniemitgliedern lebt.

Andere, kleinere Tiere, die aber nicht jung sein müssen, arbeiten ständig daran, den Bau der Kolonie zu vergrößern. Die Nahrung, die sie dabei finden, schleppen sie zur Königin und ihren Mitbewohnern.

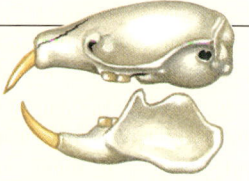

*An dem Schädel fallen die mächtigen Nagezähne auf, mit dem die Nacktmulle graben.*

## GAMBIA-RIESEN-HAMSTERRATTE

Die Gambia-Riesenhamsterratten leben in Wäldern und im Buschland von Ostafrika. Sie haben kleine Augen, verlassen sich aber eher auf ihren Geruchssinn. Sie können klettern und schwimmen und graben ihren eigenen Bau, der aus mehreren Vorratskammern und einer Schlafkammer besteht. Als Nahrung dienen ihnen Pflanzen und kleine Tiere.

## ROHRRATTEN

Die ostafrikanischen Rohrratten leben in kleinen Familiengruppen. Meist suchen sie Schutz in den Bauen anderer Tiere, können aber auch selbst Gänge graben. Rivalisierende Männchen bekämpfen sich durch Nasendrücken. Sobald einer nachgibt, wirft ihn der andere um. Rohrratten fressen vorwiegend Gras, viele schädigen aber die Ernten. Um Rohrratten abzuwehren, werden manchmal ihre

größten Feinde, die Pythonschlangen, unter Naturschutz gestellt. Da das Fleisch der Rohrratten sehr schmackhaft ist, ist geplant, sie als Nahrung für Menschen zu züchten.

## GUNDI

Gundis oder Kammfinger bewohnen die Halbwüsten Nordafrikas. Sie leben in Felsspalten und halten während der kühleren Stunden Sonnenbäder auf Vorsprüngen. Sie fressen alle Arten von Pflanzen.

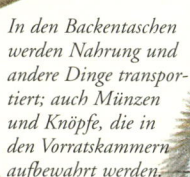

*In den Backentaschen werden Nahrung und andere Dinge transportiert; auch Münzen und Knöpfe, die in den Vorratskammern aufbewahrt werden.*

# WALE UND DELFINE

**1 3**

Von allen Säugetierarten, die während der letzten 200 Millionen Jahre auf dieser Erde lebten, weichen Wale und Delfine am stärksten vom allgemeinen Bauplan ab. Sie sind zwar warmblütig, atmen Luft und säugen ihre Jungen mit Milch, haben sich aber vollständig an ein Leben im Wasser angepasst. Sie sterben, wenn sie das Wasser für längere Zeit verlassen. Statt eines Fells – die meisten Arten tragen nur

einige Borstenhaare um den Mund – wärmt sie eine enorme Fettschicht direkt unter der Haut. Auch ihre Beine sind fast völlig verschwunden: Sie schwimmen mit einer waagerecht stehenden, knochenlosen Fluke (Schwanzflosse). Die Vorderbeine ihrer an Land lebenden Vorfahren wurden zu Flossen, während von den Hinterbeinen nur ein paar Knochen übrig blieben, die von außen nicht mehr sichtbar sind.

## DATEN ZUR ORDNUNG

**Ordnung: Cetacea oder Waltiere (der Name geht auf die griechische Bezeichnung für ein spezielles Fett im Kopf der Pottwale zurück)
Familien: 13
etwa 80 Arten in 41 Gattungen**

2 Unterordnungen:
Zahnwale und Bartenwale

**WALE UND DELFINE  1 3**

## FAMILIENMERKMALE

*Familien:* 13

*Kleinste Art:* Indoasiatischer Glatttümmler
Länge: etwa 1,50 m
Gewicht: etwa 35 kg
*Größte Art:* Blauwal
Länge: bis 33 m
Gewicht: 100–120 t
(Rekord: 180 t)

*Zahl der Jungen:* 1 (selten 2; eines wird dann meist tot geboren)

*Lebenserwartung:* 20–100 Jahre

*Verbreitung:* in allen Weltmeeren; Flussdelfine in Südamerika, Südasien, China

**W**ale und ihre kleineren Verwandten, die Delfine und Schweinswale, leben in allen Weltmeeren von den Tropen bis zu den Polarregionen. Ihr Körper ist stromlinienförmig, sie haben glatte Haut und nach oben auf den Kopf verschobene Nasenlöcher oder „Spritzlöcher". Da das Wasser einen Teil ihres Gewichtes trägt, sind selbst die kleinen Arten im Verhältnis zu Landtieren ziemlich groß. Die meisten Wale leben in Familiengruppen (Schulen) zusammen. Sie bleiben auch über größere Entfernungen durch Töne in Kontakt.

## MARKIERUNGSPFEILE

Solche Markierungspfeile werden in den Blubber der Wale geschossen, ohne sie zu verletzen. Früher benutzten Walfänger diese Pfeile um Aufschluss über den Verbleib eines Wals zu erhalten. Heute werden die Daten an Satelliten gesendet, damit man die Position eines markierten Wales weltweit bestimmen kann.

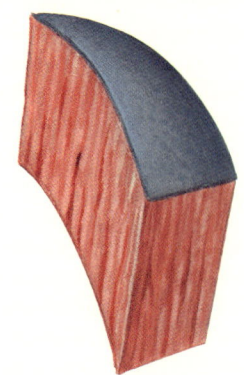

## BLUBBER

Mit Ausnahme von Fluke und Flossen ist der Körper eines Wals von einer dicken Fettschicht umgeben. Dieser bis 20 cm dicke „Blubber" dient gewöhnlich als Schutz vor der Kälte. Da der Blubber jedoch von feinsten Blutgefäßen durchzogen wird, gibt ein Wal in Bewegung über die geweiteten Blutgefäße auch Wärme ab.

## ECHOORTUNG

Da sie ihre Beute im Dunkel der Meerestiefen nur schwer aufspüren können, verwenden fast alle Wale Echoortung. Dazu senden sie kontinuierlich Ultraschalltöne aus. Wale haben keine Ohrmuscheln, können aber dennoch mit Innen- und Mittelohr den Schall der vielfältigen Echos wahrnehmen und so den Aufenthaltsort der Beute bestimmen.

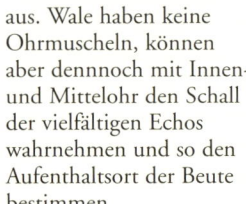

## FLUKEN

Alle Wale haben eine waagerechte Schwanzflosse, die Fluke, die nicht durch Knochen gestützt wird. Wale bewegen ihre Fluke auf und ab, sie arbeitet ähnlich wie eine Schiffsschraube.

## BLAS

**A**ls Säugetiere atmen Wale nicht mit Kiemen, sondern durch Lungen. Da sie ertrinken würden, wenn Wasser in ihre Lungen geriete, halten sie während des Tauchens die Luft an. Beim Auftauchen blasen sie kraftvoll die verbrauchte Luft aus den Blaslöchern. Im warmen Atem kondensieren Wassertröpfchen zum „Blas", so ähnlich wie unsere Atemluft an einem kalten Tag.

*Bartenwale blasen zwei Atemstrahlen aus.*

*Zahnwale blasen einen Atemstrahl aus.*

Viele Wale sind recht laut und erzeugen die unterschiedlichsten Töne. Manche, wie die Gesänge der Buckelwale oder die zwitschernden Rufe der Belugawale, können wir sogar hören. Walmütter bringen meist nur ein Baby zur Welt, das sie lange umsorgen. Bei vielen Arten werden die Jungen nur in bestimmten Regionen des Meeres geboren. Solche Wale wandern weite Strecken zwischen den Futterplätzen und der Kinderstube.

## KLEINTÜMMLER

Der Kleintümmler oder Braunfisch lebt in den küstennahen Meeren der Nordhalbkugel. Vermutlich dürfte er die Walart sein, die Menschen am ehesten zu Gesicht bekommen. Das Bild zeigt die Geburt eines Walbabys. Es wiegt etwa 7 kg und kommt, wie alle Wale, mit dem Schwanz voran zur Welt.

# Schweinswale

Schweinswale sind kleine, gedrungene Wale mit runden Köpfen und Gesichtern und einer kleinen, dreieckigen Rückenflosse. Ähnlich wie der Glatttümmler ist auch der Kleintümmler ein langsamer Schwimmer, der nahe der Küste lebt. Dagegen dürfte der Dalls-Tümmler mit 55 km/h der schnellste Wal sein. Da sich Schweinswale vorwiegend in Küstennähe aufhalten, sind sie durch Fischernetze bedroht. Man schätzt, dass allein vor der japanischen Küste jedes Jahr versehentlich 10 000 Dalls-Tümmler gefangen werden – neben Tausenden, die als Nahrung harpuniert werden.

### NAHRUNG

Walmütter säugen ihre Babys acht Monate lang mit einer sehr fettreichen Milch. Erwachsene Schweinswale halten sich gewöhnlich nahe der Meeresoberfläche auf, wo sie im Flachwasser Fische jagen. Leider sterben zahlreiche Schweinswale in den Netzen von Fischern oder Krabbenfängern.

*Rechts: Schweinswale haben bis zu 120 Zähne. Bei Jungtieren sind sie noch spitz, nutzen sich aber mit der Zeit ab.*

*Neuer Zahn*

*Abgenutzter, aber noch scharfer Zahn*

## FAMILIENMERKMALE

*Familie:* Phocoenidae oder Schweinswale

*Zahl der Arten:* 6

*Artnamen (Beispiele):*
Kleintümmler: *Phocoena phocoena;*
Dalls-Tümmler: *Phocoenoides dalli*

*Kleinste Art:* Indoasiatischer Glatttümmler
Länge: etwa 1,50 m
Gewicht: etwa 35 kg
*Größte Art:* Dalls-Tümmler
Länge: bis 2,10 m
Gewicht: bis 150 kg

*Tragzeit:* 11 Monate

**13 WALE UND DELFINE**

## CHINESISCHER FLUSS-DELFIN ODER BEIJI

Diese kleinen Delfine bewohnen gewöhnlich paarweise große Ströme und ihre Mündungen, dringen bei Flut aber auch in kleinere Gewässer vor. Obwohl sie nur 30 Sekunden lang untertauchen, nutzen sie Töne zur Verständigung und zur Ortung der Beute. Flussdelfine sind sehr selten und streng geschützt.

*Der Flussdelfin durchsucht mit dem aufwärts gebogenen „Schnabel" den Flussboden nach Nahrung.*

# Flussdelfine

Nicht alle Meeresdelfine bleiben ständig im Meer. Manche Arten wandern sogar Hunderte von Kilometern flussaufwärts. Die eigentlichen Flussdelfine verbringen jedoch ihr ganzes Leben in den mächtigen Süßwasserströmen von Südamerika, Südasien und China. Anders als bei ihren Verwandten im Meer sitzt ihr Kopf auf einem kurzen Hals. In dem schlammigem Wasser, in dem sie leben, ist die Sicht äußerst schlecht. Flussdelfine haben nur kleine Augen, dafür aber ein umso besseres Echoortungssystem. Mit den langen Schnauzen voller kleiner, spitzer Zähne fangen sie Fische und andere Flusstiere.

### LA-PLATA-DELFIN ODER FRANCISCANA

Die La-Plata-Delfine schwimmen zwar vor der ganzen südöstlichen Küste Südamerikas umher, dringen aber nur in das riesige Mündungsgebiet des La Plata ein. Dort durchwühlen sie den Schlamm nach Bodentieren, wie Fischen, Garnelen und Kalmaren. Ihre Babys sind Einzelkinder; sie werden nach zehn Monaten Tragzeit geboren und acht Monate lang gesäugt.

## FAMILIENMERKMALE

*Zahl der Familien:* 4 (jede besiedelt ein bestimmtes Flusssystem)

*Zahl der Arten:* 6

*Artnamen (Beispiele):*
Beiji: *Lipotes vexillifer*
Franciscana: *Pontoporia blainvillei*

*Kleinste Art:* La-Plata-Delfin
Länge: 1,30–1,75 m
(Weibchen sind größer)
*Größte Art:* Ganges-Delfin
Weibchen werden länger als 4 m
Gewicht: über 100 kg

*Lebenserwartung:* wahrscheinlich 30 Jahre

## FAMILIENMERKMALE

**Familie:** Delphinidae oder Eigentliche Delfine

**Zahl der Arten:** 34

**Artnamen (Beispiele):**
Gewöhnlicher Delfin:
*Delphinus delphis*
Großer Tümmler: *Tursiops truncatus*
Schwertwal: *Orcinus orca*

**Kleinste Art:** mehrere (z. B. Kapdelfin)
Länge: 1–2 m
Gewicht 50 kg
**Größte Art:** Schwertwal
Länge: 7–10 m
Gewicht: 1–2 t

**Lebenserwartung:** größere Arten bis 50 Jahre

**Verbreitung:** in allen Weltmeeren, einige Arten dringen in Flussmündungen ein

### SPINNERDELFIN

Spinnerdelfine leben in den tiefen, klaren Meeren der Tropen. Sie schwimmen bis 28 km/h schnell und lieben es, hoch aus dem Wasser zu springen und sich dabei zwei oder drei Mal um ihre Achse zu drehen, ehe sie wieder aufs Wasser klatschen. Wenn es genügend Fische gibt, können mehrere hundert Spinnerdelfine zusammentreffen. Manchmal gehen sie gemeinsam mit Thunfischen in der Tiefsee auf Jagd.

# Eigentliche Delfine

Gewöhnlich nennt man alle kleinen, schlanken Wale mit spitzer, schnabelartiger Schnauze und sichelförmig gebogener Rückenflosse „Delfin". Manche Biologen zählen auch größere Vertreter, wie den Schwertwal oder Grindwal, und Arten mit rundlicher Schnauze, wie den Melonenkopf, zu den Delfinen, weil sie einen sehr ähnlichen Körperbau haben. Meeresdelfine unterscheiden sich in vielen Punkten von den Flussdelfinen: Sie haben stromlinienförmige Körper mit dunklen Rücken und hellen Bäuchen, und häufig sind ihre Flanken mit Streifen oder Reihen von Flecken gezeichnet. Obwohl man sie auch in Küstennähe sehen kann, halten sie sich am liebsten im offenen Meer auf, wo sie sehr kräftesparend durch die Wellen nahe an der Oberfläche schießen. Delfine ernähren sich hauptsächlich von Fischen. Delfine mit spitzen Schnauzen haben bis zu 260 gleich geformte Zähne, die hervorragend zum Greifen und Halten der Beute geeignet sind.

*Der Weißseitendelfin trägt in den Kiefern seines rundlichen Kopfes bis zu 180 Zähne.*

### PAZIFISCHER WEISSSEITENDELFIN

Diese Delfine leben in den kalten Gewässern des Nordpazifiks, nähern sich aber im Winter und Frühling der Küste Kaliforniens. Vermutlich jagen mehrere Tiere gemeinsam und treiben ihre Beute zusammen, sodass kaum ein Fisch entkommt.

### GEWÖHNLICHER DELFIN

In allen warmen und gemäßigten Meeren der Welt kann man Schulen von bis zu 1000 Tieren des Gewöhnlichen Delfins beobachten. Er ist etwas kräftiger gefärbt als seine Verwandten. Die Tiere suchen gerne die Nähe von Unterwasser-Bergen: Dort steigt das nährstoffreiche Wasser auf und lockt viele Kalmare, kleine Fische und fliegende Fische an – die wichtigste Beute der Delfine. Sie gehen meist nachmittags oder nachts auf Jagd. Delfine können drei Minuten lang tauchen und suchen noch in 300 m Tiefe nach Beute. Gewöhnlich schwimmen sie mit 10 km/h, sind aber bei Bedarf 4-mal schneller.

*Die Aufwölbung am Kopf wird Melone genannt.*

### ATLANTISCHER FLECKENDELFIN

Diese Delfine halten sich vorwiegend im klaren Wasser des offenen Meeres

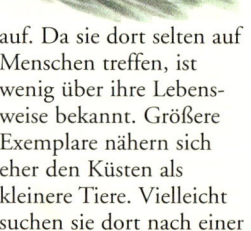

auf. Da sie dort selten auf Menschen treffen, ist wenig über ihre Lebensweise bekannt. Größere Exemplare nähern sich eher den Küsten als kleinere Tiere. Vielleicht suchen sie dort nach einer bestimmten Beute.

Delfine mit kurzen Schnauzen haben viel weniger Zähne; der Rundkopfdelfin hat sogar einen zahnlosen Oberkiefer und vorne im Unterkiefer nur etwa ein Dutzend Zähne.

Delfine lieben es, in der Bugwelle von Schiffen zu schwimmen. Sie scheinen freundlich mit Menschen umzugehen und es gibt viele Geschichten von Delfinen, die Schiffbrüchige gerettet haben. Leider geraten riesige Mengen von Delfinen in die Treibnetze von Thunfischfängern und ertrinken, andere werden als Nahrung gejagt. Daher hat die Zahl mancher Delfinarten stark abgenommen.

*Eine Gruppe von Schwertwalen bedrängt einen Bartenwal.*

## STROMLINIENFÖRMIGER KÖRPER

Alle Delfine haben stromlinienförmige Körper. Die vollkommen glatte Haut und der darunter liegende Blubber reagieren auf jede Änderung des Wasserdrucks, daher bilden sich kaum Wirbel, wenn sie schwimmen. Mit den

Vorderflossen, die noch die Knochen von Arm, Hand und Fingern enthalten, steuern sie und halten das Gleichgewicht. Nur wenn sie sehr langsam schwimmen, paddeln sie mit den Vorderflossen.

*Der Schwanz verstärkt die Bewegungen des Körpers.*

*Die Fortbewegung der Delfine gleicht dem Galopp eines Landtieres.*

## SANDUHRDELFIN

Die Sanduhrdelfine leben in den eisigen Südmeeren, weit entfernt von den Küsten. Da nur wenige Menschen ihren stürmischen Lebensraum besuchen, werden sie entsprechend selten gesichtet. Den Namen verdanken sie den ersten Forschern – sie dachten bei der Zeichnung des Körpers an eine Sanduhr. Möglicherweise sind sie Verwandte des Dunklen Delfins, der eher in der Nähe der Küste vorkommt.

## AUSSCHAU HALTEN

Im Polarmeer schauen Schwertwale aus dem Wasser und halten Ausschau nach Pinguinen oder Robben, die sich auf Eisschollen ausruhen.

Vieles von dem, was wir über Verhalten und Intelligenz von Delfinen wissen, stammt von gefangenen Tieren. Vor allem ihre Sprache wurde genau untersucht: Sie besteht aus hörbaren Gesängen und unhörbaren Ultraschalltönen. Da das Licht nur wenige Meter tief ins Meer eindringt, müssen alle Bewohner der Tiefsee mit der ewigen Dunkelheit fertig werden. Wale haben zu diesem Zweck eine leistungsfähige Echoortung entwickelt. Mit deren Hilfe weichen sie nicht nur Hindernissen aus, sondern orten auch ihre Beute. Eine besondere Form dieses Ultraschalls dient sogar als Waffe: Der Ton lähmt ein Beutetier, sodass es sich bequemer fangen lässt. Er wird aber vermutlich auch

### GROSSER TÜMMLER

Die Großen Tümmler bewohnen die flachen, warmen Gewässer in den gemäßigten Breiten der Erde. Sie sind vermutlich die bekanntesten Delfine. Tümmler wurden in Gefangenschaft ausgiebig untersucht. Vieles von dem, was wir über Verhalten und Echoortung der Wale wissen, basiert auf diesen Untersuchungen. Die großen Schulen, in denen man sie manchmal beobachten kann, bestehen aus mehreren kleineren Gruppen mit fester und strenger Rangordnung. Bei der Jagd arbeiten diese Gruppen zusammen.

bei Kämpfen um die Rangordnung oder von älteren Delfinen eingesetzt, die ein junges Tier bestrafen. Die Schwellung auf dem Kopf der Delfine wird Melone genannt. Darin enden besonders viele Nerven, die den Wasserdruck messen, außerdem dient sie vermutlich dazu, die Echosignale zu verstärken.

Delfine, die an der Oberfläche schwimmen, atmen regelmäßig ein und aus. Bei einem Großen Tümmler hat man vier Atemzüge pro Minute gemessen. Unter Wasser halten sie den Atem an – allerdings nicht länger als ein paar Minuten. Wenn sie wieder auftauchen, atmen sie ohne den typischen „Blas" der Wale aus, manchmal allerdings sehr geräuschvoll.

### ANGRIFF IM RUDEL

Die Schwertwale (siehe S. 104–105) kommen von der Arktis bis zur Antarktis in allen Weltmeeren vor. Meist schließen sie sich zur Jagd zu Gruppen von bis zu 40 Tieren zusammen. Sie ernähren sich von Kalmaren, Robben, Delfinen, aber auch

von Fischen. Gelegentlich greifen sie sehr große Wale an und versuchen, deren Zunge zu packen. In Gefangenschaft scheinen sie sich wohl zu fühlen. Es ist allerdings umstritten, ob es richtig ist, Delfine Kunststücke aufführen zu lassen.

## SCHWERTWAL

Schwertwale sind die größten Jäger warmblütiger Tiere. In ihrem riesigen Schlund verschwinden Robben und junge Walrosse. Eine Familiengruppe besteht gewöhnlich aus fünf bis sechs Tieren, bei reichlichem Nahrungsangebot finden sich auch größere Gruppen zusammen. Obwohl sie normalerweise mit 12 km/h schwimmen, können sie eine Geschwindigkeit von bis zu 45 km/h erreichen. Meistens tauchen sie nur für einige Minuten unter und bleiben im flachen Wasser. Es ist aber bekannt, dass sie 20 Minuten lang tauchen können. Ein Schwertwal wurde sogar in 1000 m Tiefe entdeckt – er hatte sich in einem Telefonkabel verheddert. Wenn sie große Bartenwale angreifen oder Robben ins Flachwasser treiben, wo sie leichter zu erbeuten sind, arbeiten Schwertwale zusammen. In Argentinien wuchten sie sich sogar ans Ufer um Robben zu jagen. Viele Meeressäugetiere geraten in Panik, wenn Schwertwale auftauchen. Tatsächlich jedoch besteht ihre Hauptnahrung aus Fischen und Kalmaren. Im Puget-Sund vor Nordamerika wurden Schwertwale viele Jahre lang erforscht. Dort ernähren sie sich vorwiegend von Lachsen, die zum Laichen in die Flüsse aufsteigen wollen.

*Der Schädel eines Schwertwales ist sehr kräftig gebaut. Auf jeder Seite des Kiefers sitzen 10–14 Zähne, die aber nicht zum Kauen geeignet sind. Die Tiere packen ihre Beute und schlucken sie am Stück herunter, vielleicht nachdem sie ihre Opfer mit Ultraschall betäubt haben.*

WALE UND DELFINE  *Schwertwale ziehen in kleinen Familiengruppen umher und arbeiten häufig bei der Jagd zusammen.*

## FAMILIENMERKMALE

# Wale

**Zahl der Familien:** 6

**Zahl der Arten:** 33

**Artnamen (Beispiele):**
Blauwal: *Balaenoptera musculus*
Pottwal: *Physeter macrocephalus*
Buckelwal: *Megaptera novaeangliae*
Narwal: *Monodon monoceros*

**Kleinste Art:** Kleinpottwal
Länge: bis 3,40 m
Gewicht: bis 270 kg
Größte Art: Blauwal
(siehe S. 100 und 108)

**Lebenserwartung:** beim Blauwal auf 110 Jahre geschätzt

**Tragzeit:** 10–12 Monate

Zur Gruppe der großen Wale – damit bezeichnet man meist Waltiere von über 10 m Länge – gehören unterschiedliche Tiere aus mehreren Familien, die allerdings bestimmte Gemeinsamkeiten aufweisen. Dazu gehören ihre Form, Schwimmtechnik und die Art der Fortpflanzung. Die Bartenwale ernähren sich von kleinen Fischen und Krill, während die Zahnwale, von denen einige gar keine Zähne haben, größere Beutetiere jagen, vor allem Fische und Kalmare. Die großen Wale des offenen Meeres gehen häufig in sehr großen Tiefen auf Beutejagd, die Pottwale können bis 3000 m tief tauchen. Ihr Körper ist hervorragend an das Tauchen und Schweben im Wasser angepasst.

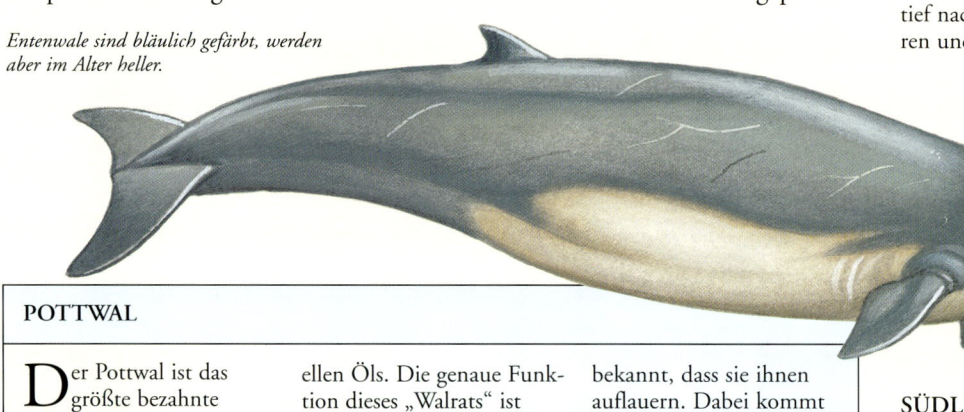

*Entenwale sind bläulich gefärbt, werden aber im Alter heller.*

### NÖRDLICHER ENTENWAL

Im Unterschied zu den Delfinen haben viele Zahnwale nur wenige Zähne. Junge, männliche Entenwale tragen nur zwei große Zähne im Unterkiefer, die häufig im Alter verloren gehen – weibliche Entenwale haben gar keine. Entenwale werden etwa 9,50 m lang, leben in den kühlen Meeren der Arktis und tauchen sehr tief nach Fischen, Kalmaren und Stachelhäutern.

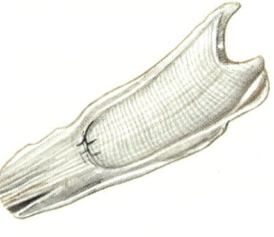

### OHRSTÖPSEL

Wale haben keine Ohrmuscheln. Der Kanal, der zum Innenohr führt, wird durch einen Stöpsel aus Horn verschlossen. Daher dachte man lange, Wale seien taub. Da dieser Ohrstöpsel jedes Jahr etwas wächst, kann man daran das Alter eines Wals bestimmen.

### ZWERGPOTTWAL

Obwohl er kleiner ist als manche Delfine, sieht man dem Zwergpottwal die Verwandtschaft mit seinem riesigen Vetter an. Er trägt nur im Unterkiefer einige gekrümmte Zähne und ein Teil seines Kopfes ist mit Walrat gefüllt. Zwergpottwale sind selten und scheu; vermutlich tauchen sie sehr tief nach Kalmaren und Fischen.

### POTTWAL

**D**er Pottwal ist das größte bezahnte Säugetier. Er kommt in den meisten Weltmeeren vor – mit Ausnahme der Polarregionen. Im Innern seines mächtigen, eckigen Schädels befinden sich bis zu 1900 Liter eines speziellen Öls. Die genaue Funktion dieses „Walrats" ist unbekannt, vermutlich kann der Wal damit seine Körperdichte verändern und so leichter ab- und auftauchen. Pottwale gehen in der Tiefsee auf die Jagd nach Riesenkalmaren; es ist bekannt, dass sie ihnen auflauern. Dabei kommt es oft zu tödlichen Kämpfen, denn die Haut vieler Pottwale weist Narben der Saugnäpfe auf. Wahrscheinlich betäuben die Wale ihre Opfer mit Ultraschall.

*Im Schädel des Pottwals sitzt der Walrat.*

*Früher fertigten die Walfänger Schnitzereien aus den Zähnen von Pottwalen an.*

### SÜDLICHER ENTENWAL

Der Südliche Entenwal, der die Meere der Südhalbkugel durchstreift, wird nur selten gesichtet, dürfte aber seinem nördlichen Verwandten sehr ähnlich sehen. Er scheint sich vor der Küste von Südafrika zu paaren. Im April kommen dort nach einer Tragzeit von etwa einem Jahr auch die Jungen zur Welt. Das Baby misst bei der Geburt 3 m und wird ein Jahr lang gesäugt.

*Die jungen Entenwale verlassen ihre Mutter, noch ehe sie ausgewachsen sind. Sie schließen sich aber oft mit einem gleichaltrigen Wal desselben Geschlechtes zusammen.*

## LAYARD-WAL

*Die Layard-Wale treten meist in Gruppen von zwei bis drei Tieren auf.*

Die Layard-Wale leben in den gemäßigten Meeren der Südhalbkugel, werden aber nur selten gesichtet. Die Walkühe haben keine Zähne, während bei den Bullen zwei Zähne des Unterkiefers in einem Bogen nach oben wachsen, bis sie den Mund des Wals umschließen. Ältere Wale können daher ihren Mund nicht weiter als 5 cm öffnen. Wie sie damit fressen, ist ein Rätsel.

*Schädel mit Unterkiefer eines männlichen Layard-Wales*

*Männliche Layard-Wale sehen von vorne aus, als trügen sie einen Maulkorb.*

## BLAINVILLE-ZWEIZAHNWAL

Bei dieser Art sitzt je ein großer, flacher Zahn in einer Knochentasche des rechten und linken Unterkiefers. Wie bei allen Schnabelwalen sind die Kiefer fest und stark genug, um die Kalmare festzuhalten, von denen sie hauptsächlich leben.

## TRUE-ZWEIZAHNWAL

Aus der Spitze des Unterkiefers ragen bei den Bullen dieser Art zwei kleine Zähne heraus. Bei den Kühen werden diese beiden Zähne vom Zahnfleisch überdeckt. Obwohl sie reine Meerestiere sind, stranden True-Zweizahnwale manchmal an den Küsten der amerikanischen Neuengland-Staaten.

## SOWERBY-ZWEIZAHNWAL

Der Sowerby-Zweizahnwal (unten) kommt in den kühlen Gewässern des Nordatlantiks vor. Die Abbildung zeigt den schlanken Körper und die kleinen Vorderflossen, die alle Schnabelwale auszeichnen.

## STEJNEGER-ZWEIZAHNWAL

Die Stejneger-Zweizahnwale leben im Nordpazifik. Die Körper der Bullen sind von Narben aus den Kämpfen mit anderen Männchen gezeichnet. Obwohl sie meist im offenen Meer bleiben, versammeln sie sich in kleinen Gruppen vor der Küste, wenn die Lachse in die Flüsse der westlichen USA steigen.

## TASMANISCHER SCHNABELWAL

Als Ausnahme unter den Schnabelwalen hat der Tasmanische Schnabelwal Zähne im gesamten Kiefer. Die Art, die erst 1937 entdeckt wurde, ist kaum bekannt und wurde nur selten gesichtet. Im Magen eines in Argentinien gestrandeten Tieres fand man Krebse, Kalmare und Fische.

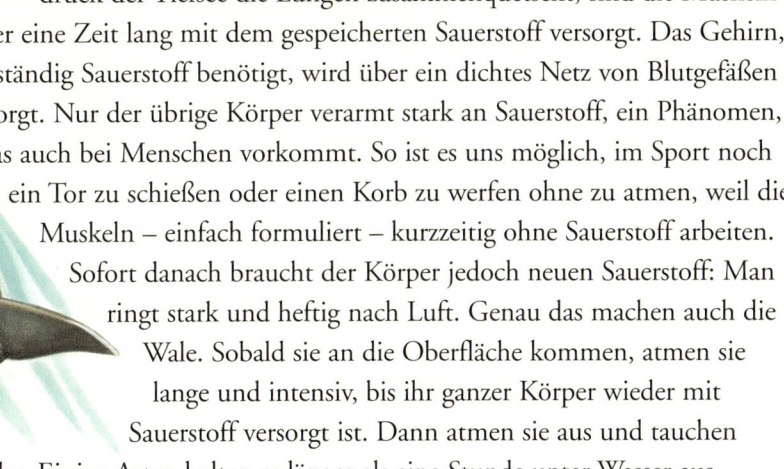

Tauchende Wale speichern die Atemluft nicht in den Lungen, sondern im Blut und den Muskeln. Wenn der Wasserdruck der Tiefsee die Lungen zusammenquetscht, sind die Muskeln daher eine Zeit lang mit dem gespeicherten Sauerstoff versorgt. Das Gehirn, das ständig Sauerstoff benötigt, wird über ein dichtes Netz von Blutgefäßen versorgt. Nur der übrige Körper verarmt stark an Sauerstoff, ein Phänomen, das auch bei Menschen vorkommt. So ist es uns möglich, im Sport noch ein Tor zu schießen oder einen Korb zu werfen ohne zu atmen, weil die Muskeln – einfach formuliert – kurzzeitig ohne Sauerstoff arbeiten. Sofort danach braucht der Körper jedoch neuen Sauerstoff: Man ringt stark und heftig nach Luft. Genau das machen auch die Wale. Sobald sie an die Oberfläche kommen, atmen sie lange und intensiv, bis ihr ganzer Körper wieder mit Sauerstoff versorgt ist. Dann atmen sie aus und tauchen wieder. Einige Arten halten es länger als eine Stunde unter Wasser aus.

Im Vergleich mit Landtieren sind alle Wale groß, doch neun der zehn Bartenwalarten übertreffen sie bei weitem. Forscher gliedern die Bartenwale in drei Familien. Zur ersten Familie, den Glattwalen, gehören unter anderem der Grönlandwal, Nord- und Südkaper und der Zwergglattwal. Bei den Walfängern waren Glattwale besonders begehrt: Sie sind langsam und besitzen besonders lange und damit wertvolle Bartenplatten. Zur Familie der Furchenwale gehören schlanke, schnelle Wale mit kurzen Bartenplatten. Der Grauwal bildet eine eigene Familie. Trotz ihrer enormen Größe ernähren sich die Bartenwale von sehr kleinen Organismen, entweder von fingerlangen Fischen oder Krill. Krill besteht aus 5 cm langen, garnelenartigen Lebewesen, die massenhaft in kühlen Ozeanen vorkommen. Es ist nur scheinbar ein Widerspruch, dass sich die größten Tiere der Welt von solch winzigen Organismen ernähren. Auf diese Weise sparen sie nämlich riesige Mengen an

## BLAUWAL

Blauwale sind die größten Tiere, die jemals auf der Erde gelebt haben. Sie verbringen den fünf Monate langen Sommer im Polarmeer. Dort verschlingen sie täglich 40 Millionen Krill-Garnelen.

Von dem Fett, das sie dabei speichern, leben sie den Rest des Jahres. Von den ehemals 200 000 Tieren ließen die Walfänger nur sehr wenige übrig.

Inzwischen wurde jedoch vor der Küste Kaliforniens eine Gruppe von Blauwalen entdeckt – vielleicht wird die Art doch überleben.

## BUCKELWAL

Buckelwale sind nicht so stromlinienförmig wie andere Wale. Manche schleppen zusätzlich lästige Hautparasiten mit sich herum. Buckelwale schwimmen zwar meist langsam umher, sind aber sehr beweglich und können mit dem ganzen Körper aus dem Wasser springen. Nachdem die Walfänger sie fast ausgerottet hatten, nimmt

ihre Zahl inzwischen wieder etwas zu. Zur Paarung versammeln sie sich vor der Nordwestküste der USA und vor Hawaii. Dort singen die Bullen stundenlang eine sich ständig wiederholende Tonfolge. Manchmal jagen sie gemeinsam und schließen einen Fischschwarm in einen Vorhang aus Luftblasen ein.

*Sie verschlucken die kleinen Fische, die in dem „Blasenvorhang" gefangen sind.*

*Die Vorderflossen des Zwergwals sind charakteristisch gezeichnet.*

## ZWERGWAL

Mit immerhin noch 9 m Länge sind die Zwergwale die kleinsten Furchenwale. Sie leben in kleinen Gruppen in kühlen oder polaren Meeren. Den alten Walfängern waren sie zu klein; sie wurden nur von der Küste aus gejagt. Heute sind sie vor allem deswegen bedroht, weil sich einige Länder nicht an den internationalen Schutz der Wale halten wollen.

*Zwergwale ernähren sich vorwiegend von kleinen Fischen und Krill.*

Energie. Gewöhnlich jagen Raubtiere die größten Tiere, die sie eben noch überwältigen können. Sie selbst werden von anderen, größeren Räubern gefressen, die höher in der Nahrungskette stehen. Bei jedem Glied in dieser Kette geht viel Energie verloren. Indem die Bartenwale alle Zwischenglieder überspringen, nutzen sie das Nahrungsangebot sehr effektiv aus. Allerdings macht es für einen Bartenwal wenig Sinn, einzelne Tiere zu jagen. Stattdessen schluckt er riesige Mengen auf einmal. Dabei helfen ihm die dreieckigen Bartenplatten, die vom Gaumen herunterhängen. Sie bestehen

## FINNWAL

Die nach dem Blauwal größten Bartenwale haben ebenfalls unter dem Walfang gelitten. Sie jagen in kühlen Meeren: Sie umkreisen ihre Beute, drängen sie eng zusammen und schlucken sie hinunter.

*Mit 37 km/h ist der Finnwal der schnellste der großen Wale.*

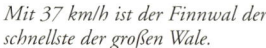

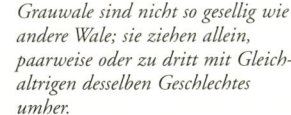

## GRAUWAL

Obwohl auch die Grauwale beinahe ausgerottet wurden, hat sich ihre Zahl unter dem strengen Schutz gut erholt. Sie sind das Ziel vieler „Whale-Watchers", die mit kleinen Booten herausfahren, um Wale zu beobachten, die von der Westküste der USA bis nach Mexiko ziehen. Gewöhnlich fangen Grauwale ihre Beute vor der Küste, sollen aber auch den Meeresgrund nach Nahrung absuchen.

*Grauwale sind nicht so gesellig wie andere Wale; sie ziehen allein, paarweise oder zu dritt mit Gleichaltrigen desselben Geschlechtes umher.*

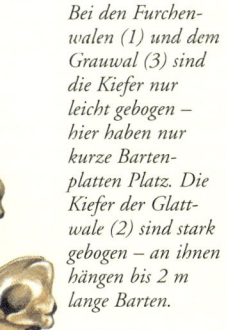

### SCHÄDEL VON BARTENWALEN

Einige Bartenwale tragen als Embryos noch Zähne, verlieren sie aber vor der Geburt. Alle Erwachsenen sind zahnlos. In diesen merkwürdig geformten Schädeln hängen auf beiden Seiten bis zu 300 Bartenplatten vom Gaumen herab. Trotz der Unmengen an Nahrung, die diese Wale zu sich nehmen, haben sie einen engen Schlund und können daher nur winzige Beute schlucken.

*Bei den Furchenwalen (1) und dem Grauwal (3) sind die Kiefer nur leicht gebogen – hier haben nur kurze Bartenplatten Platz. Die Kiefer der Glattwale (2) sind stark gebogen – an ihnen hängen bis 2 m lange Barten.*

aus Horn, wie Fingernägel, und laufen in lange, dicke Haare aus. Bartenwale schwimmen mit offenem Mund in einen Krillschwarm und lassen ihren Mund mit Wasser und Krill voll laufen. Die Furchenwale mit ihrer dehnbaren Kehle schlucken eine unvorstellbar große Wassermenge auf einmal. Dann drücken sie ihre mächtige Zunge wie einen Kolben zum Gaumen. Das Wasser fließt durch die Barten nach draußen, während sich die Krill-Garnelen mit ihren Antennen und langen Beinen hoffnungslos in den engen Barten verfangen. Manche Wale heben den Kopf aus dem Wasser oder rollen sich zur Seite, damit das Wasser besser abfließen kann. Sobald das Wasser aus dem Mund geflossen ist, schlucken die Wale den Krill hinunter. Bartenwale brauchen riesige Futtermengen um ihre Fettschicht aufzubauen. Sie wandern nämlich zwischen Futter- und Brutplätzen hin und her. In dem warmen Wasser ihrer Brutplätze, wo sie sich paaren und ihre Jungen bekommen, finden sie keine Nahrung, müssen also mehrere Monate lang fasten. Die Bartenwale waren die ersten Opfer des Walfangs. Walfänger schossen so viele der Tiere ab, dass die Bestände stark zurückgingen. Selbst heute, da sie streng geschützt sind, nehmen ihre Zahlen nur langsam zu.

## BELUGAWAL

Wenn eine Gruppe der schneeweißen Belugawale in arktischen Gewässern nahe der Oberfläche ruht, erinnern sie an Eisschollen. Die ersten Seeleute nannten sie „Kanarienvögel der Meere", denn sie stoßen bei der Jagd gut hörbare, zwitschernde Laute aus.

Im Sommer wandern sie mit dem Packeis ihrer Beute hinterher. Im Herbst ziehen sie nach Süden in wärmere Gewässer. Dort bringen sie nach 15 Monaten Tragzeit ihre Babys zur Welt.

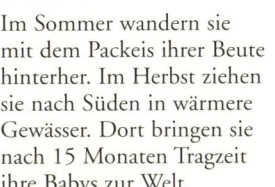

*Männliche Narwale benutzen den Stoßzahn um zu kämpfen und ihre Stärke zu demonstrieren.*

## NARWAL

Die Narwale dringen weiter in das Packeis des Nordpols vor als jedes andere Tier. Der bis 2 m lange, gedrehte Stoßzahn der Bullen wächst durch die Oberlippe. Wenn sie von Eis eingeschlossen werden, können sie sich oft durch kräftige Stöße ihrer verstärkten Schädeldecke befreien.

## GRÖNLANDWAL

Dieser Wal lebt im Polarmeer und wurde von Walfängern wegen seiner über 2 m langen Barten fast völlig ausgerottet. Heute ist er streng geschützt, nur die Inuit dürfen einige Tiere jagen. Im Pazifik scheint die Zahl der Grönlandwale wieder zuzunehmen. Anders als die übrigen Wale bringen sie ihre Babys im Vorfrühling im Polarmeer zur Welt, wenn sich das Plankton stark vermehrt.

# RAUBTIERE

Viele Fleisch fressende Säugetiere, wie die Schimpansen, die kleinere Affen jagen oder Igel, die Schnecken fangen, werden nicht zur Ordnung der Raubtiere gezählt: Entweder ernähren sie sich hauptsächlich von anderer Nahrung oder sie fressen vorwiegend wirbellose Tiere. Echte Raubtiere leben dagegen fast ausschließlich vom Fleisch anderer Säugetiere oder Vögel. Manchmal fressen sie zwar auch Insekten oder Pflanzen, doch bilden diese stets Ausnahmen von ihrer Hauptnahrung. Da Fleisch leicht verdaulich ist, haben Raubtiere kurze Därme und sind nicht so rundlich gebaut wie viele Pflanzenfresser mit ihren langen Därmen. Raubtiere sind meist schlank und haben vier Beine mit je fünf Zehen. Zumindest auf kurzen Strecken sind sie alle schnelle Läufer.

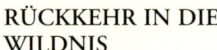
Ein einziger Blick auf den Kopf eines Raubtieres lässt bereits seine Lebensweise erahnen: Selbst mittelgroße Raubtiere haben kraftvolle Kiefer mit beißenden, schlagenden und zerreißenden Zähnen, während ihre langen Nasen auf ausgezeichneten Geruchssinn schließen lassen. Außerdem können sie gut hören und die Herkunft eines Lautes präzise orten. Da viele Arten räumlich sehen, können sie ihre Opfer gezielt anspringen. Raubtiere sind intelligente Tiere mit großen, komplizierten Gehirnen – sie müssen einfach schlauer sein als ihre Beutetiere. Viele Raubtiere verbringen lange Zeit bei ihrer Mutter oder den Eltern, diese lehren sie, wie man jagt und in der Wildnis überlebt.

### RÜCKKEHR IN DIE WILDNIS

Viele Raubtiere wurden gezähmt und leben bei den Menschen. Dennoch finden sie sich noch in der Wildnis zurecht. Wenn Hunde entkommen und sich ohne Einfluss des Menschen vermehren dürfen, entwickeln sie sich zu mittelgroßen, meist braunen Jägern und Aasfressern, wie der oben gezeigte Dingo.

### ZÄHNE DER FLEISCHFRESSER

Bei Raubtieren sitzen sechs kleine Schneidezähne im Vorderkiefer, darauf folgen die langen, spitzen Eckzähne, um die Beute zu schlagen und zu zerreißen. Die scharfen Kanten der hinteren Zähne schneiden das Fleisch wie Scheren in Portionen zurecht. Besonders kräftig sind die „Reißzähne" entwickelt (letzter oberer Vorbackenzahn und erster unterer Backenzahn).

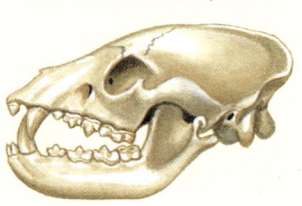

*Auch ein Raubtier hat nicht immer Erfolg bei der Jagd. Wenn die Robbe vorsichtig ist, geht der Eisbär leer aus.*

### EINZELGÄNGER

Die meisten Raubtiere gehen allein auf die Jagd, daher suchen sie nach Tieren, die sie leicht überwältigen können. So wartet ein Eisbär neben dem Atemloch einer Ringelrobbe, die nur ein Viertel seines Körpergewichtes erreicht. Sollte die Robbe auftauchen, hat sie keine Chance: Der Bär wird sie packen und töten.

### JAGD IM RUDEL

Einige Raubtiere leben und jagen im Rudel; dabei arbeiten sie als Team zusammen. Auf diese Weise können sie Tiere töten, die größer sind als sie selbst, sodass alle Rudelmitglieder von der Beute profitieren. Rudeljäger kommen nur dort vor, wo viele, große Pflanzenfresser zusammenleben: In den afrikanischen Savannen jagen Löwen und Hyänen gemeinsam, in Amerika machen Wölfe Jagd auf Elche und Karibus.

## ROTFUCHS

Füchse bewohnen die ganze nördliche Halbkugel. Der Rotfuchs gilt als schlau; er findet überall genügend Nahrung, selbst in den Städten. Allerdings ist es ein Vorurteil zu glauben, dass Füchse mutwillig töten (siehe S. 13).

# Hunde

Die Mitglieder der Hundefamilie gehören zu den anpassungsfähigsten und erfolgreichsten Tieren. Bis auf die Menschen und die Ratten und Mäuse, von denen sie leben, sind Rotfüchse und Wölfe die am weitesten verbreiteten Tiere der Erde. Die meisten Hunde sind mittelgroß und haben eine kräftige Brust und schlanke Glieder. Einige lauern ihren Opfern auf, doch die meisten fangen die Beute nach einer Hetzjagd, die Stunden dauern und kilometerlang sein kann. Einige Arten leben in der Gruppe, zumindest ziehen Männchen und Weibchen ihre Jungen gemeinsam auf – solche Familien bilden den Kern eines Rudels.

Die meisten Füchse sind kleiner und leichter gebaut als andere Hunde; sie haben eine lange, schmale Schnauze, große, spitze Ohren und

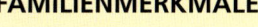

## FAMILIENMERKMALE

*Familie:* Canidae (nach der lateinischen Bezeichnung für Hund)

*Zahl der Arten:* 36

*Artnamen (Beispiele):*
Wolf: *Canis lupus*
Kojote: *Canis latrans*
Rotfuchs: *Vulpes vulpes*

*Kleinste Art:* Fennek
Länge Kopf/Körper:
  35–40 cm
Schwanzlänge: 17–30 cm
Gewicht: 1–1,5 kg
*Größte Art:* Wolf
Länge Kopf/Körper:
  1–1,60 m
Schwanzlänge: 35–56 cm
Gewicht (Männchen):
  bis 80 kg

*Zahl der Jungen:* 2–13

*Tragzeit:* etwa 63 Tage

*Lebenserwartung:* bei den meisten Arten mindestens 10 Jahre

## POLARFUCHS

Polarfüchse kommen in den nördlichen Tundren vor. Sie bleiben auch im Winter aktiv, wenn der Boden vereist und von Schnee bedeckt ist. Sie haben kleinere Ohren und kürzere Beine als die übrigen Füchse. Mit dem langen, buschigen Schwanz decken sie sich beim Schlafen zu. Sie ernähren sich vorwiegend von Lemmingen und anderen Nagetieren. Polarfüchse verschmähen aber weder Aas noch Beeren und legen sich Vorräte für den Winter an.

## AFRIKANISCHE FÜCHSE

In den Halbwüsten von Nordafrika leben mehrere Fuchsarten. Sie jagen kleinere Tiere, fressen aber auch Pflanzen oder suchen nach menschlichen Abfällen. Der Fennek der Sahara ist nachtaktiv; er lauscht mit den großen Ohren auf die Geräusche kleiner Tiere, wie Säugetiere, Insekten und Skorpione. Fenneks kommen fast ohne Wasser aus, graben aber nach Wurzeln, die Feuchtigkeit enthalten. Der Löffelhund, er lebt in Ost- und Südafrika, ernährt sich fast ausschließlich von Termiten und anderen Insekten.

*Fenneks (rechts) sind zwar die kleinsten Füchse, haben aber die größten Ohren.*

*Bei einigen Polarfüchsen färbt sich das Fell im Sommer bläulich grau. Manchmal durchstöbern sie die Kolonien von Zugvögeln, in der Hoffnung Eier oder Jungvögel zu finden (rechts).*

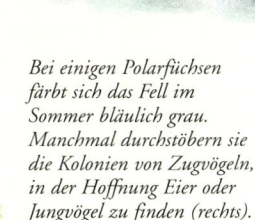

*Polarfüchse wurden schon dabei beobachtet, wie sie Müllhalden durchwühlten und mit leeren Büchsen abzogen, die noch nach Nahrung rochen.*

einen buschigen Schwanz. Füchse leben fast immer als Einzelgänger, nur der russische Steppenfuchs jagt, vor allem im Winter, auch im Rudel. Alle Raubtiere besitzen gut entwickelte Duftdrüsen, die bei den Füchsen besonders stark auf der Schwanzoberfläche entwickelt sind. Selbst Menschen können es riechen, wenn kurz zuvor ein Fuchs ihren Weg gekreuzt hat.

*Löffelhunde haben mehr Zähne als „normale" Säugetiere.*

Auch in Südamerika kommen fuchsartige Tiere vor. Die meisten leben in offenen oder trockenen Gegenden und ernähren sich von kleinen Säugetieren, Vögeln, Insekten und Früchten. In einigen Regionen suchen sie Schutz in den verlassenen Bauten von Gürteltieren. Sie werden fast überall von den Menschen verfolgt, einerseits, weil man sie als Hühnerjäger fürchtet, andererseits wegen ihres wertvollen Fells. Ohne Bedrohung können sie jedoch sehr zutraulich sein. Seiner Zutraulichkeit fiel auch der Falklandwolf zum Opfer. Er war irgendwie auf die abgelegenen Inseln gelangt und ernährte sich dort von Pinguinen und Gänsen. Nach 1800 töteten amerikanische Pelztierjäger sehr viele dieser Wölfe, endgültig ausgerottet wurden sie jedoch in den 1870er Jahren von den Schafzüchtern. Mit Ausnahme des Falklandwolfes starb

*Bernhardiner sind die schwersten Hunde.*

*Chihuahuas sind die kleinsten Hunde.*

## HAUSHUNDE

Es gibt Haushunde für viele Zwecke und mehr Rassen als von jeder anderen Tierart. Bernhardiner sind mit 150 kg die schwersten Hunde, während Chihuahuas weniger als 1 kg wiegen. Obwohl sich Haushunde in Fell, Gesicht und der Länge ihrer Beine deutlich unterscheiden, gehören sie alle zur selben Art.

## MARDERHUND

Mit den kurzen Beinen, der ungewöhnlichen Gesichtszeichnung und dem dichten Fell unterscheidet sich der Marderhund von anderen wilden Hunden. Er stammt aus Ostasien, wurde aber als Pelztier nach Europa eingeführt. Heute breitet er sich in Frankreich und Skandinavien aus. In seiner Heimat bewohnt er dichte Wälder am Wasser, passt sich aber als typischer Hund aber auch an andere Lebensräume an. Marderhunde ernähren sich von Fröschen oder Kröten, geben sich aber auch mit Aas oder Beeren zufrieden. Sie sind weniger eng an ein Revier gebunden als andere Hunde; Marderhunde benutzen gemeinsame Kotplätze.

*Als einzige Hunde halten Marderhunde Winterschlaf, der in milden Gegenden aber ziemlich kurz ausfällt.*

## AFRIKANISCHER WILDHUND

Früher waren die Afrikanischen Wildhunde über das gesamte Afrika südlich der Sahara verbreitet. Durch Verlust von Lebensräumen und Beutetieren, Verfolgung und Krankheiten ist ihre Zahl vermutlich auf kaum 2000 Tiere geschrumpft. Daher versucht man alles, die Art zu erhalten. Ein Rudel, das rund 500 km² durchstreift, besteht hauptsächlich aus Männchen. Nur die Leithündin bekommt zahlreiche Junge, die von der gesamten Gruppe aufgezogen werden.

jedoch in den letzten Jahrhunderten keine Hundeart aus. Die Welt der Hunde wird maßgeblich durch Düfte bestimmt. Hunde können gut hören und sehen – beides brauchen sie für die Jagd und zur Verständigung. Um eine Beute aufzuspüren und ihr zu folgen, nutzen sie jedoch ihre hervorragende Nase; auch die Duftmarken von Artgenossen nutzen sie als Information. Am Duft der Schweißdrüsen in den Fußsohlen erkennen Hunde, dass ein Artgenosse da war, und sie markieren Reviere und Streifgebiete mit dem Duft von Urin. Kein Hund kann leichter Beute widerstehen, vor allem wenn er durch

*Die Jungen können fast das ganze Jahr über geboren werden. Die Erwachsenen würgen ihnen vorverdautes Fleisch aus.*

## MÄHNENWOLF

Der elegante, verborgen lebende Mähnenwolf kann 76 cm Schulterhöhe erreichen, ähnelt aber mehr einem Fuchs. Er ist ein Einzelgänger, der offene Landschaften bewohnt und kleine Nagetiere und Vögel jagt. Bei Bedarf frisst er auch Früchte und Pflanzen. Da er sich gelegentlich an Hühnern vergreift, wurde er in weiten Teilen seines ursprünglichen Verbreitungsgebietes ausgerottet. Heute versucht man, ihn zu schützen. Obwohl ein Paar ein großes Revier besetzt, jagen sie nicht zusammen. Da sie mit ihren schlanken Beinen und kleinen Füßen nicht gut graben können, richten sie ihren Bau oberirdisch ein. Die Weibchen bringen meist im Frühling drei Junge zur Welt.

*Mit seinen langen Beinen überragt der Mähnenwolf auch hohes Gras, kann aber nicht schnell rennen.*

## KOJOTE

Kojoten kennen viele Rufe und Heultöne. Ein Paar kann viele Jahre zusammenleben. Wenn das Nahrungsangebot ausreicht, bleiben die Jungen bei den Eltern und bilden kleine Rudel. Kojoten ernähren sich vorwiegend von Säugetieren, wie Nagetieren oder Jackrabbits. Im Rudel können sie aber auch größere Tiere, wie Hirsche, überwältigen oder sie suchen nach Aas. Gelegentlich schließen sie sich zu Jagdgemeinschaften mit Dachsen zusammen.

## SCHAKALE

Schakale sind kleine, leicht gebaute Hunde, die vor allem in den afrikanischen Savannen und Halbwüsten leben. Der hier gezeigte Goldschakal kommt bis nach Indien und nach Norden bis in Teile Europas vor. Ein Paar bleibt gewöhnlich zusammen, manchmal schließen sich auch größere Gruppen zusammen. Schakale fressen fast alles, was sie finden, von kleinen Antilopen über Robbenbabys an der Küste bis zu Aas oder menschlichen Abfällen.

*In Afrika machen sich Schakale gelegentlich über die Reste von Löwenbeute her.*

den Geruch von Hühnern oder anderen Haustieren angelockt wird. Deswegen haben die Menschen wilde Hunde gejagt, in Fallen gefangen, abgeschossen oder vergiftet, sodass ihre Zahl bei vielen Arten dramatisch abgenommen hat. Andererseits gewöhnte sich der Wolf bereits in der Frühgeschichte an die Menschen, möglicherweise zuerst in China, und wandelte sich zum Haushund, von dem heute rund 400 Rassen gezüchtet werden. Zuerst nutzten die Menschen die natürliche Jagd- und Verteidigungsbereitschaft des Wolfes, doch da sich Wölfe prinzipiell unterordnen können, wurden sie zu wichtigen Haus- und Schoßtieren. Weil die Körpertemperatur von Hunden höher ist als bei Menschen, hielt man sich früher kleine Hunde, um sich die Hände zu wärmen. Inzwischen sind uns andere Eigenschaften der Hunde wichtiger: Sie dienen als Spürhunde, um Drogen, Sprengstoffe und sogar Geld zu finden; da sie hilfsbereit und lernfähig sind, helfen speziell ausgebildete Hunden Blinden und anderen Behinderten.

## WALDHUND

Waldhunde sind seltene Tiere, die in Regenwäldern und Grasländern von Panama bis Südbrasilien vorkommen. Sie können gut schwimmen und jagen in Gruppen von bis zu zehn Tieren. Als Beute dienen größere Nagetiere, wie Pakas und Wasserschweine. Die Indianer halten sie gelegentlich als Haustiere. Ihre Zahl nimmt ab, da die Menschen ihre Lebensräume zerstören.

## ERNÄHRUNG

Erwachsene Wölfe brauchen täglich über 2,5 kg Nahrung, ein Teil davon kann von Pflanzen stammen. Um mit großen Beutetieren fertig zu werden, haben Wölfe äußerst kräftige Kaumuskeln und Zähne. Ein Wolf kann, vor allem mit den Reißzähnen, viel stärker zubeißen als ein Haushund derselben Größe.

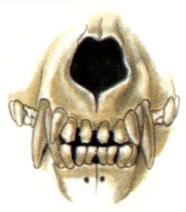

*Haushund*

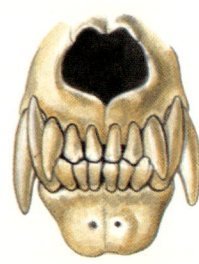

*Wolfszähne*

*Gebrauch der Reißzähne*

## REVIERMARKIERUNG

Das Revier wird an bestimmten Stellen mit stark duftendem Urin markiert. So weiß jedes Rudelmitglied, dass ein Rivale in der Nähe ist. Je höher die Rangordnung eines Tieres, desto höher setzt es seine Urinmarke.

# Wölfe

Zwar gelten Haushunde als der „beste Freund des Menschen", der Wolf, ihr wilder Urahn, dürfte allerdings das meistgehasste Säugetier sein. Obwohl er immer noch die weiteste Verbreitung aller Säugetiere hat – er durchstreift alle Nordkontinente, von den Tundren bis in die Subtropen – wurde er bis auf abgelegene Regionen fast völlig ausgerottet. War der Wolf bei den Menschen der Frühgeschichte noch als Jagdgefährte beliebt, so änderte sich diese Einstellung, als die Menschen sesshaft wurden. Da seine natürlichen Beutetiere abnahmen, suchte der Wolf seine Beute nun unter den Haustieren. Es gibt aber keinen Beweis, dass Wölfe ohne Grund Menschen angegriffen hätten. Da wir heute viel mehr über ihr Verhalten und ihre Stellung im Naturhaushalt wissen, besteht

### DER GRAUE WOLF

Wölfe verständigen sich untereinander über Duft, Laute, Körpersprache und Gesichtsausdruck. (1) Dieser Wolf ist ein Leittier: Die Ohren und der direkt starrende Blick sind nach vorn gerichtet, der Mund ist entspannt. (2) Das Leittier hat zusätzlich die Zähne gefletscht um seine

Überlegenheit zu demonstrieren. (3) Der unterlegene Wolf legt die Ohren zurück, hat den Mund starr nach hinten gezogen und die Augen halb geschlossen.

### DUFT AUFNEHMEN

Dieser hell gefärbte Wolf reibt sich in stark duftendem Material, vielleicht dem Kot eines Beutetieres. Möglicherweise will er den Geruch mit seinem eigenen Duft übertönen um Anspruch auf die Beute anzumelden. Andere Forscher vermuten, er wolle sich mit dem fremden Duft tarnen.

### HEULEN

Wölfe sind berühmt für ihr musikalisches Heulen, das wir Menschen noch aus 6 km Entfernung hören können – Wölfe aus noch größerer Entfernung. Wölfe heulen aus Vergnügen, beim Beginn oder Ende einer Jagd, oder um Mitglieder der Gruppe zurückzuholen.

### ROTWOLF

Der Rotwolf ist kleiner als sein grauer Verwandter. Er ist fast ausgestorben, da sein ursprünglicher Lebensraum in den südlichen USA verschwunden ist und er verfolgt wurde. Einige Rotwölfe haben in Gefangenschaft überlebt und andere wurden in Naturschutzgebieten wieder ausgewildert.

Hoffnung, dass die Wölfe geschützt werden. Wölfe haben sehr große Streifgebiete – das größte, bekannte Gebiet in Alaska ist 13 000 km² groß – und legen auf der täglichen Jagd 20–30 km zurück. Sie können aber noch viel weiter laufen. Ein Rudel besteht aus zwei und acht Tieren, größere Gruppen schließen sich nur bei reicher Beute zusammen. Rudel sind nach einer strengen Rangordnung organisiert; nur das Leit-Paar bekommt Junge.

Gewöhnlich bekommt nur die Leitwölfin Junge, aber alle Rudelmitglieder kümmern sich um die Kleinen. Sie werden mit fünf Wochen entwöhnt und leben dann vom Fleisch, das die Rudelmitglieder mitbringen.

| FAMILIENMERKMALE | Bären |
| --- | --- |

*Familie:* Ursidae (nach dem lateinischen Wort für Bären)

*Zahl der Arten:* 8

*Artnamen (Beispiele):*
Braunbär: (Grizzly) Ursus arctos
Eisbär: *Ursus maritimus*

*Kleinste Art:* Malaienbär
Länge Kopf/Körper:
  1–1,40 m
  Schulterhöhe: 70 cm
  Gewicht: 27–65 kg
*Größte Art:*
Braunbär: (Grizzly)
Länge Kopf/Körper:
  1,80–2 m und größer
  (Männchen sind größer
  als Weibchen)
  Schulterhöhe: 1,30 m
  Gewicht: bis 780 kg

*Zahl der Jungen:* 1–5

*Tragzeit:* über ein Jahr, bei einigen Arten kann die Entwicklung des Embryos um bis zu 9 Monate verzögert werden

*Lebenserwartung:* Braunbären im Zoo bis 50 Jahre; andere über 30 Jahre

*Verbreitung:* vorwiegend auf der Nordhalbkugel

Bären sind die größten Raubtiere. Da sie nicht immer genug Fleisch finden, um ihren mächtigen Körper zu ernähren, fressen sie abwechslungsreicher als andere Raubtiere. Bis auf den Großen Panda ziehen sie jedoch Fleisch als Nahrung vor und manche Bären legen weite Strecken zurück, um kleine Beutetiere zu jagen. Fast immer sind sie jedoch echte Allesfresser. Dies kann man an ihren Zähnen ablesen. Statt scharfe Reißzähne haben sie Backenzähne mit flachen, mahlenden Oberflächen.

Bären kommen in allen Kontinenten der Nordhalbkugel vor, nur der Brillenbär lebt in den nördlichen Anden, vor allem in Peru. Geschützt

## GROSSER PANDA

Pandas (rechts) leben in den Gebirgen von Mittelchina und ernähren sich fast ausschließlich von Bambus. Sie verbringen täglich 10–12 Stunden damit, die nötige Menge von 12 kg zu fressen. Der Große Panda ist eine bedrohte Tierart – es gibt nur noch rund 1000 Tiere – auch weil er sich nur schwer im Zoo züchten lässt.

## GRIZZLY

Die Braunbären in den Rocky Mountains, deren Schulterhaare häufig weiße Spitzen haben, sehen tatsächlich grizzled (grauhaarig) aus – daher ihr Name. In Alaska leben die größten Braunbären, doch auch im übrigen Amerika, in Asien und Europa kommen Braunbären vor. Ihre Farbe schwankt zwischen fast Schwarz bis Porzellan-Weiß, alle haben einen leichten Buckel und ein flaches Gesicht. Die Grizzlys in Nordwestamerika sind Spezialisten im Lachsfang. Obwohl es viele Fangtechniken gibt, sind solche Bären am geschicktesten, die von ihrer Mutter Fischen gelernt haben.

## BRAUNBÄR

Braunbären sind die größten Landraubtiere; sie leben auf allen Nordkontinenten. Früher kamen sie sogar in Mitteleuropa und England vor. Heute leben sie nur noch in Teilen Nordeuropas, Asiens und Amerikas, wo nicht zu viele Menschen siedeln. Braunbären müssen nicht braun sein, es gibt Arten in vielen Farben. Was sie nicht direkt auffressen, vergraben sie als Vorrat (links). Meist ernähren sie sich jedoch von kleiner Beute, wie Nagetieren, Insekten und Pflanzen, auch von Gräsern und Pilzen. Die Jungen werden in einer warmen Höhle gesäugt (rechts). Kleine Bären können gut klettern, doch mit dem Alter werden ihre Krallen gerader, sodass sie sich nicht mehr so gut festhalten können.

## BABYS

Neugeborene Bären sind im Vergleich zu ihrer Mutter sehr klein (links). Bei der Geburt haben sie etwa die Größe eines Meerschweinchens.

*Aus dem Handgelenk des Pandas wächst ein Extra-Knochen, der ihm wie ein Daumen dabei hilft, Bambustriebe festzuhalten.*

## SCHWARZBÄR

Dieser amerikanische Bär ist kleiner als ein Grizzly und weiter verbreitet. Trotz seines Namens kann sein Fell auch hellbraun und in einigen Regionen sogar fast weiß gefärbt sein. Wie alle Bären frisst er unterschiedliche Nahrung, sucht in Bienennestern nach Honig, fischt und frisst Maden.

## LIPPENBÄR

Der zottelige Lippenbär lebt in den Bergwäldern von Indien. Er jagt keine größeren Tiere, sondern ernährt sich hauptsächlich von Termiten, Honig und Pflanzen. Mit seinen langen Krallen kann er Termitennester aufreißen und Unmengen von Insekten einsaugen.

## MALAIENBÄR

Der scheue, nachtaktive Malaienbär bewohnt die dichten Wälder von Malaysia. Er kann gut klettern und baut sich für seine Sonnenbäder Plattformen aus zerbrochenen Zweigen in den Bäumen. Er ernährt sich von Pflanzen, Nagetieren und Insekten, auch von Termiten, die er von seinen Pfoten ableckt.

## BRILLENBÄR

Der Brillenbär (unten) bewohnt die warmen, feuchten Berge der nördlichen Anden. Er frisst hauptsächlich Blätter und Früchte und baut sich manchmal Plattformen in den Bäumen, um leichter an die Nahrung zu gelangen. Nur etwa 6 % seiner Nahrung bestehen aus Nagetieren und Insekten, manchmal plündert er auch Maisfelder. Oft wird er getötet, weil die Bauern irrtümlich um ihr Vieh fürchten.

durch ein dichtes, struppiges Fell ertragen die Bären des Nordens die Kälte der Tundra und sogar Eis und Schnee. Der Malaienbär, der in den Wäldern von Malaysia lebt, hat kürzeres Fell. Bären sind Einzelgänger, sie treffen nur bei großem Nahrungsangebot aufeinander – Mütter und ihre Jungen bilden allerdings eine kleine Familie. Anders als fast alle anderen großen Säugetiere laufen die kurzbeinigen Bären auf der ganzen Sohle mit den Hacken auf dem Boden. Auf diese Weise können sie sich auf die Hinterbeine erheben um Witterung aufzunehmen: Bären können weder gut sehen noch hören, dafür aber hervorragend riechen. Einige Meter können sie sogar auf zwei Beinen gehen. Trotz ihres plumpen Aussehens sind Bären erstaunlich beweglich und auf kurzen Strecken auch sehr schnell: In rauem Gelände oder auch bei Schnee holen sie fast jede Beute ein.

Im Spätsommer fressen Bären besonders viel und werden fett. Zum Winterbeginn ziehen sie sich in eine Höhle zurück und schlafen bis zum Frühling. Allerdings halten sie keinen wirklichen Winterschlaf. Obwohl Herzschlag, Atmung und die Temperatur absinken, wird nicht ihr gesamter Stoffwechsel, wie etwa bei den Murmeltieren, völlig auf Sparflamme gesetzt.

## KRAGENBÄR

Der Kragenbär bewohnt die feuchten Wälder von Sibirien bis ins heiße Indien. Er ernährt sich von verschiedensten Tieren, aber auch von Pflanzen, Honig und Aas. Manchmal tötet er größere Beute oder Vieh. Weil ihn die Menschen verfolgen und sein Lebensraum schwindet, gehört er wie die meisten Bären zu den bedrohten Tierarten.

*Malaienbären lieben die zarten Blätter der Kokospalmen.*

Im Winter bringen Bärinnen zwei oder drei Babys zur Welt. Sie werden nach langer Tragzeit geboren, weil sich die Embryos verzögert in die Gebärmutter einnisten. Die neugeborenen Babys sind zunächst blind, nackt und hilflos. Zu diesem Zeitpunkt kann die Mutter auch ohne eigene Nahrungsaufnahme genügend Milch für sie bilden. Im Alter von etwa zwei Monaten verlassen sie die Höhle und drei Monate später, wenn sie im Frühling genügend Nahrung finden, werden sie entwöhnt. Jungbären bleiben 2–3 Jahre bei ihrer Mutter. Später leben sie dann als Einzelgänger ohne Kontakt zu Mutter oder Geschwistern. Gewöhnlich sind Bären friedliche Tiere, die einem Streit mit Menschen aus dem Weg gehen. Nur wenn sie sich oder gar ihre Jungen bedroht fühlen, können sie

## AUF DER JAGD

Eisbären fressen alles, sie verschmähen weder Aas noch die Abfälle in den Städten Alaskas. Obwohl sie es mit jungen Walrossen aufnehmen könnenten, sind Robben ihre wichtigste Nahrung. Am liebsten mögen sie den fetten Blubber und lassen manchmal den Rest für Möwen oder Eisfüchse liegen.

## EISBÄR

Da es in seinem Lebensraum keine Pflanzen gibt, frisst der Eisbär ausschließlich Fleisch. Er kommt mit den harten Bedingungen am Rande des arktischen Packeises zurecht. Die hohlen Haare seines dichten, wasserfesten Fells schützen den Eisbär vor der eisigen Kälte. Eisbären können hervorragend schwimmen; sie wurden schon über 100 km vor der Küste gesichtet. Beim Schwimmen paddeln sie nur mit den Vorderbeinen.

## UNTERIRDISCHE HÖHLE

Zu Beginn des dunklen, arktischen Winters graben Eisbärinnen an einem geeigneten Hang nahe dem Meer eine Höhle in den Schnee. Am Ende eines 8 m langen Tunnels legen sie eine Schlafkammer von etwa 3 m³ an. Hier werden ihre Jungen geboren – sie verlassen die Höhle erst im Frühling.

## SCHWIMMFÜSSE

Die Sohlen der Eisbärfüße sind dicht behaart. Die Haare dienen als Isolation, verhindern aber auch, dass der Bär auf glattem Eis oder Schnee ausrutscht. Auf kurzen Strecken sind Eisbären sehr schnell, schneller als Rentiere, die sie gelegentlich jagen.

*Vorderfuß*

*Hinterfuß*

äußerst gefährlich werden. Dennoch wurden sie von den Menschen, ähnlich wie die Wölfe, erbarmungslos verfolgt – aus Angst und weil man fürchtete, sie könnten über das Vieh herfallen. Tatsächlich gibt es nur selten aggressive Einzelbären, die sich an Vieh vergreifen. Daher sind Bären selbst dort selten geworden, wo sie noch vor einem Jahrhundert häufig vorkamen. Einige Bärenarten stehen unter Naturschutz, doch dieser Schutz lässt sich nicht immer wirksam durchsetzen; der Große Panda wurde sogar zum Symbol des World Wildlife Fund (WWF).

*Junge Eisbären bleiben bis drei Jahre bei ihrer Mutter. Ihre Überlebenschancen sind besser als bei anderen Bären, denn sie dürfen fast überall in der Arktis nicht abgeschossen werden – nur von den Inuit. Heute nimmt die Zahl der Eisbären wieder zu.*

## FAMILIENMERKMALE

## Marder

*Familie:* Mustelidae, Marderartige

*Zahl der Arten:* 65

*Artnamen (Beispiele):*
Mauswiesel: *Mustela nivalis*
Europäischer Iltis:
  *M. putorius*
Hermelin: *M.erminea*
Streifenskunk:
  *Mephitis mephitis*
Vielfraß: *Gulo gulo*
Baummarder:
  *Martes martes*
Dachs: *Meles meles*
Meerotter: *Enhydra lutris*
Fischotter: *Lutra lutra*

*Kleinste Art:* Mauswiesel
  Länge: 11–26 cm
  Gewicht: 25 g

*Größte Art:*
  Riesenotter und Meerotter
  Länge: über 1 m
  Gewicht: bis 45 kg

*Tragzeit:* 30–65 Tage
(abhängig von der Größe)

*Zahl der Jungen:* 4–8

*Lebenserwartung:* 25 Jahre

*Lebensraum:* Baue oder
Felsspalten, Baummarder in
Baumhöhlen

*Verbreitung:* alle
Kontinente (bis auf
Australien und Antarktis)

RAUBTIERE 14

Die Mitglieder der Marder-Familie haben gewöhnlich lang gestreckte, schlanke Körper mit kurzen Beinen. Damit werden ihre Möglichkeiten aber keineswegs eingeschränkt – Marder haben mehr Lebensräume erobert als jede andere Tiergruppe. Es gibt am Boden lebende Arten unterschiedlicher Größe, wie Hermeline, Iltisse und Skunks. Baummarder und andere klettern auf Bäume, während Fischotter im Wasser und Dachse in Erdhöhlen leben. Die meisten sind sehr erfolgreiche Jäger, die ihre Beute mit dem Geruchssinn aufspüren, obwohl viele zusätzlich gut hören und sehen. Einige richten sich einfach auf und spähen nach Beute.

Die meisten Arten sind nicht wählerisch, was die Nahrung angeht.

### SCHWARZFUSSILTIS

In der Wildnis leben keine Schwarzfußiltisse mehr. Sie starben zusammen mit den Präriehunden aus, ihrer einzigen Beute (oben). Die Menschen hatten die Präriehunde für Schädlinge gehalten und ausgerottet.

### MAUSWIESEL

Das Mauswiesel ist der kleinste Vertreter der Marder-Familie. Angeblich ist das Weibchen so klein, dass es sich durch einen Ehering zwängen kann.

### TANZENDE HERMELINE

Hermeline fressen alles, was sie kriegen können. Oft sind ihre Beutetiere größer als sie selbst. Bei uns sind dies vor allem Kaninchen, manchmal sind diese sogar doppelt so groß wie das Hermelin. Wenn sich ein Kaninchen nähert, springt das Hermelin tanzend herum, als wolle es das Kaninchen hypnotisieren – bis es zu spät ist für die Flucht. Hermeline töten ihr Opfer durch einen raschen Biss in die Kehle.

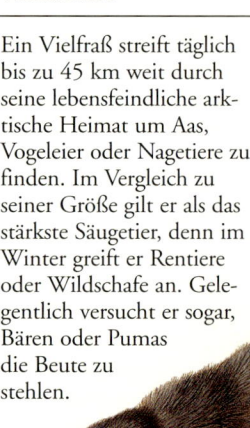

### FARBWECHSEL

In Ländern, in denen im Winter viel Schnee fällt, wechseln Wiesel und Hermeline ihr braunes Sommerfell gegen ein weißes Winterfell. In einigen Ländern sieht man, je nach Temperatur, im Winter weiße, braune und gescheckte Hermeline.

### VIELFRASS

Ein Vielfraß streift täglich bis zu 45 km weit durch seine lebensfeindliche arktische Heimat um Aas, Vogeleier oder Nagetiere zu finden. Im Vergleich zu seiner Größe gilt er als das stärkste Säugetier, denn im Winter greift er Rentiere oder Wildschafe an. Gelegentlich versucht er sogar, Bären oder Pumas die Beute zu stehlen.

## ILTIS

Iltisse sind scheue Tiere, die auf ihren nächtlichen Beutezügen bis 2 km zurücklegen. Sie können nicht gut klettern und obwohl viele in Feuchtgebieten leben, scheinen sie nicht gerne zu schwimmen. Iltisse fressen fast alles, was sie töten können, von Igeln bis zu hasengroßen Säugetieren. Auch die Eier und Küken von Vögeln, die am Boden brüten, wie dieser Brachvogel, werden durch den Iltis bedroht.

## MIT DER MUTTER AUF JAGD

Mauswiesel bekommen bis zu acht Babys, die schnell wachsen: Nach 3–4 Wochen sind ihre Augen geöffnet, und die Kleinen werden entwöhnt. Danach bleiben sie noch einige Zeit bei ihrer Mutter. Sie gehen gemeinsam auf Jagd und fangen auf diese Weise größere Beutetiere, als ein einzelnes Mauswiesel überwältigen könnte.

Sie greifen Lämmer, Hühner und jagdbare Vögel an und werden deshalb seit langem von Menschen verfolgt.

Da sich Männchen und Weibchen oft deutlich in der Größe unterscheiden, jagen sie im gemeinsamen Revier unterschiedliche Beute. In der Regel bringen die Weibchen einmal im Jahr blinde, hilflose Junge zur Welt, die sie allein aufziehen. In einigen Fällen nistet sich das befruchtete Ei erst einige Monate später in der Gebärmutter der Mutter ein. Auf diese Weise können sich die Eltern dann paaren

*Streifenskunk*

*Fleckenskunk*

## TIGERILTIS

Der Tigeriltis (unten) kommt in Osteuropa und großen Teilen Asiens vor. Sein auffallend gemustertes Fell schreckt Feinde ab, denn er spuckt sie mit einer ekligen Flüssigkeit an.

## HONIGDACHS

Der afrikanische Honigdachs ist ein furchtloser Kämpfer und ein Honigliebhaber. Manchmal tut er sich mit einem Vogel, dem Honiganzeiger, zusammen, der ihm den Weg zu den Bienennestern zeigt. Der Dachs öffnet das Nest und macht sich über Honig und Bienen her, der Vogel pickt das Wachs heraus.

## SKUNK

Wird ein Skunk bedroht, hebt er den Schwanz und sträubt die Haare, um größer auszusehen (oben). Weicht der Feind nicht zurück, trommelt der Skunk mit den Vorderbeinen auf den Boden. Erst wenn auch das nicht hilft, stellt er sich auf die Vorderbeine, neigt das Hinterteil über den Kopf und spritzt mit einer faulig riechenden Flüssigkeit.

**14 RAUBTIERE**

und Junge bekommen, wenn die Jahreszeit für die anstrengende Balz und Aufzucht der Jungen günstig ist.

Am Boden lebende Marder sind kleine, geschmeidige Jäger. Sie folgen den Nagetieren, ihrer wichtigsten Beute, bis in den Bau. Wie alle Raubtiere haben auch die Marder gut entwickelte Duftdrüsen, die bei einigen Arten zur Abschreckung oder Verteidigung dienen: Iltisse und die amerikanischen Skunks sind berüchtigt, weil sie aus ihrem Hintern eine unglaublich eklig riechende Substanz abschießen.

Die Mitglieder der Marderfamilie können sich an fast jeden Lebensraum anpassen. Daher sind sie weiter auf der Erde verbreitet als viele andere Raubtiergruppen und besetzen mehr ökologische Nischen. Marder kommen in fast allen bewohnbaren Landstrichen auf allen Kontinenten vor. Sie fehlen nur in Australien, den nahen Inseln und auf den meisten ozeanischen Inseln. Darin gleichen sie den ähnlich weit verbreiteten Hunden, wie bei diesen haben die verschiedenen Marderarten eine ziemlich gleichartige Lebensweise. Es gibt Arten, wie den

## SCHÄDEL UND FÜSSE

Die Vorderfüße eines Dachses, mit denen er sich durch die Erde gräbt, tragen sehr lange Krallen. Dachsschädel sind kräftig, haben aber flache Reißzähne, mit denen die Dachse ihre Nahrung aus wirbellosen Tieren und Pflanzen zermahlen.

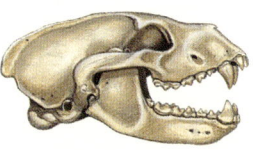

## SILBERDACHS

Der amerikanische Silberdachs kommt in weiten Teilen des amerikanischen Tieflandes bis in die kanadischen Prärien hinein vor. Er ist seinem europäischen Verwandten ähnlich, lebt aber weniger gesellig. Klapperschlangen gehören zu seiner Lieblingsnahrung, daher findet man die Rasseln toter Schlangen häufig auf den Abfallhaufen vor seinem Bau.

## JUNGE DACHSE

Während junge Dachse laut und verspielt sind, bewegen sich die Erwachsenen leise durch eine Welt, die von Gerüchen beherrscht wird. Obwohl sich die Mütter um ihre Jungen kümmern, überleben nur wenige das erste Jahr. Dann haben sie gute Chancen, älter als zehn Jahre zu werden.

*Ein Dachsbau enthält viele Kammern für Junge oder für die Fellpflege. Sie sind mit trockenem Gras oder Farnen ausgekleidet, die regelmäßig ausgetauscht werden.*

## EUROPÄISCHER DACHS

Die Dachse der alten Welt kommen in den Wäldern und Feldern von fast ganz Europa und in großen Teilen Asiens vor. Männliche, asiatische Dachse wiegen im Herbst, wenn sie am schwersten sind, fast 30 kg. Trotz ihrer Größe leben sie vorwiegend von Würmern, obwohl hungrige Dachse alles fressen – vom Igel bis zu Fallobst. In menschenleeren Gegenden sind Dachse tagaktiv. Dort, wo sie sich ihren Lebensraum mit den Menschen teilen müssen, wagen sie sich nur nachts heraus.

## SCHWEINSDACHS

Schweinsdachse besiedeln vorwiegend hügeliges Gelände im Fernen Osten, von Sumatra bis Nordostchina. Sie verbringen den Tag in natürlichen Felshöhlen oder Bauen, die aber weniger verzweigt sind als beim europäischen Dachs. Ihren Namen verdanken sie der langen, beweglichen Schnauze, mit der sie Wurzeln und kleine Tiere ausgraben.

*Der Schweinsdachs wühlt mit der langen Schnauze im Boden herum.*

## SUMPFOTTER

Der Europäische Nerz oder Sumpfotter ist zwar mit den Wieseln verwandt, hat sich aber stärker an das Wasserleben angepasst. Allerdings kann er nicht so gut schwimmen wie ein Fischotter. Früher kam er in fast ganz Europa vor, heute ist er wegen seines herrlichen Pelzes fast völlig ausgerottet.

*Der amerikanische Mink, der aus europäischen Pelztierfarmen entkommen konnte, kann sich zur Plage für Fische und Wasservögel entwickeln.*

Honigdachs, die graben, klettern und zur Not sogar schwimmen können, andererseits aber einer Beute über lange Strecken folgen, während sich andere Arten etwas stärker spezialisiert haben.

Dachse sind vorwiegend grabende Tiere. Der europäische Dachs besetzt einen Bau, der sich über eine Fläche von über 25 ha erstrecken kann. Es ist bekannt, dass manche dieser Baue von vielen Dachsgenerationen über mehrere Jahrhunderte benutzt und ausgebaut wurden – komplizierte Gebilde mit Tunnels, Kammern und zahlreichen Eingängen. In einer solchen Burg leben mehrere Dachse, die sich aber nur locker zusammenschließen. Die gro-

## FISCHOTTER

Fischotter leben an Flüssen oder an der Meeresküste, wo sie genügend Fische und wirbellose Tiere finden. Die scheuen, versteckt lebenden Tiere können bis 12 km/h schnell schwimmen und 4 Minuten lang tauchen; so kommen sie 400 m weit, ohne zu atmen. Anders als viele andere Tiere bleiben sie ein Leben lang verspielt; sie scheinen nur aus Spaß durch Schlamm oder Schnee zu rodeln.

*Fischotter benutzen die hinteren Schwimmfüße nur zum Steuern, nicht zum Schwimmen.*

## BAUMMARDER

Baum- oder Edelmarder kommen sowohl in Laub- wie in Nadelwäldern vor; sie gehen meist nachts auf die Jagd. Sie sind zwar sehr geschickte Kletterer, jagen aber auch Kaninchen oder ähnliche Beute am Boden, außerdem sammeln sie Eier, Honig oder Beeren. Da man sie wegen des herrlichen Pelzes gejagt hat, sind sie sehr selten geworden. Mancherorts scheinen sie nun aber in ihre alten Verbreitungsgebiete zurückzukehren.

*Erwachsene Baummarder bewohnen Baumhöhlen, während die Jungen in einem Nest auf dem Boden zur Welt kommen.*

ßen, alten Männchen führen die Rangordnung an, obwohl alle friedlich und entspannt zusammenleben. Andere Dachse bauen keine großen, dauerhaften Baue, obwohl vom nordamerikanischen Silberdachs behauptet wird, er grabe schneller als ein Mann mit Schaufel.

Die Marder sind Baumbewohner, die sich erstaunlich schnell durch die Zweige bewegen. Sie halten sich mit den langen Krallen ihrer breiten Füße mit den beweglichen Zehen fest, können aber auch geschickt genug springen um Eichhörnchen zu erwischen. Die jungen Marder, die in Nestern auf dem Boden geboren werden, scheinen ihrer Kletterkunst noch nicht zu vertrauen – nur

### MEEROTTER

Die Meer- oder Seeotter haben sich am stärksten an ein Leben im Wasser angepasst. Sie verlassen nur selten das Wasser – dort werden sie sogar geboren. Da ihnen eine wärmende Fettschicht fehlt, sind sie auf ihr besonders dichtes Fell angewiesen um warm zu bleiben. Meerotter leben in den Tangwäldern vor der Westküste Nordamerikas, wo sie genügend Schalentiere finden. Um deren Hülle zu knacken, legen sie sich einen flachen Stein auf den Bauch.

### WEISSWANGENOTTER

Weißwangen- oder Kapotter haben sehr empfindliche Hände ohne Schwimmhäute; die Krallen sind zu Nägeln reduziert. Kapotter nutzen ihre Hände um Krebse und andere Kleintiere unter Steinen zu ertasten und sie dann zu verzehren. Sie bevorzugen völlig andere Beutetiere als die übrigen Otter.

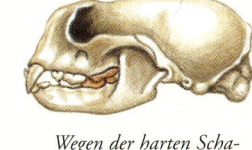

*Wegen der harten Schalen ihrer Beute nutzen sich die flachen Zähne der Meerotter stark ab.*

### RIESENOTTER

Im Unterschied zu anderen Ottern leben die Riesenotter in Familien von vier bis acht Tieren. Sie bewohnen die langsam fließenden Flüsse der südamerikanischen Tropen. Riesenotter jagen Fische und Krebse, die sie zwar mit dem Mund packen, beim Fressen aber mit den Händen festhalten.

die Erwachsenen klettern sicher. Selbst Jungmarder, die in einem Astloch geboren werden, sind zunächst ängstliche und unsichere Kletterer.

Die Fischotter haben sich ans Wasser angepasst. Schwimmfüße und ein dichtes Fell ermöglichen ihnen ein Leben in Flüssen, Seen und im Meer. Es dauert eine Weile, bis die Jungen die Lebensweise der Eltern annehmen: Die Mütter müssen ihre Jungen zum Schwimmen erst ermuntern. Vielleicht bieten uns die Fischotter einen direkten Blick in die Evolution: Bei den Jungen ist das Erbe der Landtiere noch stärker und sie müssen erst lernen, sich an das neue Element zu gewöhnen.

## FISCHOTTER

Fischotter kommen von Irland bis Korea, von Finnland bis Nordafrika vor – alles was sie brauchen, ist sauberes Süßwasser oder einsame Küsten. Sie sind geschmeidig, kurzbeinig und haben ein dickes, wasserdichtes Fell. Mit den Schwimmfüßen paddeln oder steuern sie nur, wenn sie sehr langsam schwimmen, sonst schlängeln sie ihren Körper wellenartig im Wasser auf und ab.

Dank seiner großen Lunge kann ein Fischotter vier Minuten lang unter Wasser bleiben und nach Fischen, Fröschen oder Krebsen suchen. Als geschickter Jäger fängt er aber auch Wasservögel oder kleine Landsäugetiere. Fischotter packen ihre Beute mit dem Mund, halten sie aber später beim Fressen mit den Vorderpfoten fest. Sie scheinen ihre Nahrung gründlicher zu kauen als andere Raubtiere.

Obwohl sie auf Wasser angewiesen sind, verbringen Fischotter viel Zeit an Land. Sie markieren ihr Revier mit Kot, den sie an markanten Plätzen absetzen. Männchen beanspruchen eine bis zu 20 km lange Uferstrecke. Weibliche Fischotter bringen ihre Babys fast während des ganzen Jahres zur Welt; die Kleinen sind – wie alle Jungtiere – äußerst verspielt. Diesen Spieltrieb scheinen auch erwachsene Fischotter bewahrt zu haben: Sie lieben es herumzutollen oder im Schnee und Schlamm zu „rodeln".

*Unter Wasser verschließt ein Fischotter Ohren und Nase. Die Augen sitzen weit oben am Kopf, sodass der Otter auch bei fast untergetauchtem Körper noch oberhalb der Wasseroberfläche sehen kann.*

*Ein Fischotterweibchen und seine Jungen sitzen vor ihrem Bau und überblicken ihr Revier.*

## FAMILIENMERKMALE

*Familie:* Viverridae, Schleichkatzen

*Zahl der Arten:* 71

*Artnamen (Beispiele):*
Ichneumon:
 *Herpestes ichneumon*
Kleinfleck-Ginsterkatze:
 *Genetta genetta*
Otterzivette:
 *Cynogale benettii*
Erdmännchen:
 *Suricata suricatta*

*Kleinste Art:*
Süd-Zwergichneumon
 Länge Kopf/Körper: 26 cm
 Schwanzlänge: 24 cm
*Größte Art:* Binturong
 Länge Kopf/Körper: 96 cm
 Schwanzlänge: bis 89 cm

*Zahl der Jungen:*
1–6, meist 3 oder 4; bei der
Geburt blind und behaart

*Lebenserwartung:*
in Freiheit bis 15 Jahre

*Verbreitung:* Südeuropa,
Afrika und Südostasien

### ERDMÄNNCHEN

Die gesellig lebenden Erdmännchen besiedeln trockenere und offenere Landschaften als die übrigen Schleichkatzen. Mit den langen Krallen an den Vorderfüßen graben sie Baue, in denen mindestens zwei Familiengruppen leben. Jede besteht aus einem erwachsenen Paar und ihren Jungen. Am Tag suchen sie nach Vogeleiern und drehen jeden Stein um, um darunter nach großen, wirbellosen Tieren und kleinen Eidechsen zu suchen, ihrer wichtigsten Nahrung. Dabei sind niemals alle beteiligt: Während sich einige Tiere sonnen, halten andere an erhöhten Stellen Ausschau und warnen die Familie vor Greifvögeln und anderen Gefahren.

# Schleichkatzen

Schleichkatzen sind kleine bis mittelgroße Fleischfresser mit kurzen Beinen und geschmeidigen Körpern. Sie kommen in den wärmeren Teilen der Alten Welt vor, von Südeuropa über Afrika und Madagaskar bis nach Südostasien. Die meisten Arten suchen Schutz unter dichtem Pflanzenwuchs, wie in Wäldern oder Buschland, einige besiedeln auch Savannen. Viele können gut klettern, manche sogar schwimmen. Der Binturong und einige andere Arten laufen wie Bären schlurfend auf der ganzen Sohle, während die Zibetkatzen auf den Zehen gehen und sich im eleganten „Walzertakt" bewegen. Obwohl die meisten Arten als Einzelgänger oder paarweise leben, gibt es auch einige gesellig lebende Formen.

## MUNGOS – DIE SCHLANGENTÖTER

Mungos fressen alle Arten von Fleisch, von Krebsen bis zu kleinen Vögeln, aber auch Früchte. Sie sind jedoch vor allem wegen ihrer Vorliebe für Schlangen berühmt, selbst für giftige Arten wie Kobras. Mungos sind keineswegs immun gegen Schlangengift, sie bewegen sich jedoch so schnell, dass die Schlange ins Leere beißt. Sobald ein Mungo die Schlange hinter dem Kopf zu packen bekommt, ist der Kampf beendet.

### SCHÄDEL EINES MUNGOS

Mungos und ihre Verwandten haben lange Schnauzen und flache Gehirnschädel und bis zu 40 scharfe Zähne, mit denen sie ihre Nahrung packen und zerkleinern. Bei den Arten, die viele Früchte fressen, sind die hinteren Zähne flacher und zum Mahlen geeignet.

### NAHRUNGSSUCHE

Wie alle Raubtiere erkunden Mungos jeden Winkel ihres Reviers. Obwohl sie nicht sicher klettern, wagen sie sich gelegentlich auf einen Baum um nach Eiern und Vogelküken zu suchen. Sie zwängen sich sogar mit viel Mühe in enge Erdlöcher, wenn sie sich darin eine leckere Eiermahlzeit erhoffen.

### EIER ÖFFNEN

Manche Eier von bodenbrütenden Vögeln sind zu groß oder zu hartschalig für die Zähne eines Mungos. Davon lassen sie sich aber nicht abschrecken, sondern tragen oder rollen das Ei zu einem großen Stein. Dann werfen sie es so lange gegen den Stein, bis die Schale aufbricht.

## GINSTERKATZEN

Die meisten Ginsterkatzen leben in den Wäldern, Savannen und Halbwüsten Afrikas, eine Art lebt sogar in Südeuropa. Ihr Verhalten erinnert an Katzen, vor allem wenn sie ausgiebig ihr Fell putzen. Allerdings waschen sie ihr Gesicht, anders als eine Katze, immer mit beiden Vorderpfoten (unten).

Schleichkatzen können recht alt werden, in Zoos erreichten einige ein Alter von fast 30 Jahren. Da sie vorwiegend kleine Wirbeltiere jagen, wie Eidechsen oder Mäuse, wurden sie in einigen Länder eingeführt, um dort die Schädlinge auszurotten. Allerdings sind solche Versuche meist gescheitert, denn sie fanden sehr leicht andere Beute als die von den Menschen erwünschten Ratten oder Schlangen. In einigen Fällen haben sie daher das empfindliche Gleichgewicht zwischen den

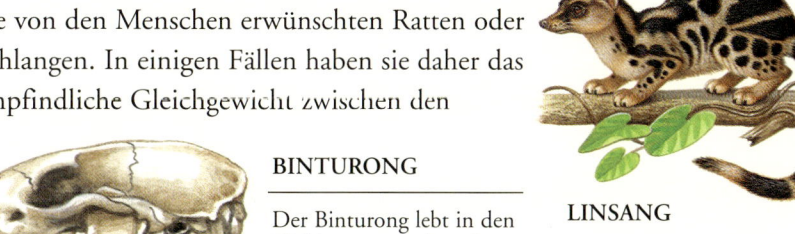

*Ginsterkatzen haben zwar die typischen, schneidenden Zähne eines Fleischfressers, ihnen fehlt jedoch der Knochenkamm auf dem Schädel, an dem kräftige Kaumuskeln ansetzen könnten – ein Beleg dafür, dass sie nur kleine Tiere fressen.*

### BINTURONG

Der Binturong lebt in den Wäldern von Indonesien und Südostasien. Die Spitze seines Schwanzes ist zum Greifen geeignet, daher kann er gut klettern. Binturongs sind Allesfresser, die schwimmend Fische fangen, außerdem Vögel, Aas, Früchte und Sprossen fressen. Oft geht die Familie gemeinsam auf die Jagd. In Gefangenschaft sind Binturongs laut, sie grunzen, jaulen und zischen.

### LINSANG

Die wunderschönen, aber sehr seltenen Linsangs kommen in Teilen Afrikas und Südostasiens vor. Die nachtaktiven Tiere leben vorwiegend in Wäldern, wo sie auf dem Boden jagen. Im Unterschied zu den übrigen Schleichkatzen scheinen sie Duft weder zur Reviermarkierung noch zur Verständigung zu nutzen.

**14 RAUBTIERE**

## JÄGER IN DER NACHT

Ginsterkatzen verschlafen den Tag in einem hohlen Baum oder einer Felshöhle und gehen nachts auf die Jagd. Manchmal sind sie paarweise unterwegs und verständigen sich über Laute, Düfte und Körpersprache.

*Anschleichen*

*Sie schlafen am Tag.*

Auf der Jagd nach ihrer Beute zwängen sich die geschmeidigen Ginsterkatzen noch in kleinste Spalten. Um Waldmäuse – ihre liebste Beute – zu erwischen, drücken sie sich eng an den Boden. Wie Katzen lieben sie es, mit der gefangenen Beute zu spielen.

*Sie spielen mit der Beute.*

### OTTERZIVETTE

Die Otterzivette kommt in Südostasien und Teilen Indonesiens vor. Obwohl sie einem Fischotter gleicht, ist sie ein eher mittelmäßiger Schwimmer. Sie jagt verschiedene Wassertiere, denen sie untergetaucht auflauert – dann schaut nur die Nase aus dem Wasser. Ihr fallen auch Vögel oder kleine Säugetiere zum Opfer, die an die Tränke kommen.

heimischen Arten stark gestört. Viele Schleichkatzen haben herrlich gezeichnetes Fell mit dunklen Flecken und Streifen auf gelbem oder grauen Untergrund. Einerseits dient die Zeichnung als Tarnung, andererseits soll sie mögliche Angreifer abschrecken. Alle Schleichkatzen haben Stinkdrüsen, mit denen sie sich ähnlich wie ein Skunk verteidigen können. Sie markieren ihre Reviere mit einem bestimmten Geruch. Manche dieser Duftnoten empfinden wir als angenehm und in einigen Teilen der Welt werden Zibetkatzen mehrmals in der Woche „gemolken". Das dabei gewonnene Moschus (3–4 g) wird zu Parfüms und Medikamenten verarbeitet.

## FAMILIENMERKMALE

**Familie:** Procyonidae, Kleinbären

**Zahl der Arten:** 19

**Artnamen (Beispiele):**
Waschbär: *Procyon lotor*
Wickelbär: *Potos flavus*
Kleiner Panda:
  *Ailurus fulgens*

**Kleinste Art:** Katzenfrett
  Länge Kopf/Körper: 31 cm
  Schwanzlänge: 31 cm
**Größte Art:** Waschbär
  Länge Kopf/Körper: 60 cm
  Schwanzlänge: 40 cm

**Zahl der Jungen:**
3 oder 4; kleinere Arten
haben weniger Junge

**Lebenserwartung:**
im Zoo bis 23 Jahre

**Verbreitung:** gemäßigtes
und tropisches Amerika;
Kleiner Panda in Südasien

# Kleinbären

Kleinbären zeichnen sich durch runde Köpfe mit spitzen Schnauzen aus. Der dunkle Streifen, der sich oft quer über ihr Gesicht zieht, erinnert an die Maske eines Räubers; der lange Schwanz ist gewöhnlich gestreift. Bis auf den asiatischen Kleinen Panda kommen alle Kleinbären in Nord- oder Südamerika vor. Der Waschbär, der in den 1930er Jahren als Pelztier nach Europa eingeführt wurde, konnte aus den Pelztierfarmen flüchten und breitet sich dort in einigen Ländern aus.

Alle Mitglieder der Familie sind Raubtiere, deren Skelette und Gebisse einer Katze oder einem Hund gleichen – dennoch haben sich die meisten Arten von reiner Fleischnahrung abgewandt. Der Wickelbär

## ERNÄHRUNG

Dass Waschbären Hühner töten (oben) kommt eher selten vor. Meistens suchen sie nach kleinerer Beute – Grashüpfern, Fröschen und Mäusen – außerdem fressen sie viele Beeren und Nüsse.

## AUFZUCHT DER JUNGEN

Weibliche Waschbären bringen im Frühsommer gewöhnlich drei oder vier Babys zur Welt. Bei der Geburt sind sie blind, nackt und hilflos. Nach drei Wochen öffnen sich ihre Augen und nach weiteren neun Wochen begleiten sie ihre Mutter auf die Jagd. Die Familie bleibt zusammen; sie unterhalten sich oft lebhaft schnatternd. Als gute Schwimmer finden sie viel Nahrung im oder am Wasser. Ob oder warum sie allerdings ihre Beute durch Bewegungen im Wasser „waschen", ist noch nicht endgültig geklärt.

*Junge Waschbären werden vier Monate lang gesäugt; sie bleiben bis zum Alter von einem Jahr bei ihrer Mutter.*

## GELENKIGE FINGER

Waschbären haben an jedem Fuß fünf Zehen. Im Schnee oder Schlamm sehen die Abdrücke der Hinterfüße wie die eines kleinen Erwachsenen, die

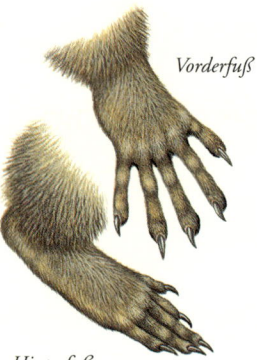

*Vorderfuß*

*Hinterfuß*

Vorderfüße wie die Hand eines Babys aus. In einigen Städten wurden Waschbären zur Plage, da sie Mülltonnen, Häuser und Gartenhäuser durchwühlen. Mit ihren langen Fingern können sie, ähnlich geschickt wie Affen, Riegel und Schlösser öffnen.

ernährt sich sogar fast ausschließlich von Früchten. Die übrigen Arten fressen alles, von kleinen Tieren bis Pflanzen.

Viele Arten leben gesellig. Die Familien gehen nachts gemeinsam auf die Jagd, den Tag verbringen sie in ihrem Bau, etwa in einem hohlen Baumstamm. Allerdings wissen wir nur wenig über das Zusammenleben

*Die ersten zwei Monate verbringen die Waschbärbabys in einer sicheren Höhle.*

## WICKELBÄR

Wickelbären leben in den Wäldern von Südmexiko bis Brasilien. Ähnlich wie die Affen der Neuen Welt können sie sich mit ihrem Greifschwanz an einem Ast aufhängen (rechts). Sie sind beweglich, klettern aber vorsichtig von Baum zu Baum. Den Tag verbringen sie in Astlöchern, nachts gehen sie auf Nahrungssuche. Obwohl sie gelegentlich Insekten, kleine Eidechsen oder den Honig wilder Bienen fressen, leben sie vorwiegend von Früchten. Sie knacken die Schale mit ihren spitzen Zähnen und lecken das weiche Fruchtfleisch mit der Zunge auf.

*Schädel des Wickelbären*

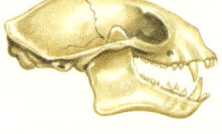

*Im Verhältnis zur Körpergröße haben Wickelbären die längsten Zungen aller Säugetiere.*

vieler tropischer Arten. Die Waschbären verhalten sich jedenfalls ungewöhnlich: Ein Männchen hat mehrere Weibchen, während sich die Weibchen für ein Männchen entscheiden und ihm treu bleiben.

Im Unterschied zu den meisten anderen Raubtieren gehen Kleinbären nicht auf den Zehen, sondern treten mit der Sohle ihrer fünfzehigen Füße auf. Die meisten Kleinbären können gut klettern und verbringen viel Zeit in Bäumen. Mit ihren beweglichen Fingern sind Waschbären in der Lage, Gegenstände sehr geschickt zu untersuchen – vielleicht gelten sie deshalb als intelligenter als andere Tiere. In Freiheit überleben Kleinbären nicht sehr lange, im Zoo können sie bis zu 23 Jahre alt werden.

## KLEINER PANDA

Der Kleine Panda lebt im Himalaja und Südasien in Bergen bis zu 4 000 m Höhe und braucht sein langes, weiches Fell, um sich warm zu halten. Pandas können gut klettern; sie halten sich mit teilweise einziehbaren Krallen fest. Den Tag verschlafen sie zusammengerollt, mit dem Schwanz über dem Kopf, oder ruhen auf einem Ast mit den Armen über dem Kopf. Nachts suchen sie am Boden nach Nahrung. Sie leben vorwiegend von Bambus, Gras, Wurzeln und einigen Früchten, verschmähen aber weder Insekten noch

andere Beutetiere bis Mausgröße. Die Familien sind meist zusammen in ihrem kleinen Revier unterwegs. Die beiden Jungen kommen im Sommer zur Welt und verlassen ihre Mutter im Alter von einem Jahr.

*Der Kleine Panda frisst fast ausschließlich die Pflanzen der Bergwälder.*

*Fühlt sich ein Panda bedroht, richtet er sich – gestützt auf den Schwanz – auf die Hinterbeine und faucht und knurrt den Angreifer an.*

## NASENBÄR

Die Nasenbären oder Koatis leben in bewaldeten Regionen von den USA bis Patagonien. Die erwachsenen Männchen bleiben allein. Die Weibchen ziehen in Gruppen von bis zu 25 Tieren mit ihren Jungen umher, tragen die Schwänze hoch, schnattern, spielen und halten häufig an, um sich das Fell mit Händen, Füßen oder Zähnen zu

pflegen. Auf dem Boden schnüffeln sie mit der beweglichen Nase nach kleinen Tieren von Nagetiergröße, ernähren sich aber meistens von Früchten. Koatis klettern gut, sie halten Balance mit ihrem Schwanz. Nachdem ihre Zahl in den USA bis in die 1960er Jahre abgenommen hatte, steigt sie nun wieder an, und die Koatis breiten sich von Arizona aus nach Norden aus.

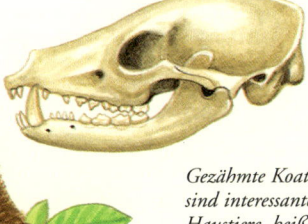

*Gezähmte Koatis sind interessante Haustiere, beißen allerdings mit den kräftigen Eckzähnen zu (oben) und richten ziemliche Zerstörungen an.*

## KATZENFRETT

Die Katzenfrett-Arten kommen im Süden der USA bis nach Mittelamerika vor. Sie bevorzugen felsiges, raues Gelände. Katzenfretts klettern sehr gut, sowohl in Felsen wie auf Bäumen, die sie mit dem Kopf nach unten blitzschnell hinabklettern. Sie fressen verschiedene Pflanzen und kleine Tiere.

Die Männchen helfen bei der Aufzucht der Jungen, die sich im Alter von vier Monaten als Einzelgänger selbstständig machen.

## FAMILIENMERKMALE | Hyänen

**Familie:** Hyaenidae, Hyänen
(nach dem griechischen Wort
für Schweine)

**Zahl der Arten:** 4

**Artnamen (Beispiele):**
Tüpfelhyäne: *Crocuta crocuta*
Erdwolf: *Proteles cristatus*

**Kleinste Art:** Erdwolf
Länge Kopf/Körper:
  bis 80 cm
Schwanzlänge: 25 cm
Gewicht: bis 14 kg
**Größte Art:** Fleckenhyäne
Länge Kopf/Körper:
  bis 1,60 m
Schwanzlänge: bis 36 cm
Gewicht: 40–86 kg

**Zahl der Jungen:**
1–5, meist 3

**Tragzeit:** 3 Monate

**Lebenserwartung:**
Im Zoo werden Flecken-
hyänen über 40 Jahre alt

**Verbreitung:** Afrika, Arabien,
Türkei bis Indien

Die nicht sonderlich beliebten eigentlichen Hyänen und der verwandte Erdwolf halten sich bevorzugt in offenem Gelände auf. Sie sehen mit den längeren, kräftigeren Vorderbeinen nicht nur unproportioniert aus, sondern haben auch den schlechten Ruf, Aasfresser zu sein, denen kein Fleisch zu verdorben ist. Mit den enormen Reißzähnen in ihren massigen Schädeln „knacken" sie jeden Bestandteil eines toten Tieres. Selbst Knochen können sie verdauen. Da ihr Kot viele Knochenminerale enthält, färbt er sich weiß und dient als Reviermarkierung.

Es gibt noch viel zu erforschen: Hyänen sind vorwiegend nachts aktiv und machen mit lautem Heulen und Jaulen auf sich aufmerksam. Auf der Suche nach Beute scheinen sie ohne Pause laufen zu können – Fleckenhyänen legen in einer Nacht bis zu 80 km zurück. Die weiblichen Streifenhyänen sind so groß wie die Männchen, bei den Schabrackenhyänen sind die Weibchen etwas größer und schwerer und übernehmen die Führung der Gruppe. Da sich die äußeren Geschlechtsmerkmale sehr stark gleichen, ist es schwierig, Männchen und Weibchen auseinander zu halten.

### SCHABRACKENHYÄNE

Braune oder Schabrackenhyänen sind kleine Jäger und Aasfresser und leben in trockenen Regionen. Sie leben in Clans und ziehen ihre Jungen gemeinsam auf, d. h. die Babys dürfen bei allen Müttern Milch trinken. Jeder Clan verteidigt ein bis zu 170 km² großes Revier, in dem aber jedes Tier einzeln jagt.

### FLECKENHYÄNE

Fleckenhyänen leben in „Clans" von bis zu 80 Tieren – das sind Gruppen, deren Weibchen eine strenge Rangordnung haben. Für die Jagd tun sich allerdings kleinere Trupps zusammen. Hyänen werden häufig als reine Aasfresser angesehen, sind aber sehr geschickte Jäger: Sie wählen ein schwächeres Tier aus einer Herde aus, verfolgen und töten es. In vielen Gegenden machen die Hyänen mehr Beute als Löwen.

**ERDWOLF** (oben)

Erdwölfe ernähren sich vorwiegend von Termiten, anderen Insekten und ihren Maden. Männchen und Weibchen leben zumeist als Einzelgänger; sie markieren ihr Revier mit Duftdrüsen am Hinterteil.

Zur Verteidigung stehen ihnen nur ihre langen Eckzähne zur Verfügung, daher sträuben sie bei Gefahr das lange Rückenfell – damit verdoppeln sie scheinbar ihre Größe – und knurren den Angreifer markerschütternd an.

### STREIFENHYÄNE

Streifenhyänen sind gewöhnlich Aasfresser. Sie leben in felsigem Gelände, wo sie Trinkwasser finden. In besiedelten Gegenden fallen sie gelegentlich über Vieh her oder suchen nach Feldfrüchten. Die Familien bleiben zusammen, allerdings dulden die dominanten Weibchen nur Männchen und keine anderen Weibchen neben sich.

*Gegen eine Löwin würden sich die Hyänen (rechts) wehren, aber dieser Löwe wird sie sicher von ihrer Beute vertreiben.*

## PANTHER

Früher nannte man Leoparden auch Panther, heute wird der Begriff nur noch für schwarz gefärbte Formen verwendet. Sie kommen vor allem in Malaysia häufig vor – warum, ist nicht bekannt. Bis auf ihre Farbe unterscheiden sie sich nicht von normalen Leoparden.

## ZÄHNE FÜR FLEISCH

Die auffälligsten Zähne einer Katze sind die langen Eckzähne. Viel kräftiger sind jedoch die hinten im Kiefer sitzenden Reißzähne, mit denen sie das Fleisch vom Körper ihrer Opfer schneiden.

*Die Zunge der Katzen ist mit scharfen Papillen (Erhebungen) aus Horn bedeckt, mit denen sie Fleischstücke von den Knochen schaben können.*

# Katzen

Katzen sind die perfekten „Tötungsmaschinen" unter den Raubtieren. Sie nehmen fast ausschließlich Fleisch und nur sehr wenig Pflanzenkost zu sich. Katzen kommen beinahe überall auf der Erde vor – nur in der Antarktis, auf vielen Inseln, auch in der Karibik, in Australien und Madagaskar fehlen sie.

Obwohl sie sich beträchtlich in der Größe unterscheiden, sehen sich alle Katzen sehr ähnlich und verfolgen als Überfalljäger auch dieselbe Jagdstrategie. Katzen laufen auf den Zehen und erreichen auf kurzen Strecken hohe Geschwindigkeiten. Allerdings verfolgen weder Löwen noch die kleinste Miezekatze ihre Beute länger als ein paar hundert Meter. Sie schleichen sich getarnt und lautlos auf weichen

*Blaue Perserkatze*

### GROSSE KATZEN, KLEINE KATZEN

Katzen unterscheiden sich nur in Größe und Farbe, ihr Körperbau ist erstaunlich ähnlich; große Katzen haben allerdings etwas andere Augen und Stimmen. Oberflächliche Unterschiede wie Schwanz- oder Ohrgröße spielen keine Rolle, da selbst Hauskatzen noch wie Wildtiere gebaut sind. Perserkatzen haben langes Fell und kurze Gesichter, Siamkatzen kurzes Fell und lange Gesichter, Beine und Schwänze – die Unterschiede zwischen den Rassen sind deutlich geringer als bei Hunden.

*Siamkatze*

*Afrikanischer Löwe*

Sohlen so nah wie möglich an, dann stürzen sie sich auf ihr ahnungsloses Opfer. Sie fressen auch den Darm der Beutetiere und seinen unverdauten Inhalt; Pflanzen mögen sie gewöhnlich nicht. Ihre Zähne, vor allem die Reißzähne, sind an diese Ernährungsweise angepasst.

Anders als bei Hunden sind ihre Backenzähne zu nutzlosen Zähnchen verkümmert. Im Vergleich zu anderen Raubtieren haben Katzen kurze Gesichter mit großen, nach vorn gerichteten Augen. Damit haben sie zwar keine Rundumsicht, können aber sehr gut Entfernungen vor dem Sprung auf das Opfer abschätzen.

*Familie:* Felidae, Katzen

*Zahl der Arten:* 37

*Artnamen (Beispiele):*
Löwe: *Panthera leo*
Tiger: *Panthera tigris*
Gepard: *Acinonyx jubatus*
Luchs: *Felis lynx*
  (auch *Lynx lynx*)
Wildkatze: *Felis sylvestris*

*Kleinste wilde Art:*
Schwarzfußkatze
  Länge Kopf/Körper:
    bis 50 cm
  Schwanzlänge: bis 20 cm
  Gewicht: bis 2,75 kg
*Größte Art:*
Sibirischer Tiger
  Länge Kopf/Körper:
    bis 2,80 m
  Schwanzlänge: bis 95 cm
  Gewicht: bis 270 kg

*Zahl der Jungen:*
selten mehr als 6

*Tragzeit:* Schwarzfußkatze
etwa 63 Tage, Tiger über
100 Tage

*Lebenserwartung:*
13–30 Jahre im Zoo

*Verbreitung:* weltweit, außer sehr weit im Norden, in Australien und der Antarktis

## KRALLEN

Katzen haben schmale, gekrümmte Krallen. Da sie durch besondere Bänder in Hauttaschen des Fußes zurückgezogen werden, berühren sie beim Laufen nicht den Boden und

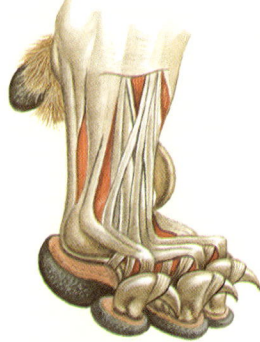

bleiben scharf. Auf diese Weise können sich Katzen auch leise anschleichen, ohne mit den Krallen zu scharren.

Die meisten Katzen sind Einzelgänger, die nachts jagen und Streifgebiete von über 5000 km$^2$ (Sibirischer Tiger) bis zu 50 ha (Wildkatze) durchstreifen. Möglicherweise haben manche Katzenarten kleinere Streifgebiete, aber viele Katzen sind scheue Waldbewohner, über die nur wenig bekannt ist.

Katzen spüren ihre Beute vorwiegend mit Augen und Ohren auf. Ihr Geruchssinn ist dagegen eher beim Kontakt mit Artgenossen von Bedeutung, weniger bei der Jagd. Während sich die Pupillen im Katzenauge am Tag zu schmalen, senkrechten Schlitzen verengen, sind sie nachts weit geöffnet, um alles verfügbare Licht einzufangen. Da das Licht von einer spiegelnden Schicht hinter dem Auge reflektiert wird, nutzen es Katzen sogar zweimal. Der wichtigste Sinn scheint jedoch ihr Gehör zu

## FISCHKATZE

Viele Katzen scheuen das Wasser, nur die Fischkatze aus Südostasien lebt in Feuchtgebieten und Sümpfen und schwimmt durch tiefes Wasser. Sie lauert auf Felsen oder Sandbänken, bis ein Fisch heranschwimmt, den sie mit den Krallen packen kann. Sonst lebt sie von vielen Kleintieren, wie Krebsen, Fröschen und Schlangen.

## BAUMOZELOT

Der Baumozelot ist eine seltene Katze aus Mittel- und Südamerika. Er kann sehr gut klettern, denn seine großen Vorderfüße haben beweglichere Zehen als andere Katzen. Seine Beute – Vögel, Baumfrösche und Eidechsen – jagt er vorwiegend auf den Bäumen.

## WILDKATZE

Die Wildkatze gleicht einer stämmigen Hauskatze mit dickem, stumpf endendem Schwanz. Früher kam sie in vielen Teilen Europas und im gemäßigten Asien vor. Obwohl sie vor allem von kleinen Nagetieren lebt, wurde sie fast völlig ausgerottet, weil man sie als Nutztierräuber fürchtete. Inzwischen taucht sie mancherorts wieder auf. In Europa gilt sie als fast unzähmbar; dennoch war es einer ihrer nächsten

*Unterseite der Vorderpfote; zurückgezogene und ausgestreckte Kralle (rechts).*

Verwandten aus Ägypten, der sich als Hauskatze über die ganze Erde ausbreitete.

sein. Sie hören nicht nur das leiseste Rascheln, sondern bestimmen präzise, wo es herkommt. Die langen Schnurrhaare um die Nase sind mit empfindlichen Nerven verbunden, daher spüren Katzen bei Berührung jeden Widerstand.

Wie eine Katze tötet, richtet sich nach der Art und den Umständen – häufig werden Tiere mit einem Biss in den Nacken getötet. Die Löwen, die so große Tiere wie Zebras überwältigen, verbeißen sich in der Kehle und erwürgen ihre Opfer. Auch die Dehnbarkeit der Vorderbeine spielt

## SERVAL

Der Serval ist eine bis 18 kg schwere Katze, die in den afrikanischen Savannen lebt. Er hält sich meist an Flüssen zwischen dichtem Pflanzenwuchs auf. Die Einzelgänger gehen nachts auf die Jagd nach Bodentieren, wie Mäusen, Hasen, kleinen Antilopen und Vögeln, die

sie mit Augen und Ohren aufspüren. Servale legen täglich bis 4 km zurück und können im 3 m hohen Sprung Vögel aus der Luft fangen.

## GOLDKATZE

Goldkatzen sind scheue Tiere der afrikanischen Regenwälder. Ihre Farbe kann variieren, einige sind schwach gefleckt. Sie verbringen viel Zeit ruhend auf einem Baum, sind aber kräftig genug, kleine Antilopen zu reißen.

## ZUNAHME DER BESTÄNDE

Da der Luchs in seinem gesamten Verbreitungsgebiet rücksichtslos von Menschen gejagt wurde, ist er sehr selten geworden. Wird er jedoch geschützt, vermehrt er sich wieder. Kleine Luchse, die in Höhlen oder alten Dachsbauen geboren werden, bleiben ein Jahr bei ihrer Mutter. In dieser Zeit lernen sie, wie man jagt und überlebt. Auch danach bleibt die Familie eine Weile zusammen; Weibchen bekommen nach fast zwei Jahren eigene Junge und Männchen sind nach drei Jahren zeugungsfähig. Erwachsene Luchse leben allein.

## PARDELLUCHS

Der Pardelluchs (oben) ist stärker gefleckt als die übrigen Luchsarten. Obwohl er trockene, heiße Gebiete bewohnt, unterscheidet sich seine Lebensweise kaum von der anderer Katzen: Er lauert seiner Beute auf einem Fels oder Ast auf.

## LUCHS

Einst besiedelte der Luchs alle Kontinente der Nordhalbkugel, wurde aber bis auf abgelegene Gebiete fast völlig ausgerottet. Er kann gut klettern und schwimmen, jagt aber vorwiegend Kaninchen und Hasen. In Nordamerika hängt die Zahl der Luchse direkt von der Zahl der Schneeschuhhasen ab.

*Luchse haben ein fast fleckenloses Fell. Mit den breiten Füßen sinken sie bei der Jagd nicht im Schnee ein.*

eine Rolle: Sie können weiter vorgestreckt werden als bei anderen Raubtieren, sodass Katzen ihre Beute packen und mit den scharfen, einziehbaren Krallen sicher festhalten können.

Viele Hauskatzen sind besonders fruchtbar; sie bringen mehrmals pro Jahr Junge zur Welt, während wilde Katzen nur einmal jährlich Babys bekommen. Männliche Katzen kümmern sich nicht um die Jungenaufzucht. Die Jungen verlassen ihre Mutter, wenn sie von ihr gelernt haben, wie man jagt. Das kann bei kleineren Arten bereits nach einigen Monaten geschehen, beim Tiger dauert es zwei bis drei Jahre.

Die 30 Arten der so genannten „kleinen Katzen" unterscheiden sich untereinander deutlich in der Größe, von der kleinen südafrikanischen Schwarzfußkatze bis zum Puma, der so groß wird wie ein Leopard. Von den Großkatzen trennt sie unter anderem die Form der Pupille – Löwen und ihre Verwandten haben runde Pupillen – und der Aufbau des Kehlkopfes: Große Katzen brüllen, kleine Katzen schreien; kleine Katzen können dauernd schnurren, große müssen nach jedem Schnurrlaut wieder einatmen.

## ROTLUCHS

Wie der Luchs hat auch der Rotluchs Pinselohren. Er kommt in Nordamerika noch sehr häufig vor. Dort findet er sich in vielen Lebensräumen zurecht und jagt unterschiedliche Tiere – von Schneeschuhhasen bis zu Fledermäusen und sogar Stachelschweinen.

## OZELOT

Der Ozelot ist etwas größer als der Baumozelot und verbringt mehr Zeit am Boden. Er jagt kleine Nagetiere, junge Hirsche oder Pekaris. In Peru besetzen erwachsene Weibchen ein Revier von 2 km²; die größeren Reviere der Männchen überlappen mehrere weibliche Reviere.

## KARAKAL

Der Karakal kommt in den Halbwüsten von Nordwestindien bis Afrika vor. Er wiegt bis 19 kg und jagt tagsüber wie nachts Nagetiere, Vögel und kleine Antilopen. Karakals sind die schnellsten unter den kleinen Katzen.

Außer dem Gepard, der sich in vielen Merkmalen von den übrigen Katzen unterscheidet, gleichen Großkatzen, wie Leopard, Jaguar, Löwe und Tiger, ihren kleinen Verwandten. Der Leopard hat von allen Großkatzen die weiteste Verbreitung. Er kommt in fast ganz Afrika und in großen Teilen des wärmeren Asiens vor; dort findet er sich in allen Lebensräumen zurecht, die ihm genügend Schutz und Beute liefern. Er siedelt sich sogar in der Nähe menschlicher Siedlungen an, wo er gelegentlich einen Haushund reißt. Leoparden schleichen sich an ihre Beute an oder lauern auf einem Ast um sich von oben auf ihr Opfer zu stürzen. Schneeleoparden leben in den Hochgebirgen Zentralasiens. Ihre großen Reviere sollen sich mit denen anderer Leoparden überlappen, doch kommen sich die Nachbarn nie zu nahe.

## SCHNEELEOPARD

Den wunderschönen Schneeleopard, der im Hochgebirge des Himalaja lebt, schützt ein besonders dichtes Fell vor der Kälte. Er jagt am Tag Wildschafe, Murmeltiere und Hirsche. Da er gelegentlich Vieh angreift, wurde er in manchen Gegenden bereits ausgerottet.

## PUMA

Pumas oder Berglöwen sind etwa so groß oder sogar größer als ein Jaguar. Sie kommen nur noch in Gebirgen oder abgelegenen Regionen vor. Sind genügend Hirsche vorhanden, töten Pumas ein Tier pro Woche, ansonsten suchen sie nach kleinerer Beute – sogar nach Heuschrecken.

## LEOPARD

Leoparden sind scheue, aber sehr anpassungsfähige Raubtiere, die in vielen Lebensräumen zurechtkommen. Die Nachtjäger besetzen Reviere von 36 km$^2$, in denen sie bis zu 25 km pro Nacht zurücklegen. Leoparden können hervorragend klettern; sie schleppen Beute als Vorrat auf Bäume, die mehr wiegt als sie selbst.

Der Jaguar kommt von den südlichen USA bis nach Nordargentinien vor. Auch er fühlt sich in vielen Lebensräumen zu Hause, scheint aber die Nähe von Wasser zu bevorzugen. Sein Streifgebiet beträgt je nach Deckung und Beuteangebot 30–400 km$^2$.

Tiger kamen einst überall zwischen dem Kaspischen Meer, Iran und China vor; einige sogar auf den Inseln von Südostasien. Heute sind sie im Randbereich ihrer Verbreitung vollständig verschwunden. Selbst in Indien, wo sie noch relativ häufig sind, nimmt ihre Zahl ab. Tiger sind Waldtiere, die nachts auf die Jagd gehen. Sie spüren ihre Beute mit Augen und Ohren auf und schleichen sich so nahe wie möglich an, ehe sie angreifen. Ein Tiger

## NEBELPARDER

Diese wunderschöne Katze lebt in den Wäldern von Nepal bis Südostasien. Nebelparder ruhen sich auf Bäumen aus und klettern nur zur Jagd auf den Boden. Zu ihrer Beute gehören Vögel, Affen, Stachelschweine und junge Büffel.

## GEPARD

Der leichte, elegante Gepard unterscheidet sich von anderen Katzen, so kann er z. B. seine Krallen nicht einziehen. Geparde jagen mittelgroße Antilopen, die sie mit einer Geschwindigkeit von über 100 km/h verfolgen – allerdings halten sie nur 200 m weit durch.

## JAGUAR

Jaguare sind etwas größer als Leoparden und besetzten einst in Amerika ähnlich viele Lebensräume wie ihre Verwandten in der Alten Welt. Jaguare siedeln sich stets in der Nähe von Wasser an. Sie können gut schwimmen und klettern, jagen aber auf dem Boden, wo sie auch Beutevorräte verstecken. Ähnlich wie bei den Leoparden gibt es Formen mit abweichender Fellzeichnung.

*Normalfärbung*

*Schwarzer Jaguar*

## LÖWE – KÖNIG DER TIERE

Da uns Löwen schon immer mit ihrer Kraft imponiert haben, gelten sie seit langem als „Könige der Tiere". Inzwischen wissen wir, dass es meist die Löwinnen oder Hyänen sind, deren Beute der „König" übernimmt. Dieses Wissen macht Löwen aber nur umso interessanter.

*Der Löwe ist der erste an der Antilopenbeute.*

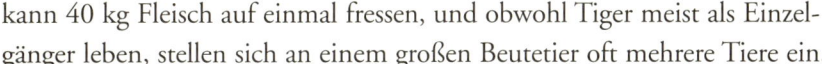

kann 40 kg Fleisch auf einmal fressen, und obwohl Tiger meist als Einzelgänger leben, stellen sich an einem großen Beutetier oft mehrere Tiere ein.

Löwen leben geselliger als die übrigen Großkatzen. Sie bilden Rudel von bis zu 20 Tieren, die aus verwandten Löwinnen und ihren Jungen, sowie bis zu vier Löwen bestehen. Jedes Rudel kontrolliert ein bis zu 400 km² großes Streifgebiet. Die Jagd auf die 50–300 kg schweren Beutetiere bleibt fast ausschließlich den Löwinnen überlassen. Nach dem Fressen ruhen sich Löwen aus – bis zu 21 Stunden am Tag. Da die Menschen die Zahl vieler Katzen deutlich reduziert haben, sind einige Arten sehr selten geworden. Tatsächlich reißen Großkatzen gelegentlich Vieh, vor allem, wenn

## ASIATISCHER LÖWE

Zu biblischen Zeiten lebten Löwen in Teilen von Südeuropa und waren weit in Asien und Indien verbreitet. Wilde Löwen kommen heute nur noch in Afrika und im indischen Nationalpark Gir vor. Dort wird eine kleine Gruppe wilder Löwen vor Wilderern und Menschen geschützt, die das Land besiedeln wollen.

## JAGD IN DER GRUPPE

Obwohl Löwen fast alle Tiere töten könnten, suchen sie sich als Beute normalerweise mittelgroße Huftiere aus, wie Gnus oder Zebras. Löwinnen gehen meist gemeinsam auf Jagd: Wenn sie sich aus zwei Richtungen nähern, hat das Opfer kaum eine Chance zur Flucht. Allerdings gehen sie nicht so gezielt vor wie Wölfe oder Hunde, daher entkommen ihnen neun von zehn Tieren. Nachdem die Beute gefallen ist, werden Löwinnen und ihre Jungen meist von einem Löwen vertrieben, der Vorrang genießt.

*Löwen beginnen ihr Mahl an den Hüften und Flanken; sie können 40 kg Fleisch auf einmal verzehren.*

## TIGER

Im Wald und hohen Gras sind Tiger gut getarnt. Sie gehen meist nachts auf die Jagd und schleppen ihre Beute als Vorrat in ein Versteck am Fluss. Dorthin kehren sie während der nächsten Tage immer wieder zurück (siehe nächste Seite).

*Ein indischer Königstiger schleicht sich an seine Beute im Wald an.*

Menschen ihre natürliche Beute abgeschossen oder vertrieben haben. Vielen Katzen wurde auch ihr schönes, geflecktes Fell zum Verhängnis. Obwohl sie geschützt sind, blüht in manchen Regionen noch immer der illegale Handel. Unter dem Handel mit Tierteilen für medizinische Zwecke – in der asiatischen Medizin glaubt man, die Kraft der Katzen könne sich auf den Menschen übertragen – hatten vor allem die Tiger zu leiden. Schließlich fürchteten viele Menschen, selbst Opfer einer Großkatze zu werden. Dabei scheinen Katzen nur dann das Fleisch von Menschen zu fressen, wenn sie kurz vor dem Verhungern stehen. Nur sehr alte oder verletzte Löwen, Tiger oder Leoparden werden zu „Menschenfressern".

## SIBIRISCHER TIGER

Früher kam der Sibirische Tiger im gesamten riesigen Nadelwaldgebiet der Taiga vor, das sich über ganz Nordasien erstreckt. Seine Beute waren Hirsche, Elche und Rehe. Sie sind die größten unter den Tigern: Ein Männchen wird über 4 m lang und kann mehr als 300 kg wiegen. Der mächtige Kopf mit der breiten Schnauze ist kräftiger gebaut als beim Königstiger.

Sibirische Sommer sind heiß, dafür wird es im Winter bitter kalt. Daher ist das Fell dieser Tiger dichter und länger als bei den südlichen Unterarten. Ein einzelnes Rückenhaar ist bis 56 mm lang, die Bauchhaare sogar noch länger. Auch im Winterfell sind die schmalen, braunen Streifen gut sichtbar, obwohl Sibirische Tiger heller gefärbt sind als die übrigen Tiger.

Wie seine Artgenossen hatte auch der Sibirische Tiger sehr unter den Menschen zu leiden: Er wurde verfolgt und seine Lebensräume zerstört. Heute kommt er nur noch streng geschützt in wenigen Gebieten vor. Dennoch nimmt die Zahl der Tiger ab, sodass inzwischen mehr sibirische Tiger in Zoos als in Freiheit leben.

*Die Unterarten der Tiger, die einst auf asiatischen Inseln lebten, sind bis auf den Bali-Tiger (oben) ausgestorben – auch er ist vom Aussterben bedroht.*

# ROBBEN

**15**

Robben, Seelöwen und das Walross sind die Fleischfresser des Meeres (Wasserraubtiere). Da sie nur hier ihre Nahrung finden, bewegen sie sich nie weit vom Wasser weg. Mit den zu Flossen umgewandelten Gliedmaßen sind sie an Land ohnehin langsam und plump. Im Unterschied zu den haarlosen Walen tragen sie ein Fell, schützen sich vor der Kälte des Wassers jedoch, wie die Wale, mit einer dicken Fettschicht unter der Haut. Sie können, auch dies ähnlich wie die Wale, sehr tief tauchen – einige Arten über 600 m – und speichern Sauerstoff in ihren Muskeln. Daher bleiben sie länger unter Wasser als andere Säugetiere – einige über eine Stunde – und verlangsamen ihren Herzschlag, während sie tauchen.

## DATEN ZUR ORDNUNG

Ordnung • Pinnipedia, Wasserraubtiere (bedeutet flügel- oder flossenfüßig)
Familien: 3,
34 Arten in 18 Gattungen

Phocidae (Hundsrobben), Otariidae (Ohrenrobben), Odobenidae (Walross)

**TRÄNEN**

Alle Säugetiere bilden ständig Tränen, die bei den Landtieren sofort über einen Tränenkanal abfließen. Da den Wasserraubtieren dieser Kanal fehlt, spült das Wasser die Tränen fort. An Land fließen sie über das Gesicht ab.

**ROBBEN | 15**

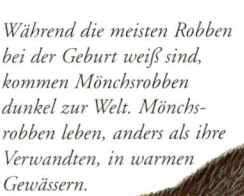

*Während die meisten Robben bei der Geburt weiß sind, kommen Mönchsrobben dunkel zur Welt. Mönchsrobben leben, anders als ihre Verwandten, in warmen Gewässern.*

Wer nur ihre unbeholfenen Bewegungen an Land kennt, ist von der Beweglichkeit und Grazie der Robben und ihrer Verwandten im Wasser verblüfft. Da ihre Wirbel lockerer miteinander verbunden sind als bei Landsäugetieren, ist ihre Wirbelsäule äußerst biegsam. Ihr stromlinienförmiger, mit Fett gepolsterter Körper dämpft nicht nur die Stöße der Meereswellen, er ist auch sehr beweglich und macht die Robben zu geschickten Fischjägern. Fast alle Wasserraubtiere leben in den kühlen bis polaren Gewässern. Nur die Mönchsrobben halten sich im warmen Mittelmeer und nahe Hawaii auf, während die kleine Baikal-Ringelrobbe als einzige Art ausschließlich in Süßwasser vorkommt.

## AUFBLASBARER RÜSSEL

Die Männchen der See-Elefanten und Klappmützen haben große, aufblasbare Nasenpartien, die sie bei Angst oder Erregung größer als einen Fußball aufblähen. Die Klappmütze kann außerdem eine merkwürdige rosa Blase aus ihrem linken Nasenloch aufblasen.

## HUNDSROBBEN

*Klappmütze*

*Bartrobbe*

*Seehund*

Hundsrobben (links) haben hundeartige Gesichter mit Schnurrhaaren und keine Ohrmuscheln. Dennoch können sie gut hören und sind häufig ziemlich laut. Da das äußere Ohr bis auf eine Hautfalte reduziert ist, ist ihr Kopf stromlinienförmig. Einige Arten können den Nasenraum zu einem Rüssel aufblähen, den die Männchen zum Imponieren benutzen.

## NASENLÖCHER

Damit sie sicher abtauchen können, atmen Robben aus und verschließen ihre Nasenlöcher, sodass kein Wasser eindringen kann. An Land halten sie oft ein Nasenloch geschlossen (oben) und atmen durch das andere.

*Vorderflosse einer Hundsrobbe*

*Vorderflosse (links) und Hinterflosse (rechts) einer Ohrenrobbe*

## Flossen

Bei allen Wasserraubtieren haben sich die Gliedmaßen der Landsäugetiere an ein Leben im Wasser angepasst: Während Hände und Füße vergrößert und durch Hautverbindungen zu Flossen umgeformt wurden – Finger- und Zehennägel blieben erhalten – sind Arm- und Beinknochen verkürzt.

*Hinterflosse einer Hundsrobbe*

## KALIFORNISCHER SEELÖWE

Kalifornische Seelöwen kommen bis zu den Galapagos-Inseln vor. Sie sind vor allem deswegen allgemein bekannt, weil sie häufig in Zoos oder im Zirkus zu sehen sind. Sie halten sich vorwiegend nahe der Küste auf, schwimmen selten weiter als 16 km ins Meer hinaus und kommen während des ganzes Jahres an Land.

# Ohrenrobben

Zu den Ohrenrobben gehören die stumpfnasigen Seelöwen mit kurzem Fell und die Pelzrobben oder Seebären, die ein längeres Fell und spitzere Schnauzen besitzen. Wie der Name verrät, besitzen sie winzige, sichtbare Ohrmuscheln. Im Unterschied zu den Hundsrobben können sie ihre Hinterflossen unter den Körper ziehen und sich so an Land in einer Art hoppelndem Galopp ziemlich schnell bewegen. Im Wasser schwimmen sie vor allem mit den Vorderflossen. Während der Brutsaison gesellen sie sich zu großen Kolonien zusammen. Die Bullen kommen an einsame Ufer und kämpfen untereinander Reviere aus. Später stoßen die trächtigen Kühe hinzu, die von den Bullen in ihre Harems übernommen werden. Die Kühe sind fast unmittelbar nach der Geburt wieder paarungsbereit, säugen ihre Jungen aber noch drei bis vier Monate lang. Während dieser Zeit kehren sie regelmäßig zur Jagd ins Meer zurück. Die Bullen halten es ohne Nahrung bis zu vier oder mehr Monate am Ufer aus.

**FAMILIENMERKMALE**

*Familie:* Otariidae, Ohrenrobben

*Zahl der Arten:* 14 in zwei Unterfamilien, Seelöwen und Pelzrobben

*Artnamen (Beispiele):* Kerguelen-Seebär: *Arctocephalus gazella* Stellerscher Seelöwe: *Eumetopias jubatus*

*Kleinste Art:* Galapagos-Seelöwe Länge: bis 1,50 m Gewicht: 67 kg, Kühe 27 kg *Größte Art:* Stellerscher Seelöwe Länge: bis 3,25 m Gewicht: bis 1 120 kg, Kühe viel kleiner

*Zahl der Jungen:* meist 1

*Tragzeit:* meist 1 Jahr, der Embryo nistet sich erst mehrere Monate nach der Befruchtung ein

*Lebenserwartung:* bis 30 Jahre

**15 ROBBEN**

## KERGUELEN-SEEBÄR

Jeden Sommer versammeln sich die Kerguelen-Seebären dicht gedrängt in Kolonien an der Küste um sich vier Monate lang der Paarung und Geburt ihrer Jungen zu widmen. Die Bullen kämpfen um ein Revier, während sich junge oder besiegte Männchen in Gruppen abseits der Kolonie aufhalten. Die Babys bleiben in der Nähe ihrer Mütter; wenn sie ins Meer schwimmen, um Nahrung zu suchen, versammeln sich die Kleinen in Kindergärten.

## STELLERSCHER SEELÖWE

Diese Art lebt zwischen Japan und Kalifornien in den kühlen Gewässern des Nordpazifiks. Die Babys werden meist im Juni geboren. Nach einigen Wochen schließen sie sich mit anderen Jungen zu einem Kindergarten zusammen und ab September wagen sie sich immer weiter hinaus ins Meer. Ihre Mütter versorgen sie noch mit Milch, bis sie ein Jahr alt sind – obwohl sie bereits entwöhnt sind.

*Die Männchen tragen einen langen, rauen Haarpelz auf Hals und Vorderkörper.*

*Eine junge Pelzrobbe trägt auf einem einzigen Quadratzentimeter Haut 40 000–60 000 Haare.*

## FELL

Das Fell der Ohrenrobben besteht aus dichten „Stammhaaren" und feinen, gewellten „Beihaaren". Obwohl jedes Haar aus einer eigenen Wurzel auswächst, teilen sich ein Stamm- und mehrere Beihaare eine Hautöffnung mit Talg- und Schweißdrüse.

**ROBBEN 15**

## FAMILIENMERKMALE

# Hundsrobben

*Familie:*
Phocidae, Hundsrobben

*Zahl der Arten:* 19

*Artnamen (Beispiele):*
Kegelrobbe:
 *Halichoerus gryptus*
Nördlicher See-Elefant:
 *Mirounga angustirostris*

*Kleinste Art:*
Baikal-Ringelrobbe
 Länge: etwa 1,40 m
 Gewicht: ab 50 kg
*Größte Art:*
Südlicher See-Elefant
 Länge: etwa 6 m
 Gewicht: fast 4 t

*Zahl der Jungen:* 1, selten
Zwillinge

*Tragzeit:* 9–12 Monate

*Lebenserwartung:* bei
vielen Arten nicht bekannt;
bei einigen über 30 Jahre

Obwohl sie sich gelegentlich den Lebensraum mit den Ohrenrobben teilen, handelt es sich um eine völlig andere Tiergruppe. Wenn sie das Wasser verlassen, fällt nicht nur auf, dass ihnen die Ohrmuscheln fehlen, sondern auch, dass sie ihre Hinterflossen nicht unter den Körper stellen können: Ihr Oberschenkel ist im Hüftgelenk gedreht, daher steht das zur Flosse umgeformte Bein nun längs zum Körper nach hinten. An Land müssen Hundsrobben sich vorwärts „robben" – im Vergleich mit den Ohrenrobben wirken sie noch langsamer und hilfloser. Beim Schwimmen bewegen sie die Hinterflossen jedoch nach rechts und links, während die Vorderflossen nur eine geringe Rolle spielen.

Hundsrobben leben viel weniger gesellig als Ohrenrobben. Obwohl viele ihre Jungen in Kolonien aufziehen, bleiben nur die Paare zusammen und die Bullen erkämpfen sich keine Harems. *(weiter auf S. 142)*

*Wie alle Hundsrobben sind auch die Sattelrobben an Land recht unbeholfen, wo sie sich ähnlich wie Raupen bewegen.*

Die bekannten Kegelrobben kommen beiderseits des Atlantiks vor, im Osten von England bis nach Nordnorwegen und Island und im Westen von Nantucket bis Cape Chidley (Nordlabrador). Sie fangen alle Arten von Fischen und geraten deswegen häufig in Konflikte mit Fischern. Vor allem in Kanada werden die Bestandzahlen durch Tötung

### EISMEER-RINGELROBBE

Diese hübsche, kleine Art findet man immer in der Nähe von Packeis und Schnee rund um den Nordpol. Im Winter kratzen sie sich mit den Nägeln ihrer Vorderflossen Atemlöcher ins Eis. An Stellen, wo der Wind Eisschollen zusammenschiebt und Schneewehen auftürmt, graben sich weibliche Ringelrobben Höhlen in den Schnee. Hier bringen sie Anfang April ihre Babys zur Welt, die sie zwei Monate lang säugen. In den Schneehöhlen liegen die Kleinen erstaunlich warm.

*Kegelrobben ruhen sich, senkrecht im Wasser stehend, aus und halten ihre Lage mit paddelnden Vorderflossen stabil.*

### SATTELROBBE

Sattelrobben leben im atlantischen Polarmeer, wo sie im Sommer ihre Beute am Rande des Packeises finden. Die Babys kommen während der letzten Wintermonate auf treibenden Eisschollen zur Welt und werden 10 Tage lang gesäugt; dann machen sie sich selbstständig. Die Zeit des Fellwechsels ab Mitte April verbringen Sattelrobben gemeinsam auf Eisschollen – die einzige Jahreszeit, zu der die Männchen aus dem Wasser kommen.

der Jungrobben – ihre Felle sind wertvoll – und durch Abschuss von Robben in den Fischfanggebieten reguliert. An manchen Orten wurden sie jedoch zur Touristenattraktion.

*Im Sommer halten sich Seeleoparden in der Nähe von Pinguin-Kolonien auf; hier machen sie mehrmals täglich Beute.*

### SEELEOPARD

Wenn sich Seeleoparden vor der Küste einer Pinguinkolonie zeigen, geraten die Vögel in Panik. Die Seeleoparden packen ihr Opfer und schütteln es so lange, bis sie die Haut abgestreift haben – nach 5 Minuten ist alles vorbei.

Seeleoparden haben einen gewaltigen Appetit; im Magen eines Tieres fand man 73 kg Pinguinfleisch. Etwa die Hälfte ihrer Nahrung besteht aus Krill, dazu kommen Fische und andere Robben.

*Rechts: Kegelrobben bringen ihre Babys im Winter an einsamen, felsigen Stränden zur Welt. Zuerst treffen die alten Bullen ein und kämpfen um die besten Reviere. Später erscheinen die Kühe; sie dürfen gewöhnlich ungehindert an die Plätze gelangen, wo sie ihre Babys gebären. Die Jungen werden drei Monate lang gesäugt, dann machen sie sich selbstständig.*

Die Babys kommen mit einem flauschigen, weißen Fell zur Welt, das sie schon bald gegen das raue Fell der Erwachsenen auswechseln. Die Jungen wachsen schnell; bei einigen Arten sind sie bereits nach drei Wochen entwöhnt. Danach verlassen sie ihre Mütter und schlagen sich allein im Meer durch. Erst wenn sie selbst Junge bekommen können, kehren sie an den Ort ihrer Geburt zurück.

Einige Arten leben in den Polarmeeren, sogar unter dem Eis, wo sie kaum etwas sehen können. Möglicherweise spüren sie ihre Beute mit Hilfe der empfindlichen Schnurrhaare auf. Da sogar blinde Tiere nicht verhungern, scheinen sie auch eine Art Echoortung einzusetzen.

## KRABBENESSER

Die Krabbenesser stellen die zahlenmäßig größte Gruppe der Wasserraubtiere; sie leben im Packeis um die Antarktis. Sie ernähren sich fast ausschließlich von Krill. Dazu nehmen sie einen Mund voll Wasser mit Krill und drücken das Wasser durch die Spalten zwischen ihren gabelartigen Zähnen wieder hinaus.

## WEDDELL-ROBBE

Weddell-Robben leben weiter südlich als jedes andere Säugetier. Sie besiedeln das feste Schelfeis um die Antarktis. Da sie auch im Winter im Wasser bleiben, müssen sie sich mit den Zähnen Atemlöcher ins Eis nagen. Sie tauchen auf der Suche nach Fischen und Kalmaren bis 600 m tief. Vielleicht finden sie Beute und Atemlöcher mit Hilfe der Töne, die sie erzeugen.

*Mit acht Jahren sind die vorstehenden Schneide- und Eckzähne der Weddell-Robben durch das Nagen am Eis ziemlich abgenutzt.*

*Weddell-Robbe nagt am Eis.*

## SEE-ELEFANTEN

Der Name geht auf den mächtigen, aufblasbaren Rüssel der Bullen zurück. Die Südlichen See-Elefanten bekommen ihre Jungen auf den Inseln vor der Antarktis. Die nördliche Art wurde durch Jäger auf knapp 100 Tiere reduziert; sie leben nahe der Westküste Nordamerikas, vor allem in Kalifornien. See-Elefanten paaren sich im Sommer; dann kommt es zu gewaltigen Kämpfen zwischen den riesigen, alten Bullen.

*Die Nase dieses acht Jahre alten, männlichen See-Elefanten ist zu einem mächtigen Rüssel ausgewachsen, der ihm so weit über den Mund hängt, dass die Nasenlöcher nach unten zeigen. Der Rüssel dient dazu, die Rufe des Bullen bei den Paarungskämpfen zu verstärken.*

*Nur gleich starke Bullen kämpfen miteinander (unten). Der Revierinhaber und sein Herausforderer richten sich nebeneinander auf und schlagen mit den großen Eckzähnen zu. Zum Schutz vor Verletzungen ist die Nacken- und Brusthaut der Bullen stark verdickt. Die Kühe, um die sich dieser laute, blutige Kampf dreht, scheinen nicht besonders beeindruckt.*

Jeder versucht, ein Revier zu erobern und einen Harem um sich zu scharen, der aus bis zu 100 Kühen bestehen kann. Die besiegten Männchen ziehen sich blutend, aber nicht ernsthaft verletzt ins Meer zurück. Die Babys werden drei Wochen lang gesäugt – während dieser Zeit fressen die Kühe nichts. Dabei verlieren sie rund 320 kg Gewicht; ihre Babys nehmen täglich 9 kg zu.

*Südlicher See-Elefant*

*Nördlicher See-Elefant mit größerem Rüssel*

## ROSS-ROBBE

Obwohl sie lange Zeit als selten galten, sind Ross-Robben recht häufig, wagen sich allerdings kaum aus dem Bereich des antarktischen Packeises heraus. Sie scheinen in kleinen Gruppen zu leben und jagen tief unter dem Eis nach Kalmaren. Die Babys werden im Sommer geboren und können schon Minuten nach der Geburt schwimmen.

## STOSSZÄHNE

Die Stoßzähne eines Walrosses sind ein Maß für seine Stellung in der Gruppe. Es sind Eckzähne, die bei einem alten Bullen aus dem Pazifik bis 1 m lang werden können. Tiere aus dem Atlantik haben kleinere, die Kühe schlankere und leichtere Stoßzähne.

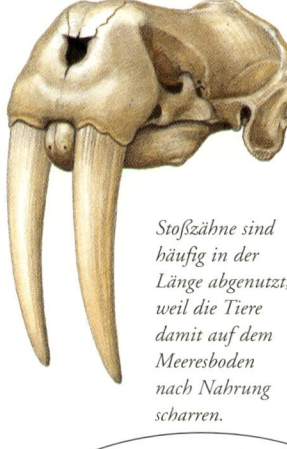

*Stoßzähne sind häufig in der Länge abgenutzt, weil die Tiere damit auf dem Meeresboden nach Nahrung scharren.*

## EIS DURCHBRECHEN

Walrosse können 50 cm dickes Eis durch Kopfstöße zerbrechen. Ihr Atemloch halten sie dann durch Stöße mit den Zähnen offen. Außerdem können sie sich mit den Stoßzähnen durch ein Eisloch aus dem Wasser ziehen.

# WALROSSE

Walrosse leben am Rande des Packeises in den nördlichsten Regionen von Atlantik und Pazifik und in der Laptewsee nördlich von Sibirien. Früher waren sie weiter verbreitet, wurden aber, wie viele Robben, durch gnadenlose Jagd stark reduziert. In ihrem Fall war nicht das Fell begehrt, sondern ihre widerstandsfähige Haut, der Blubber und das wertvolle Elfenbein ihrer Stoßzähne. Es gibt zwei Unterarten, das Atlantische und Pazifische Walross (das Laptewsee-Walross gilt manchen als dritte Unterart).

Walrosse leben gesellig; sie versammeln sich dicht gedrängt in Herden am Ufer flacher Meeresabschnitte, wo sie reichlich Muscheln finden, ihre Hauptnahrung. Sie schwimmen in kleinen Gruppen hinaus, tauchen

### WALROSSE AM STRAND

In der Nähe ihrer Nahrungsgründe suchen Walrosse den Strand oder Eisschollen auf. Während man bei den Jungtieren noch Körperhaare entdeckt, haben die alten Tiere eine haarlose, 2,5 cm dicke Haut. An Hals und Schultern der Bullen ist die Haut knollenartig verdickt. Walrosse liegen gerne dicht an dicht – trotz ihrer Größe sind sie sehr scheu und fliehen in Panik, wenn sich ein Mensch oder ein tief fliegendes Flugzeug nähert. Bei einer solchen Flucht können kleinere Tiere niedergewalzt und getötet werden.

gemeinsam und tauchen gleichzeitig wieder auf. Walrosse können bis 10 Minuten lang tauchen, meist in bis 50 m tiefem Wasser. Mit Hilfe der Borstenhaare in ihrer empfindlichen Schnauze stöbern sie Krustentiere, Seeigel und Würmer auf. Sie halten die Schalen mit den Lippen fest und saugen das Fleisch in den Mund. Manchmal fangen sie Fische und gelegentlich sogar eine Robbe, der sie das Fleisch von den Knochen saugen ohne es zu kauen.

Walrosse paaren sich in den Wintermonaten; dabei zeigen sich die Bullen in einer Art Balztanz vor den Weibchen. Sie machen vielfältige Geräusche, darunter auch einen merkwürdigen Glockenton. Das Kalb wird zwei Jahre lang gesäugt und wird von einer anderen Kuh versorgt, falls die eigene Mutter stirbt.

**FAMILIENMERKMALE**

*Familie:* Odobenidae (bedeutet „auf den Zähnen laufen")

*Zahl der Arten:* 1
*Artname:*
  Odobenus rosmarus

*Größe:* Länge Kopf/Körper: 2,90–3,20 m
  Gewicht: 800–1200 kg
  (Kühe sind kleiner)

*Zahl der Jungen:* 1

*Tragzeit:* 15–16 Monate, der Embryo nistet sich erst 4–5 Monate nach der Befruchtung ein

*Lebenserwartung:* über 20 Jahre

**15**

**ROBBEN**

## NAHRUNG

Walrosse kauen zwar nicht, nutzen aber dennoch nicht nur Stoß- sondern auch ihre Backenzähne ab, weil sie regelmäßig mit ihrer Beute Sand verschlucken.

## FEINDE

Bis auf den Menschen haben Walrosse nur Eisbären und Schwertwale zu fürchten. Sie greifen allerdings vorwiegend junge und schwache Tiere an, denn erwachsene Walrosse können sich mit ihren mächtigen Stoßzähnen verteidigen.

# ERDFERKEL

Die Erdferkel bewohnen viele Regionen in Afrika. Ihren Namen erhielten sie von den ersten holländischen Siedlern im 17. Jahrhundert, weil sie wie kleine Schweine den Boden durchwühlen. Allerdings ähnelt ein Erdferkel nur auf den ersten Blick einem langnasigen Schwein.

In Wirklichkeit handelt es sich um ein so merkwürdiges Tier, dass die Wissenschaftler es in eine eigene Ordnung stellen. Sie wird Tubulidentata („Röhrchenzähner") genannt – die Zähne der Erdferkel sind völlig anders gebaut als die der übrigen Säugetiere.

## DATEN ZUR ORDNUNG

Ordnung •
Tubulidentata,
„Röhrchenzähner"
Familie: 1
1 Art in 1 Gattung

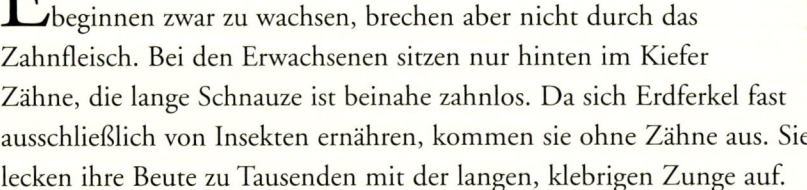

*Es gräbt nach wilden Gurken.*

## FAMILIENMERKMALE

*Familie:* Orycteropodidae, Erdferkel

*Artname:* Orycteropus afer

*Größe:* Länge Kopf/Körper: bis 1,50 m
Schwanzlänge: 44–70 cm
Gewicht: 40–100 kg

*Tragzeit:* etwa 7 Monate

*Zahl der Jungen:* 1

*Lebenserwartung:* 25 Jahre

*Verbreitung:* Afrika, südlich der Sahara

Erdferkel haben nur wenige Zähne. Ihre Milchzähne beginnen zwar zu wachsen, brechen aber nicht durch das Zahnfleisch. Bei den Erwachsenen sitzen nur hinten im Kiefer Zähne, die lange Schnauze ist beinahe zahnlos. Da sich Erdferkel fast ausschließlich von Insekten ernähren, kommen sie ohne Zähne aus. Sie lecken ihre Beute zu Tausenden mit der langen, klebrigen Zunge auf.

## GRABEN

In weicher Erde gräbt ein Erdferkel schneller als ein Mensch mit Schaufel. Es gräbt sich Baue und sucht nach Insekten.

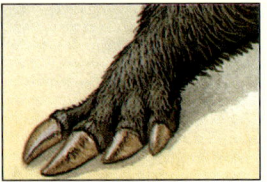

*Am Vorderfuß sitzen vier Zehen.*

### LEBENSRAUM

*Beim Graben legen Erdferkel die Ohren an, damit keine Erde hineingerät.*

Erdferkel kommen nur in Afrika, südlich der Sahara, vor. Sie finden sich in vielen Lebensräumen zurecht – von Grasebenen und Savannen bis zu Buschsteppen und Wäldern. Am liebsten mögen sie sandigen Boden, viel wichtiger sind jedoch viele Ameisen und Termiten. Wo immer diese Insekten leben, stellen sich auch Erdferkel ein, manchmal sogar mehrere zugleich. Forscher haben auf einer Fläche von 300 × 100 m 60 Eingänge zu Erdferkel-Höhlen gezählt. Obwohl jeder Bau mehrere Eingänge besitzt, dürften hier also 15 Erdferkel leben. In den verlassenen Höhlen machen sich viele Tiere breit, sogar Hyänen.

## NAHRUNG

Erdferkel können ihre klebrige Zunge in der zahnlosen Schnauze 30 cm weit ausstrecken um Ameisen und Termiten aufzulecken. Gelegentlich fressen sie auch andere Insekten oder eine Maus. Wenn sie nicht genügend Wasser finden, graben Erdferkel nach Gurken um an Feuchtigkeit zu kommen.

## KÄMPFE

Erdferkel sind friedliche Tiere, die bei Gefahr wegrennen oder sich eingraben. Nur wenn sie keinen anderen Ausweg sehen, versuchen sie, den Angreifer mit den Schultern umzustoßen oder schlagen mit dem Schwanz. Erst wenn das nicht hilft, richten sie sich auf die Hinterbeine und schlagen mit den scharfen Krallen der Vorderbeine zu. Da ihre Haut sehr dick ist, fügen die meisten Angreifer dem ungeschützten Bauch kaum Schaden zu.

*Das Erdferkel wehrt einen aufdringlichen Schakal ab.*

## SCHÄDEL

Erdferkel haben einen langen, flachen Schädel; Zähne sitzen nur im hinteren Teil des Kiefers. Nur Jungtiere haben noch einige Zähne vorn im Kiefer: Sie fallen rasch aus und werden durch die hinteren ersetzt.

## LEBENSWEISE

Erdferkel leben meist allein und sind vorwiegend nachts aktiv. Während die Weibchen gewöhnlich orttreu sind, wandern die Männchen umher. Ein

*So sieht typisches Erdferkel-Gebiet aus – viele Termitennester in einer Savanne.*

## ZÄHNE

Die Zähne von Erdferkeln wachsen ständig weiter. Jeder Zahn besteht aus Tausenden von Zahnbein-Röhrchen ohne Schmelzüberzug und mit je mit einem Nerv in der Mitte.

ängstliches Erdferkel soll sehr schnell sein; da es schlecht sieht, stößt es auf der Flucht aber gegen Bäume und Büsche.

## VERTEIDIGUNG

Der beste Schutz für ein Erdferkel ist seine nächtliche Lebensweise und die genaue Kenntnis seiner Umgebung. Es macht regelmäßig seine Runden und schaut einmal pro Woche bei jedem Ameisen- und Termitenbau vorbei. Bei einem Angriff kann es daher sehr schnell in Sicherheit flüchten. Nur als letzte Notwehr wirft es sich auf den Rücken und verteidigt sich mit den kräftigen Krallen aller vier Füße (rechts).

### DER BAU

Erdferkel benutzen ihre Krallen nicht nur um Termitennester aufzureißen, sondern graben damit auch ihren Bau. Während kurzfristige Baue 2–3 m lang sind, sind ihre Wohnbaue mit bis zu 13 m viel geräumiger. Am Ende weiten sich die Gänge, damit sich die Erdferkel umdrehen können. Babys bleiben etwa zwei Wochen im Bau der Mutter, dann gehen die beiden gemeinsam auf die Jagd. Dabei durchstreifen sie ein größeres Gebiet, in dem die Mutter neue Baue anlegt. Im Alter von sechs Monaten gräbt das Junge einen eigenen Bau.

Mit seinen großen Ohren hört das Erdferkel nicht nur laufende Insektenkolonnen, sondern auch Geräusche unter der Erde; außerdem kann es sehr gut riechen. Es hat keinerlei Schwierigkeiten, eine Beute unter der Erde aufzuspüren. Mit den starken Krallen gräbt sich ein Erdferkel durch die härteste Erde, reißt Ameisen- oder Termitennester auf. Es gräbt auch seinen unterirdischen Bau selbst. Nach einer Tragzeit von etwa sieben Monaten kommt ein einziges nacktes, rosafarbenes Baby zur Welt. Es ist bereits nach sechs Monaten stark genug, um einen eigenen Bau zu graben, und bekommt im Alter von zwei Jahren selbst Junge.

In landwirtschaftlich genutzten Gebiet richten Erdferkel großen Schaden an. Daher wurden sie an vielen Stellen bereits ausgerottet – sofort nahm dort die Termitenplage zu.

### VERRÄTERISCHE FÄHRTE

Da Erdferkel auf den Krallen gehen und den Schwanz hinter sich herschleifen, entsteht eine sehr charakteristische Fährte.

# ELEFANTEN

Elefanten sind die größten lebenden Landtiere. Man kann sie leicht an den mächtigen, grauen Körpern, den Stoßzähnen und dem Rüssel erkennen. Sie leben in Afrika südlich der Sahara, in Teilen von Indien und Südostasien. Meist bewohnen sie Savannen oder lichte Wälder, denn sie brauchen riesige Mengen an Nahrung und Wasser. Außerdem sind sie auf Schatten angewiesen, denn sie verbringen viel Zeit damit, sich gut geschützt vor der Sonne auszuruhen. Es gibt aber auch Waldelefanten und einige, die in wüstenhaftem Klima überleben. Heute leben noch zwei Arten, die zur Ordnung der Rüsseltiere gehören – der Afrikanische und der kleinere Asiatische Elefant. Die Asiatischen Elefanten werden seit alters her von den Menschen zur Arbeit und für Festlichkeiten abgerichtet.

## DATEN ZUR ORDNUNG

**Ordnung • Proboscidae, Rüsseltiere**
**Familie Elephantidae**
**2 Arten in 2 Gattungen**

**AFRIKANISCHER ELEFANT**
Größtes lebendes Landtier

**ASIATISCHER ELEFANT**
Auch als Indischer Elefant bekannt

---

**ELEFANTEN | 17**

## FAMILIENMERKMALE

*Familie:* Elephantidae, Elefanten

*Artnamen:*
Afrikanischer Elefant:
*Loxodonta africana*
Asiatischer Elefant:
*Elephas maximus*

*Länge und Höhe:*
siehe Seite 147 (Vergleich der beiden Arten)

*Gewicht:*
Afrikanischer: bis 7,5 t
Asiatischer: bis 5,4 t

*Schnelligkeit:*
fast 40–50 km/h

*Zahl der Jungen:* 1

*Lebenserwartung:*
bis 70 Jahre

*Lebensraum:* Savanne, lichte Wälder

*Verbreitung:* Afrika, Indien, Südostasien

### STOSSZÄHNE

Elefantenstoßzähne bestehen aus Elfenbein (Zahnbein) und sind von Schmelz überzogen. Wegen des wertvollen Elfenbeins wurden hunderttausende Afrikanischer Elefanten von Wilderern erschossen.

*Wie beim Menschen gibt es auch Elefanten mit schiefen Zähnen.*

# Afrikanischer und Asiatischer Elefant

Die männlichen Elefanten (Bullen) sind gewöhnlich größer als die weiblichen (Kühe). Ein afrikanischer Bulle bringt es auf mehr als 7 Tonnen – fast doppelt so viel wie ein Nashorn. Um dieses Gewicht zu tragen, besitzen Elefanten sehr starke Knochen, die rund 12–15 % ihres Körpergewichts ausmachen.

Elefanten leben gesellig, meist in Gruppen von 5–20 Tieren. Jede Gruppe besteht aus verwandten Kühen und ihrem

### SCHUTZ DER HERDE

Sobald sie eine Gefahr bemerken, drängen sich Elefanten eng aneinander und fixieren den Angreifer. Die Jüngsten bringen sich unter den Bäuchen der Mütter oder Tanten in Sicherheit. Die Leitkuh, fast immer das größte und erfahrenste Tier, stellt sich an die Spitze, breitet die Ohren aus und prüft mit schwingendem Rüssel den Geruch am Boden und in der Luft. Kluge Raubtiere suchen jetzt das Weite. Wenn nicht, zeigen auch andere Kühe mit Kopfschütteln und Trompeten ihre Kraft. Schließlich stimmt die ganze Gruppe, auch die Kleinsten, in diese Machtdemonstration ein.

### ZÄHNE

Elefanten bilden im Laufe ihres Lebens 26 Zähne, allerdings höchstens sechs zur selben Zeit. Zwei davon sind die Stoßzähne,

*Zahn*

*Zahnwurzel*

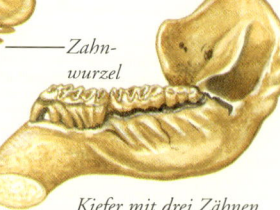

*Kiefer mit drei Zähnen*

die Schneidezähne des Oberkiefers. Im hinteren Kiefer sitzen die vier mahlenden Backenzähne.

### ELEFANTENGANG

Obwohl die Elefanten auf den Zehen gehen, werden die Rückseiten ihrer Füße durch dicke, schwammartige Polster geschützt. Ähnlich wie auf einer Gummisohle können sie daher sehr leichtfüßig gehen. Wenn ein Elefant den Fuß zum nächsten Schritt hebt, biegt sich die Sohle etwas nach unten, bis sie durch sein Gewicht wieder eingedrückt wird. Elefanten haben kleine, hufartige Fußnägel.

## VERGLEICH DER BEIDEN ARTEN

Wenn die beiden Arten nebeneinander stehen, erkennt man sofort die Unterschiede: Der Afrikanische Elefant ist mit 6–7 m Länge und 3–4 m Schulterhöhe größer; der Asiatische Elefant ist 5,50–6,40 m lang und hat 2,50–3 m Schulterhöhe. Während der Asiatische einen gerundeten Rücken besitzt – der Kopf bildet die höchste Stelle – haben Afrikanische Elefanten ein Hohlkreuz mit der Schulter als höchstem Punkt. Auch die Kopfform ist unterschiedlich. Die afrikanische Art hat ein glattes Profil mit runden Ohren, die asiatische zwei große Buckel über den Augen und kleinere, dreieckige Ohren. Daneben gibt es eine Reihe von Unterschieden im inneren Körperbau.

## AUFBAU DES KOPFES

Afrikanische Elefanten haben ein großes, gerundetes Schädeldach und ein kurzes Gesicht. Ihre Nasenöffnungen sitzen so hoch am Kopf, das sie fast den Augenhöhlen gleichen. Die Augen sitzen aber ohne Knochenhülle seitlich am Kopf. Elefanten haben sehr kurze Unterkiefer. Man sagt, dass Elefanten neben den Menschen (auch wir haben kurze Gesichter) als einzige Tiere ein Kinn besitzen. Der mächtige Schädel scheint auf ein großes Gehirn hinzudeuten, doch der Oberschädel (Querschnitt unten) besteht vorwiegend aus schwammartigen, leichten Knochen von 15 cm Dicke und weiten Luftkammern. Diese Schädelvergrößerung dient den mächtigen Kaumuskeln als Verankerung, die von hier zum Unterkiefer ziehen.

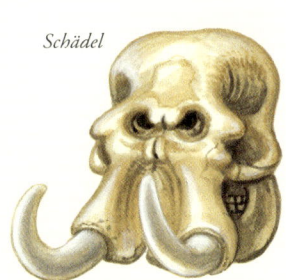

*Schädel*

*Querschnitt durch den Schädel*

*Gehirnhöhle* —

— *Oberschädel mit Luftkammern*

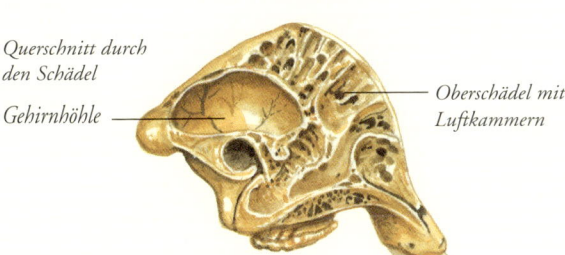

Nachwuchs. Daher wird jedes Baby in eine Familie aus Mutter, Tanten und deren Kindern geboren. Junge Kühe bleiben bei der Gruppe, gelegentlich wandern einige ab und gründen eine eigene Familie. Junge Bullen dürfen nur bis zur Geschlechtsreife bleiben, dann schließen sie sich einer Männergruppe an. Da sich die Familien manchmal vereinigen, können große Herden mit Hunderten oder Tausenden von Tieren entstehen; heute kommt das allerdings nur noch selten vor. Solche großen Herden bestehen ohnehin nur kurze Zeit, dann spalten sie sich wieder auf.

## DER RÜSSEL ALS WERKZEUG

Der sehr bewegliche und starke Rüssel eines Elefanten besteht aus der enorm verlängerten Nase – sie reicht bis fast auf den Boden. Mit dem Rüssel ziehen und brechen Elefanten Zweige ab oder heben große Gewichte. Dennoch ist die Spitze empfindlich genug um eine Erdnuss aufzuheben. Dies ist möglich, weil der Rüssel mit einem (Asiatischer Elefant) bzw. zwei (Afrikanischer Elefant) Fortsätzen endet. Außerdem ist der Rüssel ein wichtiges Element der Körpersprache, durch seine Haltung verrät ein Elefant seine Stimmung. Elefanten atmen durch den Rüssel – beim Schwimmen benutzen sie ihn wie einen Schnorchel – und trinken mit ihm, indem sie ihn voll Wasser saugen und sich in den Mund spritzen. Ganz ähnlich benutzen sie den Rüssel auch bei ihren Staubbädern, wenn sie trockenen Staub über ihren Körper blasen, um Fliegen und Zecken loszuwerden.

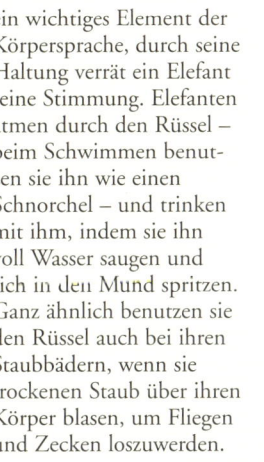

*Ein Afrikanischer Elefant nimmt ein Staubbad.*

*Ein Asiatischer Elefant kühlt sich mit Wasser ab.*

*Der Rüssel als Schnorchel*

*Mit dem Rüssel können Elefanten eine Erdnuss aufnehmen.*

Elefanten können nicht gut sehen, aber hervorragend riechen. Auch ihr Gehör ist gut, insbesondere für sehr tiefe Töne. Wenn mehrere Elefanten zusammen sind, hört man Laute der Zufriedenheit. Paarungsbereite Kühe erzeugen sehr tiefe Töne, die noch ein viele Kilometer entfernter Bulle hören kann – Menschen nehmen diesen Ultraschall nicht wahr. Allerdings benutzt ein Elefant seine Ohren nicht nur zum Hören, sondern auch zur Körpersprache und, insbesondere die afrikanische Art, zum Abkühlen des Körpers. Den Rüssel brauchen sie zum Heben und Ziehen, Trinken und Waschen, zum Fressen und Atmen. Mit den Stoßzähnen – den Schneidezähnen des Oberkiefers – graben sie nach Nahrung oder fechten Kämpfe aus.

Umherziehende Bullen statten den Kühen einer Gruppe regelmäßige Besuche ab. Sie werden vom Duft paarungsbereiter Kühe angelockt, doch kennt man kaum ausgeprägtes Paarungsverhalten. Die Paarung kann während des ganzen Jahres erfolgen, meist jedoch während der Regenzeiten. Das Baby wird nach etwa 22 Monaten Tragzeit geboren.

Es gibt nur wenige Menschen, die bei der Geburt eines Elefantenbabys dabei waren. Die Mutter entfernt sich etwas von der Gruppe und bringt mit der Hilfe von einer oder zwei Freundinnen ihr Baby zur Welt – nach weniger als einer Stunde ist alles vorbei. Die Geburt kann im Knien oder Stehen erfolgen; das Neugeborene fällt mit den Beinen voran auf die Erde. Bei der Geburt wiegt es etwa 100 kg und kann nach einer halben Stunde stehen.

## NAHRUNG

Erwachsene Elefanten mögen fast alle pflanzliche Nahrung. Sie setzen ihren Rüssel wie eine Hand ein und pflücken Gras oder streifen Blätter, Zweige und Früchte von Bäumen. Mit Hilfe der Stoßzähne reißen sie auch saftige Rinde ab. Wo viele Elefanten vorkommen, dringen sie in Bananen- oder Maisfelder ein und können die Ernte ernsthaft schädigen.

## DIE GEBURT

Eine Elefantenkuh bringt nur ein Baby zur Welt. Meist kniet sie sich dabei hin, sodass ihr Baby nicht zu tief fällt.

Bei der Geburt trägt ein kleiner Elefant noch einige struppige Haare auf dem Körper. Er bleibt dauernd in der Nähe seiner Mutter, berührt sie mit dem Rüssel und schnuppert an ihr. Auch sie liebkost ihr Baby ständig mit dem Rüssel. Damit Mutter und Kind nicht zurückbleiben, wandert die Gruppe langsamer als sonst, doch schon nach drei Tagen kann das Junge mit den anderen mithalten. Wie immer bei Wildtieren, ist die erste Zeit besonders gefährlich. Wenn das Junge diese Phase überlebt, kann es 70 Jahre alt werden.

## ASIATISCHER ELEFANT

Asiatische Elefanten leben fast ausschließlich in Wäldern mit weiten Graslichtungen. Auch sie bilden kleine Gruppen, allerdings oft mit einem Bullen. Früher machten sie mit dem Wechsel der Jahreszeiten weite Wanderungen, doch dies ist in besiedelten Ländern mit landwirtschaftlich genutzten Flächen kaum noch möglich. Elefantenkühe haben keine Stoßzähne.

## MILCH TRINKEN

Die Zitzen der Elefantenmütter sitzen zwischen den Vorderbeinen; häufig müssen sie ihrem Baby erst helfen, sie zu finden. Es schiebt seinen Rüssel beiseite und trinkt mit dem Mund. Die Asiatischen Elefanten beginnen nach fünf Monaten Pflanzen zu fressen, werden aber bis 18 Monate gesäugt. Etwa zur gleichen Zeit wird auch ein Afrikanischer Elefant entwöhnt, er darf aber viel länger Milch trinken. Sobald sie feste Nahrung zu sich nehmen, spielen die Jungelefanten mit Gleichaltrigen. Aber selbst wenn die Mutter ein neues Baby bekommt, darf das ältere Kind bei Gefahr oder auf Wanderschaft bei seiner Mutter bleiben.

## ELEFANTEN UND MENSCHEN

In Asien werden die Elefanten schon seit Jahrhunderten gezähmt; sie leisten schwere Arbeit in Wäldern oder nehmen an prunkvollen Festen teil. Afrikanische Elefanten wurden nur in Teilen des Kongo zur Waldarbeit abgerichtet. Die Menschen haben beide Arten verdrängt, einerseits weil Elefanten immer wieder in Konflikt mit den Bauern geraten, andererseits wegen ihres wertvollen Elfenbeins. Zuerst die legale Jagd, dann die Wilderei haben die Elefanten an den Rand der Ausrottung gebracht. Von 1979 bis 1985 starben jährlich 100 000 Afrikanische Elefanten – meist durch Wilderer – um die Nachfrage nach Elfenbein zu befriedigen. Der Asiatische Elefant gilt als vom Aussterben bedroht, die afrikanische Art ist gefährdet. Manche Forscher glauben aber, dass auch der Afrikanische Elefant im Jahre 2010 verschwunden sein wird, wenn es nicht gelingt, ihn wirkungsvoller zu schützen.

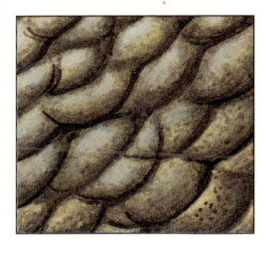

## HAUT

Die Haut eines erwachsenen Elefanten ist an einigen Stellen dicker als 2 cm, aber sehr empfindlich. Daher leiden Elefanten unter Fliegen und Moskitos. Den Elefanten fehlen Talgdrüsen, um die Haut geschmeidig zu machen, vielleicht lieben sie deshalb Schlamm- und Staubbäder. Je nach Boden verändern sie damit ihre Farbe von Grau nach Rot oder Orange.

## AUSGESTORBENE ELEFANTEN

Während heute nur noch zwei Arten leben, gab es früher sehr viel mehr. Unsere Urahnen gingen auf die Jagd nach Mammuts (unten rechts) und einer Art mit geraden Stoßzähnen. Aus den Höhlenmalereien der Steinzeitmenschen in Spanien und Frankreich, die vor 10 000 Jahren entstanden, wissen wir, wie sie aussahen.

## UMWELTSCHÄDEN DURCH ELEFANTEN

Wenn die Nahrung knapp wird, richten Elefanten große Schäden an. Da sie enorm stark sind, können sie Bäume umwerfen. Obwohl davon zunächst auch andere Tiere profitieren, verwandeln Elefanten manche Gegenden in eine Halbwüste. Da ihnen in manchen Nationalparks, wo sie geschützt leben können, die Wanderwege zu neuen Futterquellen versperrt sind, haben sie dort katastrophale Schäden angerichtet.

Junge Elefanten nehmen in ihrem ersten Jahr 30 cm an Höhe zu, danach passen sie nicht mehr unter den Bauch ihrer Mutter. Asiatische Elefanten brauchen etwa 17 Jahre, bis sie ihre endgültige Größe erreichen, bei der afrikanischen Art kann es bis 20 Jahre dauern. Mit 15 Jahren kann eine Kuh zum ersten Mal trächtig werden und bekommt dann alle fünf Jahre ein neues Baby. Obwohl Elefantenbullen schon als Jungtiere geschlechtsreif werden, bekommen sie erst sehr viel später die Chance sich zu paaren. In der Zwischenzeit versuchen sie durch Schaukämpfe mit anderen Jungbullen ihren Rang zu erhöhen. Im Alter von 25 Jahren werden die Kämpfe ernster, man nennt diesen Zustand Musth. Dann laufen aus Drüsen hinter den Augen große Mengen Sekret aus, die Bullen werden aggressiver als üblich und suchen nach Paarungspartnerinnen. Ein Bulle in der Musth ist jedem anderen Bullen überlegen.

# SCHLIEFER

Auf den ersten Blick könnte man die Schliefer mit Meerschweinchen oder anderen Nagetieren verwechseln. Erst wenn man genauer hinsieht, erkennt man, dass es sich um eine eigene Tiergruppe handelt. Die beiden großen Zähne vorne im Mund – sie haben eine offene Wurzel – werden zur Verteidigung eingesetzt. Die unteren Schneidezähne dienen der Fellpflege. Mit den hinteren Zähnen zermahlen sie ihre

Nahrung mit einer Kieferbewegung, ähnlich wie es die Wiederkäuer tun. Statt Krallen – wie die meisten Nagetiere – haben sie Zehennägel. Obwohl man häufig sagt, sie seien die engsten Verwandten der Elefanten, muss man weit in die Vergangenheit gehen, um diese Ähnlichkeit bei ausgestorbenen Vorfahren beider Gruppen zu erkennen.

## DATEN ZUR ORDNUNG

**Ordnung** • Hyracoidea, Schliefer • **Familien:** 1
7 Arten in 3 Gattungen

Der Ordnungsname geht auf das griechische Wort für Kamm zurück.

## BAUMSCHLIEFER

Die Baumschliefer sind nachtaktiv; sie gehen in der Morgen- oder Abenddämmerung auf Nahrungssuche. Als reine Baumbewohner klettern sie sehr hoch hinauf, um die zartesten Sprossspitzen zu finden.

## FAMILIENMERKMALE

*Familie:* Procaviidae, Schliefer

*Artnamen (Beispiele):*
Kap-Klippschliefer:
*Procavia capensis*
Steppenwald-Baumschliefer:
*Dendrohyrax arboreus*

*Größe:* Länge Kopf/Körper:
bis 60 cm
Gewicht: bis 4,5 kg

*Zahl der Jungen:* 1–6

*Tragzeit:* 6–8 Monate

*Lebenserwartung:* 12 und mehr Jahre im Zoo

*Verbreitung:* Südwestasien, fast ganz Afrika

## STOSSZÄHNE UND ZÄHNE

Mit den langen, gebogenen Stoßzähnen im Oberkiefer können sich Schliefer gut gegen kleine Raubtiere verteidigen. Mit den Vorderzähnen des Unterkiefers reinigen sie ihr Fell, während sie mit den Zähnen im hinteren Kiefer Nahrung sammeln und zerkleinern.

*Die innere Zehe des Hinterfußes trägt eine lange Kralle, die Schliefer beim Klettern einsetzen.*

Trotz ihrer untersetzten Gestalt sind Schliefer sehr aktive Tiere, die Felsen oder Bäume bewohnen. Sie können den Mittelteil ihrer weichen Fußsohlen anheben und wie eine Art Saugnapf benutzen. Damit erklettern sie scheinbar unüberwindliche Hindernisse wie steile Hänge oder senkrechte Baumstämme. Schliefer können hervorragend sehen und hören; häufig werden sie recht laut. Da die Zahl ihrer wichtigsten Feinde – Leo-

### KAP-KLIPPSCHLIEFER

Da Schliefer ihre Körpertemperatur nicht gut regulieren können, nehmen sie bei Tagesbeginn Sonnenbäder auf den Felsen ihres Verbreitungsgebietes und halten aus, bis es für uns unerträglich heiß wird. Zum Schutz der Netzhaut vor der grellen Sonne ragt ein Vorsprung über die Iris. Während sich die Familie sonnt, hält gewöhnlich das dominante Männchen Ausschau nach Feinden. Bei kaltem oder feuchtem Wetter kuscheln sich alle in einer Felsspalte zusammen. Der anders gefärbte Fleck auf ihrem Rücken zeigt die Lage einer Duftdrüse an, mit der sie ihr Revier markieren.

parden, Wildhunde, große Greifvögel, Pythons – abgenommen hat, kommen sie heute häufiger vor als früher.

Schliefer fressen sehr schnell und kehren schon nach einer halben Stunde in die Deckung zurück. Vermutlich können sie große Mengen Nahrung auf einmal verschlingen und verbrauchen dank ihrer ruhigen Lebensweise weniger Energie als andere Tiere.

## BUSCHSCHLIEFER

Bei diesem Schliefer wird die Rückendrüse von hellem Fell umgeben. Er lebt in felsigem Gebiet, oft zusammen mit Klippschliefern. Buschschliefer suchen nach verholzten Pflanzen und können auch giftige Pflanzen verdauen.

# SEEKÜHE

**DATEN ZUR ORDNUNG**

Ordnung • Sirenia
(nach den Sirenen der
griechischen Sage)
Familien: 2
4 Arten in 2 Gattungen

Familien
Manatis
Dugongs

Wie die Schliefer sind auch die Seekühe entfernt mit den Elefanten verwandt, doch treten sichtbare Ähnlichkeiten nur bei ausgestorbenen Vorfahren auf. Sie leben in flachen tropischen Meeren und in den Unterläufen von Flüssen, wo sie zwischen zwei und fünf Minuten lang nach Wasserpflanzen tauchen – am Tag und in der Nacht. Ähnlich wie bei den Walen sind ihre vorderen Gliedmaßen zu Flossen umgeformt, die Hinterbeine sind verkümmert. See-kühe bewegen sich langsam mit einer Schwanzflosse fort. Sie haben eine dicke, robuste und oft faltige Haut, auf der noch einige Haare wachsen. Da ihre Knochen keine Luftpolster enthalten, sind sie sehr schwer. Vermutlich können sie deshalb problemlos in flachem Wasser auf dem Grund liegen. Warum diese merkwürdigen Kreaturen von den alten Seeleuten für Meerjungfrauen gehalten wurden, ist schwer zu begreifen.

## MANATI

Manatis kommen im Amazonasbecken, im Meer vor der Küste von Virginia bis Brasilien und in einigen zuführenden Flüssen, sowie vor der Küste Westafrikas und im Niger vor. Sie haben eine runde Schwanzflosse und Vorderflossen mit kurzen Nägeln. Damit laufen sie auf dem Meeresboden, kratzen sich, umarmen andere Manatis, führen Nahrung zum Mund und putzen sich.

Sie sind langsam und friedlich, ihr Stoffwechsel erreicht nur 36 % eines normalen Säugetieres – Dugongs und Manatis gehören zu den besonders hilflosen großen Tieren. Früher haben Seeleute sie wegen ihres Fleisches getötet und heute dringen Menschen immer tiefer in ihre Lebensräume ein.

Dugongs leben meist im Meer, sie ernähren sich von Seegras. Manatis dringen häufiger in Flüsse vor. Während der Nagelmanati angeblich jeden Tag ein Viertel seines Körpergewichtes an Pflanzen verzehrt, kann der Amazonasmanati während der Trockenzeit bis sieben Monate lang fasten und zieht sich in dieser Zeit in tiefe Seen ohne Pflanzenwuchs zurück.

*Manati-Babys können schon am Tag ihrer Geburt schwimmen und bleiben vier Jahre bei ihrer Mutter.*

*Dugongs (rechts) benutzen ihre beweglichen Oberlippen, um Seegräser zu packen und auszurupfen.*

*Im Kiefer des Manatis (unten) fehlen die vorderen Zähne.*

*Nase eines Manati*

*Erwachsene Dugong-Bullen haben kurze, kräftige Stoßzähne. Bei den Kühen brechen sie nicht durch das Zahnfleisch.*

**FAMILIENMERKMALE**

*Familien:* 2

*Zahl der Arten:* 4

*Artnamen (Beispiele):*
Dugong: *Dugong dugon*
Nagelmanati:
*Trichechus manatus*

*Kleinste Art:* Dugong
Länge: 2,40–2,70 m
Gewicht: bis 360 kg
*Größte Art:*
Nagelmanati
Länge: 3–4 m
Gewicht: weniger als
500 kg

*Zahl der Jungen:* 1

*Tragzeit:* 13–14 Monate

*Lebenserwartung:* Dugongs
mehr als 70 Jahre, Nagelmanatis über 30 Jahre

*Verbreitung:* siehe Texte

## DUGONG

Dugongs erreichen mit der walartigen Schwanzflosse eine Geschwindigkeit von etwa 10 km/h, schwimmen bei Gefahr aber doppelt so schnell. Mit Hilfe ihrer außergewöhnlichen Oberlippe ernähren sie sich in einer Tiefe von 1–5 m fast ausschließlich von Seegras. Sie scheinen feste Familiengruppen zu bilden. Früher lebten zwischen dem Mittelmeer und Australien und rund um viele Inseln im Pazifik zahllose Dugongs. Heute sind die Dugongs, bis auf die Gewässer um Australien, eine aussterbende Art.

# UNPAARHUFER

**2 0**

Auf den ersten Blick scheinen Pferde, Nashörner und Tapire nicht viele Gemeinsamkeiten zu haben. Erst ein Blick auf ihr Skelett zeigt, dass sie zwar untereinander, aber nicht mit Kühen oder Flusspferden verwandt sind. Der wichtigste Grund für die Trennung in zwei Ordnungen ist die Tatsache, dass Pferde und ihre Verwandten (die so genannten Unpaarhufer) ihr Gewicht hauptsächlich auf der mittleren Zehe

jedes Fußes tragen. Zwar haben einige Arten mehr als nur eine Zehe, aber niemals sind ihre Füße wie bei den Paarhufern, etwa Kühen oder Schafen, gebaut: Diese verteilen ihr Gewicht stets auf die mittlere und vierte Zehe jedes Fußes. Nach dem Aussterben der Dinosaurier wurden die Vorfahren der Pferde, Nashörner und Tapire zu wichtigen Vertretern der Tierwelt – heute sind sie selten oder bedroht.

## DATEN ZUR ORDNUNG

Ordnung • Perissodactyla, Unpaarhufer
(aus dem Griechischen „ungleiche Finger")
Familien: 3
17 Arten in 6 Gattungen

**FAMILIEN**
Tapire
Nashörner
Pferde

---

**UNPAARHUFER | 2 0**

## FAMILIENMERKMALE

*Familie:* Tapiridae, Tapire

*Zahl der Arten:* 4

*Größe:* Länge Kopf/Körper:
1,80–2,50 m
Schulterhöhe: 75–120 cm
Gewicht: 200–320 kg

*Zahl der Jungen:* 1

*Tragzeit:* etwa 400 Tage

*Lebenserwartung:* Flachlandtapir 35 Jahre (im Zoo)

*Verbreitung:* Teile von Süd- und Mittelamerika, Südostasien

## Tapire

Einstmals bewohnten die Tapire weite Teile der Tropen. Heute findet man sie nur noch in den Wäldern Mittel- und Südamerikas, Malaysias und seiner Nachbarländer. Sie sind vollständig an ein Leben am Boden angepasst. Mit ihren gedrungenen, vorne schmaleren Körpern können sie sich durch die dichte Vegetation an Flüssen oder Seen drängen – ihre wichtigsten Lebensräume. Tapire fressen Blätter, Knospen und Zweige, manchmal verlassen sie den Wald und grasen, wobei sie sich gelegentlich über Felder hermachen.

### BERGTAPIR

Der Bergtapir kommt in den Anden von Venezuela und im Nordwesten von Peru in 2000–4000 m Höhe vor. Dort bedecken dichte Wälder die Berghänge. Der Bergtapir ist der kleinste, haarigste und unbekannteste Tapir.

### ZEHEN

Tapire haben drei Zehen an den Hinter- und vier Zehen an den Vorderbeinen. Das Gewicht lastet auf den drei mittleren Zehen. Die kleine

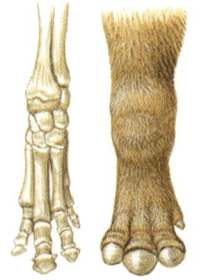

Zehe an der Seite (sie ist der Überrest des kleinen Fingers eines ausgestorbenen, fünffingrigen Vorfahren) berührt den Boden nur in sumpfigem Gelände und verhindert, dass der Tapir einsinkt.

### FLACHLANDTAPIR

Der Flachlandtapir ist nachtaktiv, er hält sich gewöhnlich in der Nähe von Wasser auf. Er mag nicht nur Blätter, sondern auch herabgefallene Früchte, die sogar einen wichtigen Teil seiner Nahrung ausmachen. Die Tapirjungen sind stets gut getarnt (rechts). Sie bleiben bis eine Woche nach der Geburt im Unterholz versteckt, dann folgen sie fast ein Jahr lang ihrer Mutter.

*Wenn sie sich von Jaguaren oder Menschen bedroht fühlen, flüchten Flachlandtapire ins Wasser.*

*Tapire können ihre Nahrung nicht mit der rüsselartigen Schnauze ergreifen. Ihre flachen Mahlzähne sind ideal für weiche Blätter und Früchte.*

### SCHABRACKENTAPIR

Die Schabrackentapire leben so versteckt in dichten Wäldern, dass sie selbst mit ihrer auffallenden Schwarz-Weiß-Zeichnung kaum zu sehen sind. Sie können sehr gut hören; Mütter verständigen sich

mit ihren Jungen über leise Pfeiftöne und klickende Geräusche. Die Art wird zwar nicht bejagt, ist aber durch die Zerstörung ihres Lebensraumes seltener geworden.

## INDISCHES PANZERNASHORN

Das mächtige Panzernashorn kommt in den Flussebenen von Nordindien vor. Es ernährt sich von Gras, das es mit den beweglichen Lippen abrupft. Panzernashörner sind Einzelgänger, die ihren Kot aber auf gemeinsamen Kotplätzen abgeben. Am Kot erkennen die Bullen, ob paarungsbereite Kühe in der Nähe sind. Trotz ihrer Größe flüchten sie gewöhnlich bei Gefahr; nur Mütter mit Kindern setzen sich zur Wehr – allerdings nicht mit dem Horn, sondern den scharfen unteren Schneidezähnen.

# Nashörner

Von den zahlreichen Nashörnern, die früher weite Teile der Erde bewohnten, blieben nur noch die Arten in Afrika und Südasien übrig. Alle sind mächtige Tiere mit großen Köpfen und einem oder zwei Hörnern. Anders als bei den Rindern wächst ihr Horn aus der Haut aus und besteht aus dicken, haarartigen Fasern, die fest miteinander verklebt sind. Jedes ihrer vergleichsweise kurzen Beine endet mit drei Zehen. Sie haben nur kleine Augen und können nicht gut sehen, dafür aber umso besser hören und riechen. Nashörner sind scheue Einzelgänger, die vor allem dort, wo sie von Menschen verfolgt werden, nur nachts aktiv sind.

Die afrikanischen Nashörner leben in den Savannen. Das Breitmaulnashorn frisst vorwiegend Gras, während sich das Spitzmaulnashorn von Blät-

## FAMILIENMERKMALE

*Familie:* Rhinocerotidae, Nashörner

*Zahl der Arten:* 5

*Größe:* Länge Kopf/Körper: 3,10 – 4,20 m
Schulterhöhe: 1,30 – 1,70 m
Gewicht: 1 – 3,6 t

*Zahl der Jungen:* 1

*Tragzeit:* 15 – 18 Monate

*Lebenserwartung:*
40 – 50 Jahre (Breitmaulnashorn)

*Verbreitung:*
Afrika und Südasien

**20 UNPAARHUFER**

## BREITMAULNASHORN

Der Name Breitmaul- oder Breitlippennashorn nimmt Bezug auf die typische Mundform. Es geht nachts auf die Suche nach Gras; den Tag verbringt es damit, sich ausgiebig im Schlamm zu suhlen. Die Bullen bewachen ein Revier, das durch Felsen oder Flüsse eingegrenzt wird. Während sie jeden anderen Bullen bekämpfen, dürfen Kühe und ihre Kälber das Revier betreten. Jungtiere schließen sich häufig zu eigenen Gruppen zusammen – sie werden von ihren Müttern vor einer neuen Paarung verjagt.

## SUMATRA-NASHORN

Bei der Geburt tragen die Sumatra-Nashörner noch ein gelbliches Fell, das mit dem Alter immer dünner und dunkler wird. Sie bevorzugen hügeliges Gelände, wo sie Schlammlöcher als Wühl- und Ruheplätze graben. Ein Sumatra-Nashorn frisst täglich bis zu 50 kg wilde Früchte und Blätter und sucht regelmäßig nach Salzlecken.

tern ernährt, die es mit der beweglichen Oberlippe von den Zweigen schält. Die asiatischen Arten kommen im Wald vor, wo sie kleine Bäume abweiden und Früchte fressen. Alle Nashörner lieben die Nähe von Wasser, dort wälzen sie sich im Schlamm, um lästige Fliegen und Parasiten loszuwerden.

Alle Nashornarten sind bedroht. Sogar das Spitzmaulnashorn, das bisher als ungefährdet galt, steht inzwischen kurz vor der Ausrottung. Wilderer haben es vor allem auf das Horn abgesehen, das in vielen Teilen der Welt als Potenzmittel gilt. Es ist schwierig, den Schutz der Tiere wirksam durchzusetzen, daher wurden 90 % der Spitzmaulnashörner von Wilderern abgeschossen. Wenn es nicht gelingt, die Wilderei zu stoppen, wird kein Nashorn dieses Jahrhundert überleben.

## SCHÄDEL (PANZERNASHORN)

Nashörner haben keine Schneide- und Eckzähne in ihrem Oberkiefer. Die Nasenknochen unter dem Horn sind zwar verdickt, reichen aber nicht, wie beim Rind, in das Horn hinein.

## SPITZMAULNASHORN

Das Spitzmaul- oder Spitzlippennashorn benutzt seine spitze Oberlippe wie einen Mini-Rüssel, um Blätter, Triebe oder Rindenstücke von ausgewählten Bäumen oder Sträuchern zu zupfen – es gilt als sehr wählerisch. Spitzmaulnashörner sind ausgesprochene Einzelgänger; nur Mütter und ihre Jungen treten regelmäßig zusammen auf. Dennoch wurden immer wieder Gruppen beobachtet und es scheint sicher, dass sie genau wissen, welche Artgenossen sich in ihrer Nähe aufhalten. Die kurzsichtigen Tiere haben einen ausgezeichneten Geruchssinn; sie zertrampeln ihren Kot und verbreiten ihn in der Umgebung. Auf diese Weise verteilen sie ihren Eigengeruch entlang von ausgetretenen Pfaden, denen sie auf den Wanderungen durch ihr Streifgebiet folgen. Tagsüber verbringen sie viel Zeit damit, sich auszuruhen, auch in der prallen Sonne. Allerdings stehen sie rund einmal pro Stunde auf, scheinbar um sich die Beine zu vertreten. Am späten Nachmittag wälzen sie sich im

Schlamm, vermutlich um Fliegen und Zecken loszuwerden.

*Das Spitzmaulnashorn (oben) und das Breitmaulnashorn sind grau gefärbt, verändern aber durch den Schlamm, in dem sie sich wälzen, häufig ihre Farbe.*

*Diese Spitzmaulnashorn-Mutter stellt sich schützend zwischen ihr Baby und die Löwinnen.*

## FAMILIENMERKMALE

*Familie:* Equidae (vom lateinischen Wort für Pferd)

*Zahl der Arten:* 8

*Artnamen (Beispiele):*
Przewalskipferd:
  *Equus przewalski*
Wildesel: *Equus africanus*
Bergzebra: *Equus zebra*

*Kleinste Art:* Wildesel
  Länge Kopf/Körper:
    etwa 2 m
  Schulterhöhe: 1,25 m
  Gewicht: 250 kg
*Größte Art:* Grevy-Zebra
  Länge Kopf/Körper: bis 3 m
  Schulterhöhe: bis 1,60 m
  Gewicht: bis 450 kg
  (Zuchtpferde können viel
  größer oder viel kleiner
  sein)

*Zahl der Jungen:* 1

*Tragzeit:* etwa 1 Jahr

*Lebenserwartung:* knapp
über 30 Jahre (das älteste
Tier wurde 52 Jahre)

*Verbreitung:* Ostafrika,
Zentralasien, Arabien bis
Mongolei

# Pferde, Esel und Zebras

Pferde, Esel und Zebras sind so eng miteinander verwandt, dass sie sich untereinander paaren und lebende Junge bekommen können. Allerdings sind diese Maultiere oder Mulis fast immer unfruchtbar. Alle Familienmitglieder leben in offenen Grasebenen mit Trinkwasser, kommen aber auch mit Halbwüsten zurecht, wo sie von sehr spärlichem Pflanzenwuchs leben. Um diese Nahrung verwerten zu können, besitzen sie Schneidezähne mit Kauflächen und dahinter zahlreiche mahlende Zähne. Alle Zähne haben eine offene Wurzel, wachsen also lebenslang weiter. Da sie jedoch durch die harte Nahrung abgerieben werden, ändert sich das oberflächliche Muster von Schmelz und Zahnbein ständig. Daher kann man das Alter eines Pferdes an seinen Zähnen abschätzen.

*Die schwerste Kaltblüterrasse ist etwa 60-mal schwerer als das kleinste Hauspferd.*

## PONYS

Ponys sind kleine Pferde mit höchstens 140 cm Schulterhöhe. Die meisten Rassen stammen von größeren Pferden ab, die in der Vergangenheit aus menschlicher Obhut entfliehen konnten und sich in abgelegenen Regionen ansiedelten. Da kleinere Tiere weniger Ansprüche an ihre Umgebung stellen, konnten sie dort überleben. Die Ponys der einzelnen Landschaften weichen etwas in ihren Merkmalen voneinander ab, daher kennen wir viele Rassen. Meist haben sie struppiges Fell, sind robust, stark und intelligent. Heute werden sie regelmäßig zusammengetrieben und für viele Zwecke gezähmt – als Zugtiere oder Reitpferde für Kinder.

*Die Unterseite eines Hufes: Die rundum verlaufende, harte Außenkante hebt die Fußsohle vom Boden ab.*

*Pferde stehen auf einer Zehe, die durch den großen Huf geschützt wird.*

## PRZEWALSKIPFERD

Przewalskipferde sind die einzigen noch lebenden Wildpferde, die aber nur noch in geringer Zahl in den Halbwüsten der Mongolei vorkommen. Dorthin wurden sie durch Verfolgung zurückgedrängt. Einige Tiere leben allerdings noch in Zoos und erst jüngst wurden einige davon an sicheren Orten in der Mongolei ausgewildert. Die Art unterscheidet sich durch den gedrungenen Körperbau und die aufrechte Mähne von den Hauspferden, kann sich aber mit ihnen kreuzen.

## WILDESEL

Früher bewohnten Wildesel weite Teile von Afrika und dem Nahen Osten, heute sind sie dort fast überall verschwunden. Ihre als Haustiere gehaltenen Nachkommen finden sich aber in vielen Teilen der Erde.

## HAUSPFERDE

Wahrscheinlich wurde eine heute ausgestorbene Wildpferdart etwa 4000 v. Chr. zum ersten Mal gezähmt. Seit damals haben die Menschen Pferderassen für viele Zwecke gezüchtet. Sie haben immer noch die gleiche Form, wenn auch unterschiedliche Farben; sie sind schneller, größer oder stärker als ihre Vorfahren.

*1* *2* *3*

## HINTERBACKEN

Die gesellig lebenden Zebras erkennen ihre Familienmitglieder und näheren Verwandten am individuellen Streifenmuster. Hinzu kommt, dass jede Art typisch gestreifte Hinterbacken besitzt: Grevy-Zebras (1) sind schmal gestreift, die Bergzebras (2) tragen schmale Parallelstreifen am Schwanzansatz, während Steppenzebras (3) breite, waagerechte Streifen haben.

### STEPPENZEBRA

Steppenzebras leben in den afrikanischen Savannen. Die Tiere tragen je nach Verbreitungsgebiet ein anderes Streifenmuster. Das hier gezeigte Zebra mit den Schattenstreifen zwischen den Bändern stammt aus dem Süden. Die großen Herden, die an manchen Stellen immer noch zu finden sind, bestehen aus kleinen, von einem Hengst angeführten Gruppen. Um seine Familie gegen Raubtiere zu verteidigen, bringt dieser sich oft selbst in Gefahr.

Pferde und ihre Verwandten waren schon immer Beute von Raubtieren und mussten um ihr Leben rennen. Sie stehen auf der Spitze des mittleren Zehs, was ihnen zusammen mit lang gestreckten Hand- und Fußknochen sehr weite Sprünge erlaubt. Ihre Zehenspitzen werden durch große, rundum verlaufende Hufe geschützt. Sie sind zwar nicht so schnell wie die schnellsten Raubtiere, entwickeln aber eine enorme Ausdauer.

Die wilden Vorfahren unserer Hauspferde und -esel stehen kurz vor dem Aussterben, doch haben die Untersuchungen an wilden Herden und Zebras gezeigt, dass die unterschiedlichen Arten sehr ähnliches Verhalten aufweisen. Mit Ausnahme des Grevy-Zebras handelt es sich um sehr gesellige Tiere, die in kleinen Familiengruppen mit einem Hengst, mehreren Stuten und den noch nicht geschlechtsreifen Jungtieren leben. Diese Gruppen schließen sich manchmal zu größeren Herden zusammen, spalten sich aber rasch wieder in die Familien auf. Die Tiere kennen einander und vertei-

### BERGZEBRA

Bergzebras leben vorwiegend im Bergland, wo die Familien durch kleine Streifgebiete ziehen. Obwohl sie kein Revier verteidigen, reagieren die Hengste häufig aggressiv, wenn sich zwei Gruppen treffen. Ihre Streifen sind schmaler als beim Steppenzebra, allerdings ohne Schattenstreifen. Einzigartig unter den Pferden ist die Kehlwamme des Hengstes, ein Hautlappen am Hals.

### QUAGGA

Früher kamen die Quaggas in Südafrika häufig vor. Sie wurden wegen ihres Fleisches erbarmungslos gejagt und durch eingeführtes Vieh von ihren Weidegründen vertrieben. Sie waren teilweise gestreift wie die Zebras, teilweise rötlichbraun wie Pferde. Nachdem die wilden Quaggas in 1870er Jahren verschwunden waren, starb das letzte 1883 in einem Zoo in Amsterdam.

### HALBESEL

Der hier gezeigte Kulan und seine Verwandten, wie Kiang oder Onager, bevölkerten einst in großen Herden die Steppen Zentralasiens. Sie sind sandfarben und tragen einen dunklen Streifen längs dem Rücken oder auf der Schulter. Heute sind alle selten und bedroht.

### GREVY-ZEBRA

Diese größte Zebraart mit den engen Streifen bewohnt die afrikanischen Halbwüsten. Grevy-Zebras ernähren sich von harten Pflanzen, die selbst Rinder

nicht verdauen könnten. Sie leben nicht sehr gesellig: Die Hengste besetzen riesige Reviere, schließen sich aber nicht den Stuten mit ihren Fohlen an, die eine Zeit lang zusammenbleiben.

digen sich gegenseitig. Sobald die Stuten geschlechtsreif werden, verlassen sie die Familiengruppe oder werden von anderen Hengsten entführt. Ehe sich eine Stute endgültig einem Hengst mit seiner Familie anschließt, kann sie Mitglied mehrerer Gruppen sein. Auch junge Hengste verlassen ihre Gruppe; sie schließen sich zu Junggesellenherden zusammen, bis sie eine eigene Familie gründen oder die Familie eines toten oder altersschwachen Hengstes übernehmen. Dann allerdings kommt es vorher zu Drohgebärden und schließlich zum Kampf mit Hufen und Zähnen.

# PAARHUFER

Die Mehrzahl der mittelgroßen Säugetiere gehört zur Gruppe der Paarhufer. Ihr Gewicht wird von der mittleren und vierten Zehe getragen, die jeweils von einem halbmondförmigen Huf geschützt werden. Sofern die zweite und fünfte Zehe noch vorhanden sind, bleiben sie deutlich kleiner und werden als Afterklauen bezeichnet. Afterklauen berühren den Boden nur dann, wenn der Untergrund sehr weich ist. Trotz des einheitlichen Knochenbaus gibt es große Abweichungen bei den Füßen der Paarhufer. So geben die winzigen Hufe der Klippspringer und die saugnapfartigen Füße der Bergziegen ihren Besitzern sicheren Halt beim Klettern und Springen über steilen Fels. Andererseits eignen sich die langen Hufe der Sitatunga und die breiten Rentierhufe besser für sumpfigen Boden.

## DATEN ZUR ORDNUNG

**Ordnung • Artiodactyla, Paarhufer**
(aus dem Griechischen „gleiche Zehen")
3 Unterordnungen
(Nicht-Wiederkäuer, Wiederkäuer und Kamele)
Familien: 9
Mindestens 212 Arten in 81 Gattungen

### HUFE

*Wildschwein*

*Impala*

*Kamel*

*Rentier*

*Gämse*

*Bison*

Der Erfolg der Paarhufer ist weniger auf ihre Füße als vielmehr auf ihre Ernährung zurückzuführen. Bis auf die Schweine, die alles fressen, sind Paarhufer reine Pflanzenfresser, die täglich große Mengen nährstoffarmes Futter zu sich nehmen. Daher sind sie über längere Zeit Angriffen von Raubtieren ausgesetzt. Die meisten Paarhufer – mit Ausnahme der Flusspferde – lösen dieses Problem, indem sie sehr schnell fressen und das Futter ungekaut herunterschlucken. Es wird in einer Kammer ihres vierteiligen Magens „zwischengelagert" und später, an einem sicheren Ort, wieder hochgewürgt und gründlich gekaut – die meisten Paarhufer sind Wiederkäuer.

## FAMILIENMERKMALE

*Familien:* Schweine, Pekaris, Flusspferde, Kamele, Hirschferkel, Hirsche, Giraffen, Gabelhorntiere, Hornträger

*Verbreitung:* auf der ganzen bewohnbaren Welt mit Ausnahme von Australien, den umliegenden und vielen anderen Inseln

## Schweine

Schweine und Pekaris sind zwar Paarhufer, wie Hirsche, Antilopen oder Rinder, käuen ihre Nahrung aber nicht wieder. Die echten Schweine kommen in der Alten Welt vor, wo sie vor allem in Wäldern leben. Als Hausschweine, die von den Wildschweinen abstammen, wurden sie in viele Länder der Erde eingeführt – einige konnten entkommen und verwilderten wieder. Sie haben besonders raues und dünnes Fell, das bei den Hausschweinen fast völlig verschwunden ist.

## FAMILIENMERKMALE

*Familie:* Suidae, Schweine

*Zahl der Arten:* 9

*Artname (Beispiel):*
Wildschwein: *Sus scrofa*

*Größe:* Länge Kopf/Körper: 60–180 cm
Schulterhöhe: 27–110 m

*Zahl der Jungen:* bis 12

*Tragzeit:* 100–140 Tage (Wildschwein)

*Lebenserwartung:* über 10 Jahre

*Verbreitung:* Alte Welt, südlich von 48°

### WILDSCHWEINZÄHNE

Über den Schädel eines Wildschweins zieht sich ein Knochenkamm, an dem die kräftigen Kaumuskeln ansetzen. Damit zermahlen Wildschweine ihre Nahrung. In den langen Kiefern sitzen 44 Zähne, d.h., sie haben alle Zähne, die normale Säugetiere ausbilden können.

### PINSELOHRSCHWEIN

Das afrikanische Pinselohrschwein lebt südlich der Sahara fast überall, wo es genügend Wasser und dichten Pflanzenwuchs findet. Es ist nachtaktiv und ruht am Tag in einem Bau. Da der Leopard – sein natürlicher Feind – immer seltener wird, hat die Zahl der Schweine in letzter Zeit zugenommen.

### WÜHLEN

Die lange, bewegliche Schnauze der Wildschweine ist ein perfektes Werkzeug um die Erde zu durchwühlen. Sie wird durch einen besonderen Knochen gestützt. Die Furchen, die man im Wald findet, zeigen, wo sie nach Nahrung gewühlt haben.

### WILDSCHWEIN

Die Wildschweinfrischlinge verlassen nach einigen Tagen das Nest ihrer Geburt und folgen, gemeinsam mit den Jungen des Vorjahres, der Mutter. Im Wald sind sie mit ihrem Streifenmuster gut getarnt (rechts). Später leben sie bis auf die kurze Paarungszeit allein.

## BABIRUSA

Das Babirusa kommt vor allem auf indonesischen Inseln vor. Es ist am Tag aktiv und schwimmt oft zu kleinen Inseln im Meer. Die oberen Eckzähne, die durch das Schnauzendach wachsen und sich zur Stirn hin krümmen, verleihen ihm ein merkwürdiges Aussehen. Im Kampf kann es sich damit verteidigen. Da die Babirusas gejagt wurden, obwohl sie geschützt sind, sind sie sehr selten geworden.

Obwohl Wildschweine nur selten fett werden, gelten alle Schweine als gefräßig. Sie sind, wie wenige andere Tiere, echte Allesfresser, die von Pilzen und Pflanzen, Schnecken, Würmern, kleinen Säugetieren und Aas leben. Ähnlich vielfältig ernähren sich nur noch Menschen und Ratten. Ihre Zähne sind an diese Art der Nahrung angepasst; mit den langen, scharfen Hauern können sie sowohl nach Wurzeln graben wie sich verteidigen.

Schweine können schwimmen und lieben Schlammbäder. Sie sind die größten Tiere, die sich noch Höhlen bauen, obwohl sie oft in hohem Gras oder Schilf ausruhen. Ihre Jungen sind bei der Geburt fast immer gestreift und weniger entwickelt als andere Paarhufer-Babys. Dennoch können sie ihrer Mutter nach einigen Tagen folgen.

## HAUSSCHWEINE

Dieses Wessex-Sattelschwein (oben) ist nur eine der vielen Hausschweinrassen. Sein gerades Profil weist darauf hin, dass es direkt von den Wildschweinen abstammt. Viele Hausschweinrassen gehen seit dem 18. Jahrhundert auf Kreuzungen mit asiatischen Arten zurück – sie haben ein eingesenktes Profil. Sattelschweine und andere alte Rassen sind heute sehr selten geworden, denn ihr Fleisch gilt als zu fett.

## WARZENSCHWEIN

Warzenschwein-Keiler benutzen ihre großen Hauer zwar bei Rivalenkämpfen um die Weibchen, gefährlichere Wunden schlagen jedoch ihre scharfen, unteren Eckzähne. Die seitlichen Warzen wehren Stöße ab und schützen vor Dornen, wenn sich die Tiere während der Trockenzeit in Büsche drängen, um an die letzten Gräser zu gelangen.

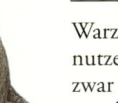

## FAMILIENMERKMALE

*Familie:* Tayassuidae, Pekaris

*Zahl der Arten:* 3

*Artname (Beispiel):* Halsbandpekari: *Tayassu tajacu*

*Größe:* Länge Kopf/Körper: 1 m
Schulterhöhe: 50 cm

*Tragzeit:* etwa 150 Tage

*Zahl der Jungen:* 1–4

*Verbreitung:* Neue Welt; Südwest-USA, Mittelargentinien

# Pekaris

Obwohl die Pekaris den echten Schweinen sehr ähnlich sehen, gehören sie in eine eigene Familie. Sie leben, häufig in großen Herden, in wechselnden Lebensräumen vom Südwesten der USA bis nach Mittelargentinien. Pekaris sind kleiner als Wildschweine, können sich ihrer natürlichen Feinde aber meist gut erwehren, vor allem, weil die gesamte Herde einem verletzten oder bedrohten Mitglied zu Hilfe kommt. Der wichtigste Unterschied zu den Schweinen ist ihr Magen: Er hat zwei Kammern; damit sind die Pekaris zwar noch keine Wiederkäuer, zeigen aber den Weg auf, den die Evolution bei anderen Paarhufern genommen hat.

## HALSBANDPEKARI

Halsbandpekaris bilden Herden von bis zu 30 Tieren, die bei der Nahrungssuche durch Grunzen und einen Moschusduft aus einer großen Rückendrüse untereinander Kontakt halten. Sie verzehren vorwiegend Pflanzen, auch Opuntien und andere

Kakteen, die sie mit Nahrung und Wasser versorgen. Dazu fangen sie kleine Tiere, wie Schlangen, und sollen sogar immun gegen das Gift von Klapperschlangen sein.

## SCHÄDEL

Im mächtigen Schädel eines Flusspferdes fallen der winzige Gehirnschädel und die sehr großen Zähne auf. Die unteren Eckzähne wachsen zu 30 cm langen Stoßzähnen aus, die unteren Schneidezähne sind nach vorn gerichtet. So wird ein Flusspferd selbst mit einem Krokodil fertig.

*Flusspferde können ihre Kiefer bis 150° aufsperren.*

## KÖPFE

Zwergflusspferde (oben) haben kleinere, runde Köpfe mit eher seitlichen Augen. Das Flusspferd (unten) kann seinen Mund weiter aufsperren als jedes andere Tier. Im Kampf reißen die messerscharfen Stoßzähne und unteren Schneidezähne fürchterliche Wunden.

# Flusspferde

Flusspferde suchen stets die Nähe von Wasser. Das Zwergflusspferd ist zwar weniger an Gewässer gebunden als sein großer Vetter, bewohnt aber sumpfige Wälder und zieht sich bei Gefahr an die feuchtesten Stellen zurück. Das bekannte Flusspferd verbringt seine Tage untergetaucht in Flüssen oder Seen – nur Augen und Nasenlöcher schauen aus dem Wasser. Fast immer versammeln sich die Flusspferde in Herden an ihren Lieblingsstellen – Einzelgänger sind selten. An 100 m Flussufer hat man bis zu 33 Tiere gezählt, wobei ein Bulle jeweils einen langen, schmalen Wasserstreifen und das Ufer beansprucht.

Nachts kommen sie ans Ufer und suchen nach Nahrung; dabei legen sie mehrere Kilometer zurück. Flusspferde fressen am liebsten Gras, fallen aber manchmal auch in Feldern ein und richten großen Schaden an. Sie reißen die Pflanzen mit den verhornten Lippen ab, denn mit

### BEWEGUNG UNTER WASSER

Die an Land schwerfälligen Flusspferde verwandeln sich im Wasser in leichtfüßige Balletttänzer. Sie sind gute Schwimmer, laufen aber auch auf dem Grund eines Gewässers. Dann schließen sie Nasenlöcher und Ohren und tauchen bis zu 5 Minuten lang unter – wenn sie von Jägern wegen ihres Fleisches, der Haut oder des Elfenbeins bedroht werden, sogar noch länger. Manchmal trägt eine Mutter ihr Baby unter Wasser auf dem Rücken, vielleicht zum Schutz vor Krokodilen.

*Unter Wasser bewegen sich Flusspferde elegant.*

den Schneidezähnen können sie keine Pflanzen abschneiden. Da sie viel Zeit im Wasser verbringen, das ihr Gewicht trägt, verbrauchen sie weniger Energie als andere Tiere. Deswegen nehmen sie täglich nur 1,5 % ihres Körpergewichtes an Nahrung auf (andere Huftiere 2,5 %). Da sie häufig rot aussehen, glaubte man lange, sie schwitzten Blut. Tatsächlich bilden Drüsen in der Haut rote Tröpfchen, die ihre Haut im Wasser oder vor Austrocknung schützt.

## FAMILIENMERKMALE

*Familie:* Hippopotamidae, Flusspferde

*Zahl der Arten:* 2

*Artnamen:* Flusspferd: *Hippopotamus amphibius* Zwergflusspferd: *Choeropsis liberiensis*

*Größe:* Zwergflusspferd Länge Kopf/Körper: bis 1,75 m Schulterhöhe: bis 1 m Gewicht: bis 270 kg
*Größe:* Flusspferd Länge Kopf/Körper: 5 m Schulterhöhe: 1,60 m Gewicht: bis 4,5 t

*Zahl der Jungen:* 1

*Tragzeit:* 6,5 Monate (Zwergflusspferd), 8 Monate (Flusspferd)

*Lebenserwartung:* über 40 Jahre

*Verbreitung:* Afrika südlich der Sahara

**21 PAARHUFER**

## ZWERGFLUSSPFERD

Zwergflusspferde leben in den Tieflandwäldern von Westafrika. Sie sind Einzelgänger – nur Mutter und Kind bleiben zusammen – und werden nur selten gesichtet. Am Tag verstecken sie sich, manchmal in Bauen anderer Tiere, erst nachts kommen sie auf der Suche nach Früchten oder zarten Blättern heraus. Auch ihre Haut wird durch Drüsensekrete geschützt. Da sie gejagt werden und ihr Lebensraum schwindet, sind sie vom Aussterben bedroht.

## SOHLENPOLSTER

Die Unterseite des Kamelfußes ist von einer dicken Haut bedeckt, unter der eine gepolsterte Schwiele sitzt. Mit ihren Füßen können alle Kamele überall sicher auftreten. Bei den Lamas ist diese Sohle gespalten.

# Kamele

Die ältesten Vorfahren der heutigen Kamele lebten vor rund 35 Millionen Jahren in Nordamerika. Mit der Zeit wanderten einige nach Norden und überquerten die Landbrücke nach Asien – damals waren die beiden Kontinente noch nicht durch die Beringstraße getrennt. Von dort wanderten die Kamele quer durch Asien, bis einige ihrer Nachkommen schließlich Afrika erreichten. Während dieser langen Zeit entwickelten sie sich zu den Höcker tragenden, in der Wüste lebenden Kamelen, die wir heute kennen. Eine andere Verwandtschaftsgruppe der Ur-Kamele zog nach Süden, wo sie sich zu den heutigen Guanakos und Vikunjas entwickelten. In ihrem Ursprungsgebiet starben alle Kamele aus. Wie bei allen Paarhufern enden die Füße der Kamele in zwei Zehen. Sie laufen allerdings nicht auf Hufen, sondern auf großen Sohlen mit harter Haut; auf den beiden großen Zehennägeln lastet kein Gewicht. Alle Kamele haben lange Hälse und vergleichsweise kleine Köpfe, große Augen mit langen Wimpern und eine gespaltene Oberlippe.

*Ein dichtes Fell aus feinen Haaren schützt das Trampeltier sowohl vor Kälte wie vor Hitze.*

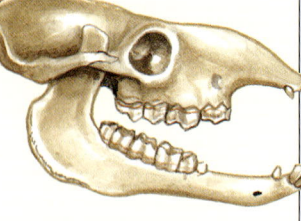

*Im Oberkiefer eines Kamels scheinen vier spitze Eckzähne zu sitzen – zwei davon sind jedoch Schneidezähne.*

## SCHÄDEL UND ZÄHNE

Alle Kamele haben lange, flache Schädel ohne Hörner oder Geweih. Mit den Zähnen hinten im Kiefer können sie auch härteste Nahrung zermahlen. Die unteren Schneidezähne arbeiten gegen eine Hornplatte im Oberkiefer. Bis auf einen spitzen Schneidezahn an jeder Seite, der einem Eckzahn gleicht, trägt der Oberkiefer keine Schneidezähne.

## DROMEDAR ODER EINHÖCKRIGES KAMEL

Ein Dromedar hält es selbst in der heißesten Wüste mehrere Tage ohne Wasser aus. So lange es noch Tau auf den Pflanzen findet, braucht es sehr lange keine Flüssigkeit. Schließlich schrumpft sein Höcker und kippt seitlich um. In diesem Zustand verliert ein Kamel fast 40 % seines Körpergewichtes. Sobald es Wasser findet, trinkt es bis zu 60 Liter, um den Wasserverlust seines Körpers auszugleichen. Kamele schwitzen nicht; am Tag steigt ihre Körpertemperatur an. Diese Hitze wird in den kalten Nächten wieder abgegeben.

*Das Dromedar trägt einen zweiten, sehr kleinen Höcker über den Schultern, der innerlich nicht mit dem großen Höcker verbunden ist. Junge aus der Paarung zwischen Ein- und Zweihöckrigen Kamelen haben stets nur einen Höcker.*

*Zum Ausruhen gehen Kamele auf die Knie und legen sich hin. Der Teil ihrer Knie, der die höchste Belastung aushält, wird durch ein Polster aus harter Haut geschützt.*

## TRAMPELTIER ODER ZWEIHÖCKRIGES KAMEL

Das Trampeltier lebt in kleinen Herden in den kalten Wüsten des nördlichen Zentralasiens. Ähnlich wie beim Dromedar werden seine Augen durch dichte Wimpern geschützt; die schlitzförmigen Nasenlöcher können zum Schutz vor Sandstürmen verschlossen werden. In einer Falte rinnt die Feuchtigkeit aus der Atemluft zur Oberlippe, um jeden Tropfen Flüssigkeit zu sparen. Wie sein arabischer Vetter bewegt sich auch das Trampeltier im wiegenden Passgang (die beiden Beine einer Seite bewegen sich gleichzeitig); es kann 65 km/h schnell werden.

## LAMA

Lamas, die größten Kamele Südamerikas, sind nur als Haustiere bekannt. Sie wurden zu Lasttieren gezüchtet, die bis 25 kg auf Höhen von 5000 m schleppen können. Aus ihrem Fell werden Teppiche, Seile und Kleidung hergestellt.

Obwohl sie mit sehr karger Weide zurechtkommen, liefern sie gutes Fleisch. Lamas sind ähnlich scheu und gesellig wie ihre wilden Ahnen, aber auch sehr neugierig. Vor möglichen Gefahren warnen sie ihre guten Augen und Ohren.

*Bei Rangstreitigkeiten bespucken Lamas ihre Gegner mit einem übel riechenden Magensaft – manchmal trifft es auch Menschen, die sie reizen oder ärgern.*

## ALPAKA

Vermutlich stammen Alpakas und Lamas von den Guanakos ab; sie sind sehr viel kleiner und wurden wegen ihres feinen, seidigen Fells gezüchtet. Die hier abgebildete Rasse, ein Suri, hat sehr langes, geripptes Fell. Wie so oft bei Haustieren wurden verschiendenfarbige – weiße, schwarze und braune – Lamas und Alpakas gezüchtet.

Die Kamele der Alten Welt tragen die bekannten Höcker. Darin speichern sie aber kein Wasser, sondern Fett, das sie für Notzeiten brauchen. Gegen Hitze oder Kälte schützt die Kamele ein dichtes Fell aus feiner Wolle. In den rauen Gegenden, in denen Kamele leben, wachsen nur sehr widerstandsfähige Pflanzen. Um sie verdauen zu können, sind Kamele zwar Wiederkäuer, doch fehlt ihnen der komplizierte Magen der echten Wiederkäuer. Anders als alle anderen Säugetiere haben Kamele keine runden, sondern ovale rote Blutkörperchen, die mehr Sauerstoff transportieren können. Das hilft vor allem den südamerikanischen Kamelen, die damit in der dünnen Luft des Hochgebirges besser zurechtkommen als andere Tiere. Die beiden Kamelarten der Alten Welt werden seit der Antike als Haustiere gehalten. Das südamerikanische Guanako wurde vor 5000 Jahren domestiziert. Aus ihm züchtete man das moderne Lama und das Alpaka. Wie fast immer in der Geschichte der Nutztiere wurden auch die wilden Vorfahren der Kamele als Schädlinge verfolgt. Daher sind heute alle wilden Dromedare (Arabien) und fast alle Trampeltiere (Asien) ausgestorben. Auch die wilden Guanakos mussten sich in abgelegene Gebiete zurückziehen. Obwohl es niemals gelang, die Vikunjas zu zähmen, trieb man sie seit alters regelmäßig zusammen und schor ihre wunderbare Wolle. In der Zeit nach der spanischen Eroberung Südamerikas wurden die Vikunjas jedoch so systematisch abgeschossen, dass sie beinahe ausgestorben wären. Erst in jüngster Zeit werden ernsthafte, internationale Schutzmaßnahmen ergriffen.

21 PAARHUFER

## VIKUNJA

Das Vikunja ist das kleinste und eleganteste der südamerikanischen Kamele. Es hat nur noch in den höchsten, abgelegensten Gebieten der Anden von Peru und seinen Nachbarländern überlebt. Vikunjas leben in kleinen Gruppen, die zwei Reviere verteidigen – ein Futter- und ein Schlafrevier –, dazwischen verläuft eine Zone, die nicht verteidigt wird. Um mit den harten Pflanzen fertig zu werden, sind die Zähne der Vikunjas ähnlich wie bei den Nagetieren gebaut: Sie haben offene Wurzeln und sind nur außen von Schmelz überzogen.

*Nun, da sie geschützt werden, nimmt die Zahl der Vikunjas wieder zu.*

## GUANAKO

Guanakos kommen in trockenen, offenen Landschaften vor, wo sie verschiedenste Pflanzen fressen. Ihre kleinen Familiengruppen werden von einem Hengst angeführt. Während sie früher überall in den Anden vorkamen, sind sie heute selten geworden. Sie gelten als Konkurrenten von Schafen und werden wegen ihres Fells gejagt. In einigen Gebieten sind sie heute geschützt.

## FAMILIENMERKMALE

**Familie:** Giraffidae, Giraffen

**Zahl der Arten:** 2

**Artnamen:**
Giraffe: *Giraffa camelopardalis*
Okapi: *Okapia johnstoni*

**Größe:**
Giraffe:
Länge Kopf/Körper:
3,80–4,70 m
Höhe: durchschnittlich
5,30 m, Weibchen 4 m
Schulterhöhe: bis 3,70 m
Gewicht: fast 2 t

**Zahl der Jungen:** 1

**Tragzeit:** etwa 15 Monate;
Okapi 6 Monate

**Lebenserwartung:** weniger
als 10 Jahre, im Zoo über 30
Jahre

**Verbreitung:** Afrika,
südlich der Sahara

# Giraffen

Mit einer Höhe von 5 m sind Giraffen die größten Landtiere; sie erreichen daher Nahrung, die für andere Huftiere zu hoch ist. Sie haben nicht nur lange Beine, sondern einen noch längeren Hals, der allerdings – wie bei den meisten Säugetieren – nur sieben Wirbel enthält. Giraffen leben in kleinen, lockeren Herden zusammen. Auch wenn die einzelnen Tiere bis zu 1 km weit getrennt sind, sehen sie mit ihren enorm guten Augen genau, was ihre Nachbarn machen. Junge Bullen festigen ihre Stellung in der Rangordnung in Scheinkämpfen, bei denen sie ihre Hälse gegeneinander drücken. Auf dem Kopf tragen Giraffen mindestens drei kleine, von Haut bedeckte Hörner. Bei älteren Bullen kann die Zahl dieser Hörner zunehmen, dann wiegt ihr Kopf, den sie in ernsthaften Kämpfe um das Recht zur Paarung als Waffe einsetzen, über 11 kg.

## NETZGIRAFFE

Die Netzgiraffe dürfte die Unterart mit der auffälligsten Fellzeichnung sein. Da alle Giraffen einer einzigen Art angehören, könnte sie sich mit allen übrigen Unterarten paaren und Junge bekommen. Giraffen haben kaum Feinde – bis auf die Menschen. Manchmal gelingt es zwar Löwen, eine Giraffe zu reißen, doch in der Regel wehren sie sich durch Tritte ihrer äußerst kräftigen Vorderbeine. Auch in der größten Gefahr werden Giraffen niemals laut. Erwachsene Tiere warnen höchstens mit einem Schnauben.

*Meistens bewegen sich
Giraffen gemächlichen
Schrittes; die Giraffe rechts ist
im Galopp gezeigt. Wenn es
nötig ist, halten Giraffen
lange Strecken mit 50 km/h
durch.*

## KAMELOPARD

Die ersten Europäer, die eine Giraffe sahen, hielten sie für eine Kreuzung zwischen Kamel und Leopard – für einen „Kamelopard". Da jede Giraffe eine ganz spezielle Fellzeichnung besitzt, glaubten die Wissenschaftler des 19. Jahrhunderts, es gebe mehrere Arten.

## TRINKENDE GIRAFFE

Giraffen kommen sehr lange mit dem Wassergehalt in ihrer Nahrung aus. Sie brauchen nur selten zu trinken; dazu müssen sie die Vorderbeine spreizen und den Kopf tief neigen. Da ihr Kopf dann viel tiefer liegt als das Herz, besteht die Gefahr, dass sie ohnmächtig werden. Um dies zu verhindern, besitzen Giraffen besondere Ventile im Blutkreislauf.

## NAHRUNG ZWISCHEN DORNEN

Giraffen sind Wiederkäuer, die täglich 20 Stunden nach Nahrung suchen und 33 kg Pflanzen verzehren. Sie zupfen mit ihrer langen, beweglichen Zunge und der Oberlippe die Blätter von Akazien und anderen kleinen Bäumen ab. Dazu entfernen sie zunächst die weichen Spitzen der Dornen.

## OKAPI

Okapis leben allein oder in kleinen Gruppen in den dichten Regenwäldern von Zentralafrika. Die Bullen tragen Hörner, ähnlich wie die Giraffen. Die Zungen der Okapis sind so lang, dass sie damit ihre Augen säubern können. Okapis sind selten und sehr scheu. Während sie an Blättern und Früchten knabbern, lauschen sie mit ihren hervorragenden Ohren auf mögliche Gefahren.

*Großkantschil*

## Hirsche und Hirschferkel

**FAMILIENMERKMALE**

*Familie:* Cervidae, Hirsche

*Zahl der Arten:* 45

*Artnamen (Beispiele):*
Elch: *Alces alces*
Rentier (Karibu):
  *Rangifer tarandus*

*Kleinste Art:* Moschustier
  Länge Kopf/Körper:
  bis 1 m
  Gewicht: 7–17 kg
*Größte Art:* Elch
  Länge Kopf/Körper: 3 m
  Schulterhöhe: 1,40–2,30 m
  Gewicht: 820 kg

*Zahl der Jungen:* meist 1

*Tragzeit:* 6–12 Monate

*Lebenserwartung:* im Zoo
20–26 Jahre

*Verbreitung:* Nord- und
Südamerika, Europa, Asien

*Familie:* Tragulidae,
  Hirschferkel
*Zahl der Arten:* 4

Einige Arten der winzigen Hirschferkel sind mit knapp 20 cm Schulterhöhe die kleinsten unter den Huftieren. Anders als echte Hirsche haben sie jedoch vier kräftige Zehen an jedem Fuß – das Gewicht tragen allerdings nur die beiden mittleren. Auch sie sind Wiederkäuer, obwohl ihnen der komplizierte Magen der Hirsche fehlt. Die Männchen tragen niemals ein Geweih, haben allerdings die großen, oberen Schneidezähne, mit denen auch kleinere Hirscharten um die Kühe kämpfen. Hirschferkel kommen nur in den dichten, tropischen Regenwäldern von Asien (dort gibt es nur wenige echte Hirsche) und Afrika (dort leben keine Hirsche) vor.

### HIRSCHFERKEL ODER KANTSCHILS

Hirschferkel leben am Rand dichter Wälder, wo sie enge Tunnel zwischen den dicht stehenden Pflanzen anlegen. Die Männchen verteidigen ein Revier, dass sie mit Sekret aus einer Duftdrüse unter dem Kinn markieren. Junge kommen ganzjährig zur Welt. Afrikanische Hirschferkel sind äußerst scheu; sie wagen sich nur nachts aus dem Versteck und suchen nach herabgefallenen Früchten. Die Jungen bleiben zwei Jahre lang bei ihrer Mutter. Obwohl sie in der Nähe von Wasser leben, gehen sie nur bei Gefahr hinein.

*Afrikanisches Hirschferkel*

*Fleckenkantschil*

Jede Hirschart hat ein typisches Geweih, mit dem die Tiere ihren Duft verbreiten und kämpfen. Von den Stangen oder Schaufeln des Geweihs zweigen die kleineren Enden ab. Dargestellt sind die Böcke: 1 Rothirsch, 2 Asiatisches Wasserreh, 3 Weißwedelhirsch, 4 Muntjak, 5 Damhirsch, 6 Reh

### MOSCHUSTIER

Die scheuen Moschustiere leben als Einzelgänger in den Bergwäldern von Südostasien. Sie fressen Gräser, Zweige, Moose und Flechten. Männliche Tiere erzeugen den wachsartigen Moschus, den man für die Parfümherstellung braucht. Wegen des wertvollen Moschus wurden die Tiere so lange gejagt, bis sie fast ausgestorben waren. Heute werden sie in chinesischen Zoos gezüchtet.

Die meisten echten Hirsche sind große Tiere. Die meisten Arten leben in den kühleren Wäldern der nördlichen Halbkugel. Da sie jedoch sehr anpassungsfähig sind, kommen sie auch in Parks oder Mooren zurecht; einige der kleineren Arten haben sich sogar an die Nähe von Menschen gewöhnt. Wie alle Paarhufer laufen sie auf den beiden mittleren Zehen. Zwei der äußeren Zehen sind jedoch noch vorhanden und tragen auf weichen Böden einen Teil des Gewichtes.

## REHKITZE

Obwohl ein Rehkitz schon sehr früh laufen kann, wird es von der Mutter so lange versteckt, bis es mit der Herde mithalten kann. Rehkitze sind nicht nur wegen ihres Fleckenmusters gut getarnt, sondern geben auch kaum einen Duft ab, der Raubtiere anlocken könnte. Die Mutter hält sich stets in ihrer Nähe auf um Raubtiere zu vertreiben. Bei Gefahr folgt ihr das Kitz in ein neues Versteck.

Die meisten Hirsche sind gesellige Tiere; einige Arten leben in großen Herden – häufig nach Geschlechtern getrennt. Hirsche können hervorragend hören und riechen, sehen aber ziemlich schlecht. Die Duftdrüsen an Füßen, Beinen und Gesicht hinterlassen einen strengen Geruch, den sogar Menschen wahrnehmen können. Bei einigen kleineren Arten, so den Moschustieren, wachsen die oberen Eckzähne der Böcke zu 7,5 cm langen Stoßzähnen aus. Andere Hirsche haben Geweihe. Obwohl sie an Hörner erinnern, werden Geweihe völlig anders gebildet. Bis auf die Rentiere – bei ihnen tragen beide Geschlechter ein Geweih – sind sie ein Merkmal der Böcke. Im ersten Jahr wachsen aus den „Rosenstöcken" (Knochenfortsätze auf der Stirn) kleine Geweihspieße aus. Sie wachsen bis zum Frühsommer des zweiten Jahres und werden gegen Ende des folgenden Winters abgeworfen. Dieser Vorgang wiederholt sich lebenslang. Das Geweih wird von Jahr zu Jahr größer und komplizierter, bis der Bock ausgewachsen ist. Danach nimmt die Geweihgröße wieder ab. Wenn die Hirsche reichlich Futter finden, wächst das Geweih besonders stark; zu dieser Zeit ist es von einer samtigen Haut,

## SPRÜNGE

Hirsche sind lebhafte Tiere, die lange Strecken mit hoher Geschwindigkeit zurücklegen, wenn sie gejagt werden. Außerdem überspringen sie hohe Barrieren, daher werden sie nur von mindestens 2 m hohen Wildzäunen

von Ackerland fern- oder in Gehegen zurückgehalten. Wird ein Hirsch erschreckt, springt er häufig auf der Stelle mehrmals in die Höhe und zeigt damit anderen Hirschen seine Hinterhand als Warnsignal. Im Lauf hinterlassen die Hufe charakteristische Fährten im Boden, die etwas über Geschlecht, Alter und Zustand des Tieres verraten.

*Im Sommer, wenn ihr Geweih noch von Bast überzogen ist, kämpfen Damhirsche nicht ernsthaft. Sie stellen sich lediglich auf die Hinterbeine und boxen mit den Vorderfüßen.*

## DAMHIRSCHE

Die Damhirsche sind leicht an ihren abgeflachten Geweihen zu erkennen. Sie lebten ursprünglich in Südeuropa und Westasien, wurden aber schon von den Phöniziern und Römern in vielen Teilen von Europa angesiedelt. In jüngster Zeit wurden Damhirsche auch in anderen Erdteilen eingeführt. Sie fressen Gräser und Blätter und kommen am besten in offener Landschaft zurecht.

*Zeichnung der Hinterhand*
*(siehe S. 167 oben rechts)*
*1 Reh*
*2 Weißwedelhirsch*
*3 Sikahirsch*
*4 Damhirsch*
*5 Rothirsch*

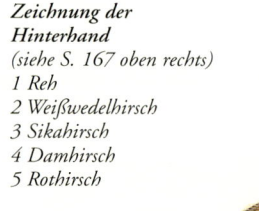

## LOSUNG

Jäger bezeichnen den Kot der Hirsche als Losung; sie ist an der dunklen Farbe und dem Oberflächenmuster zu erkennen. Ein guter Fährtensucher erkennt an der Losung nicht nur das Geschlecht, sondern auch den Zustand des Hirsches. Links unten ist die Losung eines Damhirsch-Bockes, rechts die eines Rehs dargestellt.

## BRUNFTRINGE

Als Teil ihres Paarungsverhaltens jagen Hirschböcke die Kühe im Kreis oder in einer Acht um Bäume oder Sträucher. Diese Verfolgung dauert so lange, dass sich ausgeprägte, ringförmige Fährten bilden. Eine Hirschkuh bringt häufig Zwillinge zur Welt. Sie sind sehr verspielt, jagen einander und hinterlassen

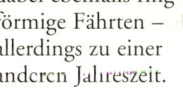

dabei ebenfalls ringförmige Fährten – allerdings zu einer anderen Jahreszeit.

## BAST

Das wachsende Geweih eines Hirschbocks ist von einer samtigen Haut überzogen. Dieser gut durchblutete Bast versorgt die Knochen mit Nährstoffen. Ist das Geweih ausgewachsen, trocknet der Bast und fällt ab.

dem Bast, überzogen. Schließlich sterben die Blutgefäße im Bast ab und er trocknet aus. Nun versuchen die Hirsche, den Bast durch „Fegen" an Sträuchern oder kleinen Bäumen los zu werden.

Die Größe des Geweihs zeigt Alter und Rang eines Hirschbockes an. Damit verteilt er seinen Geruch und kämpft mit anderen Böcken während der Paarungszeit (Brunft oder Brunst) um die Weibchen. Allerdings stellen sich nur starke Böcke zum Kampf; vorher versuchen sie ihren Gegner durch Imponieren zu beeindrucken: Sie röhren, stellen sich in Positur, marschieren aufeinander zu –

noch kann jeder aufgeben. Dann plötzlich gehen sie aufeinander los, senken die Köpfe und verhaken die Geweihe mit den Enden. Jeder versucht, den anderen beiseite zu schieben, bis schließlich der größte und stärkste der beiden gewinnt. Wenn sich der Unterlegene nicht rasch seitlich zurückzieht, besteht die Gefahr, dass er von dem Geweih des Siegers an der Flanke getroffen wird. Ein Sieg ist stets endgültig und hat bis zum nächsten Jahr Bestand – dann kann es der Unterlegene erneut versuchen und vielleicht eigene Jungen zeugen. Die Hirschkühe scheinen oft völlig teilnahmslos zu bleiben, obwohl sich in den Kämpfen entscheidet, wer Vater ihrer Babys sein wird.

Nach der Brunft tragen die Böcke ihr Geweih noch eine Zeit lang, doch schließlich löst es sich am Stirnansatz auf und fällt ab. Die Wunde über den Rosenstöcken heilt rasch und schon bald wächst ein neues Geweih.

## HINTERHAND

Werden Hirsche nicht gestört, grasen sie am Tag; meistens suchen sie jedoch in der Morgen- oder Abenddämmerung nach Nahrung. Bei Gefahr sträuben sie die helleren Haare auf der Hinterhand und warnen so die am nächsten stehenden Herdenmitglieder, bis die ganze Herde instinktiv diesem Warnsignal folgt. So bleibt auch auf der Flucht der Zusammenhalt der Herde bestehen und gibt den Tieren mehr Sicherheit. Stehen Hirsche ruhig, ist dieser helle Fleck kaum zu sehen.

## REHSCHÄDEL

Im Kiefer der Hirsche fehlen die oberen Schneidezähne. Die Rosenstöcke unter dem Geweih sind am Schädel gut sichtbar. Als Besonderheit haben Rehe ein raues und mit Buckeln besetztes Geweih.

## REH

Rehe, hier im kastanienbraunen Sommerfell, sind die kleinsten und häufigsten europäischen Hirsche. Sie kommen überall dort vor, wo sie genügend Deckung finden. Auch wenn Menschen an ihrem Versteck vorbeikommen, bleiben sie meist ungesehen.

## RENTIER ODER KARIBU

Rentiere sind die am weitesten im Norden vorkommenden Hirsche. Fast alle wandern im Frühling in riesigen Herden in die arktische Tundra. Beim Laufen erzeugen ihre großen, gespreizten Füße ein klickendes Geräusch; es entsteht, wenn eine Sehne über einen Fußknochen gleitet. Rentiere müssen oft Flüsse oder Seen überqueren, sind aber gute Schwimmer, deren luftgefüllte Fell-

Das immer wiederkehrende Wachstum und der Abwurf des Geweihs erscheint verschwenderisch, denn die Hirsche brauchen dafür enorm viele Mineralien. In Regionen mit karger Nahrung fressen Hirsche daher ihr eigenes Geweih, sobald sie es abgeworfen haben. In den schottischen Highlands nagen Hirsche an allem, was sie mit Mineralien versorgt, zum Beispiel an einem Kaninchen in einer Falle oder am verschwitzten Holzgriff einer Spitzhacke.

Tropische Hirscharten paaren sich während des ganzen Jahres, während in den gemäßigten Klimazonen die Brunft auf den Herbst beschränkt ist. Dort werden die Jungen erst im Frühsommer des nächsten Jahres geboren, da sich die Eizelle verspätet in der Gebärmutter einnistet. Kleine Arten bringen regelmäßig Zwillinge zur Welt, doch die großen Hirschkühe bekommen selten mehr als ein Baby. Hirschbabys sind weit entwickelt und können sofort nach der Geburt stehen. Da sie noch nicht mit der Herde ziehen können, verstecken Mütter ihre Jungen – sie sind dank des gefleckten Fells gut getarnt und bleiben liegen, während ihre Mutter in der Nähe äst oder ruht. Das Junge bleibt etwa ein Jahr bei seiner Mutter, dann muss sie sich um ihr neues Baby kümmern.

*Das Geweih der weiblichen Rentiere (links) ist kleiner als das der Böcke; es wird nicht zum Rivalenkampf eingesetzt.*

## PAMPAHIRSCHE

Die Pampahirsche gehören zu den wenigen Hirscharten der südlichen Halbkugel. Sie leben in kleinen, lockeren Gruppen in den Grasebenen des Flachlandes, wo sie tagsüber Gräser und Sträucher fressen. Die Drüsen an den Hinterbeinen der Böcke bilden ein stark riechendes Sekret. Während der Brunft kämpfen mehrere Böcke um ein Weibchen, scharen aber keinen Harem um sich.

*Rechts: Früher waren die Pampahirsche für die Ureinwohner Südamerikas ähnlich wichtig wie die Bisons für die Prärie-Indianer Nordamerikas.*

### ROTHIRSCH ODER WAPITI

Rothirsche sind weit auf der nördlichen Halbkugel verbreitet; dort besetzen sie viele Lebensräume, von grasigen Ebenen bis zum Gebirge. Sie unterscheiden sich deutlich in der Körpergröße; die nordamerikanischen Wapitis sind die größten. Im Verlauf eines Jahres ändert sich die Zusammensetzung der Herden: Böcke und Kühe leben in Gruppen mit eigenen Rangordnungen. Böcke, die fünf Jahre oder älter sind, kämpfen während der herbstlichen Brunft um das Recht, einen Harem aus bis zu 20 Hirschkühen um sich zu scharen. Ab dem Alter von drei Jahren sind die Kühe geschlechtsreif; allerdings wird kaum die Hälfte ihrer Kälber älter als ein Jahr.

*Wenn die Hirschböcke im Vorfrühling ihr Geweih abwerfen, bleiben die Rosenstöcke sichtbar.*

*Während der Brunft geht es laut zu. Neben den im Kampf krachenden Geweihen hört man das Röhren der Hirsche, die auf sich und ihre Stärke aufmerksam machen.*

*Rothirsche wälzen sich gerne im Schlamm (rechts); auf diese Weise werden sie lästige Hautparasiten los.*

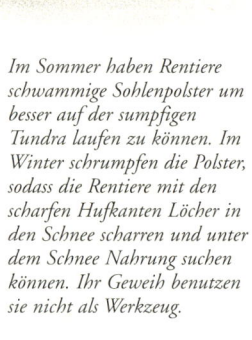

*Im Sommer haben Rentiere schwammige Sohlenpolster um besser auf der sumpfigen Tundra laufen zu können. Im Winter schrumpfen die Polster, sodass die Rentiere mit den scharfen Hufkanten Löcher in den Schnee scharren und unter dem Schnee Nahrung suchen können. Ihr Geweih benutzen sie nicht als Werkzeug.*

haare wie eine Schwimmweste wirken. Vor der Geburt der Jungen sondern sich die Kühe ab und leben in kleinen Sommerherden. Erst im Herbst schließen sie sich wieder der großen Herde an und suchen Schutz in den nördlichen Wäldern. Rentiere ernähren sich von vielen Pflanzen, sogar von Flechten.

**PAARHUFER 21**

## DAVIDSHIRSCH

Dieser große Hirsch lebte einst in weiten Teilen von Nordost-China, doch gegen Ende des 19. Jahrhunderts waren nur noch einige Exemplare im kaiserlichen Jagdpark bei Peking übrig. Kurz nach 1900 starben auch sie aus. Es gab nur noch wenige Tiere, die nach Europa ausgeführt worden waren. Einige Jahre darauf stellte man daraus im Hirschpark von Woburn Abbey (England) eine Herde zusammen. Da sich die Tiere gut vermehrten, gibt es heute wieder mehr als 1000 Davidshirsche. Während der Brunft versuchen die Böcke besonders imponierend auszusehen, indem sie trockene Pflanzen in ihren Geweihen sammeln.

## SPIESSHIRSCHE

Die vier Arten Spießhirsche kommen zwischen Mexiko und Südargentinien vor. Spießhirsche besetzen ein kleines Revier und können am Tag wie nachts aktiv sein. Bei drohender Gefahr scheinen sie zu erstarren und mit dem Hintergrund zu verschmelzen. Sie können nicht schnell rennen, und obwohl sie gute Schwimmer sind, schützt sie auch das Wasser nicht vor jeder Gefahr. Spießhirsche fressen zahlreiche Pflanzen, bevorzugen aber weiche Sprossen und Ranken; nur während der Trockenzeit weichen sie auf harte, trockene Früchte aus.

*Rechts: Elche waten im Sommer gerne in das Wasser langsam fließender Flüsse. Dort suchen sie nach Wasserpflanzen und sind sicher vor Stechmücken.*

## ELCH

Der Elch ist die größte Hirschart. Elche bewohnen das nördliche Europa, Sibirien und Nordamerika und sind Einzelgänger, die sich nur im Winter zu kleinen Gruppen zusammenschließen. Ihre Größe, die breite Schnauze und das schaufelförmige Geweih machen sie unverwechselbar. Elche bevorzugen feuchte Wälder mit Pappeln und Weiden, deren Blätter sie abweiden. Besonders gerne mögen sie die Knollen von Seerosen, die sie in Seen oder seichten Flüssen finden. Im Winter sind sie auf Sträucher, junge Bäume und die Zweige und Rinde älterer Bäume angewiesen. Die Brunft findet im Herbst statt: Nicht nur die Elchbullen kämpfen miteinander, sondern auch die Kühe, die durch Rufe und Duft einen Bullen anzulocken versuchen.

## SUMPFHIRSCH

Wie ihr Name vermuten lässt, leben die Sumpfhirsche in Sumpfgebieten, und zwar in Südbrasilien und den Nachbarländern. Die Böcke benutzen ihr Geweih nicht zu aggressivem Verhalten gegenüber ihren Rivalen. Sie können ihr Geweih das ganze Jahr über abwerfen; auch die Jungen werden zu keiner bestimmten Zeit geboren.

Hirsche weiden vor allem Blätter und Zweige ab. Da sie auch Nutzpflanzen fressen, werden sie von Bauern und Förstern nicht gerne gesehen – sie schädigen die Ernte und beim „Fegen" zerstören sie kleine Bäume. Außerdem werden sie seit der Steinzeit wegen ihres Fleisches, der Felle und Geweihe gejagt. In vielen ihrer Verbreitungsgebiete hat daher die Zahl der Hirsche stark abgenommen. Einigen Arten ist es aber gelungen, neue Lebensräume zu erobern und sich auszubreiten. So haben sich in Europa asiatische und amerikanische Hirsche eingewöhnt, während sich nach Neuseeland und in andere Länder eingeführte Rothirsche so stark vermehrt haben, dass sie als Schädlinge gelten.

Hirsche galten früher als königliches Jagdwild. Die Jäger fanden je nach Art, Alter und Größe bestimmte Bezeichnungen: Männliche Rothirsche heißen Hirsch, die Kühe Hindin oder Hinde, männliche Rehe werden Rehbock, die Weibchen Ricke und die Jungen Kitz genannt. Selbst für die Geweihe gibt es beschreibende Namen aus der Jägersprache, wie Stangen, Spieße, Schäfte oder Schaufeln.

*Sumpfhirsche gehen meist nachts in kleinen Gruppen auf die Suche nach Schilf und Wasserpflanzen.*

### NAMEN

Viele der frühen Entdecker von Nordamerika gaben den fremden Tieren die Namen, die sie von den Eingeborenen hörten. Manchmal sahen sie auch Ähnlichkeiten mit ihnen bekannten Tieren und benutzten einfach den europäischen Namen.

Daher tragen manche amerikanische Hirsche noch heute „unpassende" Namen: Rentiere und Karibus gehören, wie auch Rothirsch und Wapiti, trotz des unterschiedlichen Namens zur selben Art.

Der europäische Elch heißt in Amerika Moose; Elch (elk) nennen die Amerikaner den Rothirsch.

## FAMILIENMERKMALE

*Familie:* Bovidae, Hornträger

*Unterfamilie:* Antilopinae, Springantilopen und andere

*Zahl der Arten:* etwa 100

*Kleinste Art:* Kleinstböckchen
Länge Kopf/Körper:
  etwa 50 cm
Schulterhöhe: bis 30 cm
Gewicht: 2–3 kg
*Größte Art:* Elenantilope
Länge Kopf/Körper:
  bis 3,40 m
Schulterhöhe: bis 1,80 m
Gewicht: bis 1 t

*Zahl der Jungen:* 1 bei den meisten Arten

*Tragzeit:* 6–9 Monate

*Lebenserwartung:* je nach Größe 10–20 Jahre

*Verbreitung:* in weiten Teilen Afrikas, Süd- und Südostasiens

## GABELBOCK

Der Gabelbock ist die einzige Art der ansonsten ausgestorbenen Familie (oder Unterfamilie) der Antilocapridae. Im Unterschied zu den Antilopen hat er geweihähnlich gespaltene Hörner. Die Hörner bleiben erhalten, doch stoßen Gabelböcke deren äußere Schichten jedes Jahr ab. Gabelböcke leben nur noch in den nordamerikanischen Prärien und Halbwüsten, gewöhnlich in großen, lockeren Herden. Mit ihren hervorragenden Augen erkennen sie Gefahren noch auf mehrere Kilometer Entfernung. Dann fliehen sie mit einer Dauergeschwindigkeit von 45 km/h, die sie 15 km lang durchhalten.

# Hornträger – Antilopen

Die Hornträger bilden die größte und am weitesten verbreitete Gruppe mittelgroßer bis großer Säugetiere. Dazu gehören winzige, lebhafte Antilopen und große, schwerfüßige Rinder, die unterschiedlichste Lebensräume von der arktischen Tundra bis zu den tropischen Regenwäldern besiedeln. Alle Familienmitglieder sind Paarhufer und haben einen Magen mit vier Kammern. Sie reißen in kurzer Zeit viele Pflanzen mit der Zunge ab oder beißen sie mit den Schneidezähnen im Unterkiefer ab. Die Nahrung landet im Magen, wird wieder hochgewürgt und dann in aller Ruhe erneut zerkaut, verschluckt und verdaut – daher stammt die Bezeichnung Wiederkäuer. Alle männlichen Tiere, vielfach auch die Weibchen, tragen Hörner. Bei vielen Arten sitzen Duftdrüsen an den Füßen, bei einigen auch im Gesicht.

### HÖRNER-VIELFALT

Die Hörner der Hornträger bestehen aus einer schwammigen Knochensubstanz, die aus dem Schädelknochen auswächst. Darüber sitzt eine dicke Schicht aus Horn, ähnlich unseren Fingernägeln. Hörner werden nicht abgeworfen und sind niemals verzweigt, können aber gedreht sein oder Rillen und Buckel tragen. Männchen nutzen ihre Hörner im Kampf um Weibchen oder ihr Revier. Beim Rivalenkampf verkeilen sie ihre Hörner ineinander – ähnlich wie Hirsche ihr Geweih. Hörner tragende Weibchen verteidigen damit ihre Jungen und jagen kleinere Raubtiere weg.

1 Grantgazelle; 2 Hirschziegenantilope; 3 Südafrikanischer Spießbock; 4 Kuhantilope; 5 Asiatischer Büffel; 6 Beira

*Gabelböcke sind die schnellsten Tiere der westlichen Hemisphäre: Sie legen mit einem Sprung 4–6 m zurück und erreichen eine Höchstgeschwindigkeit von über 86 km/h.*

## KLIPPSPRINGER

Klippspringer sind die einzigen Antilopen, die an ein Leben im Fels angepasst sind. Sie stehen auf den Spitzen ihrer Hufe und bewegen sich selbst auf scheinbar unwegsamem Fels so sicher wie eine Felsziege. Klippspringer wiegen nur etwa 18 kg; wie bei fast allen kleinen Antilopen bleibt ein Paar mit seinem Jungen aus dem letzten Jahr zusammen und verteidigt ein Revier.

*Männliche und weibliche Klippspringer hinterlassen wachsartige Tropfen an Dornen und Zweigen um die Grenzen ihres Reviers zu kennzeichnen.*

Zur Gruppe der Antilopen gehören die elegantesten und langbeinigsten Hufträger; viele machen weite Sprünge um ihren Feinden zu entgehen. Neben den Gemeinsamkeiten gibt es zahlreiche Unterschiede in Größe, Aussehen und Lebensweise. Im Folgenden werden jeweils Arten mit ähnlicher Lebensweise zusammen vorgestellt.

Die kleinsten Antilopen, wie Dikdiks und Ducker, leben meist paarweise mit ihrem letzten Jungen zusammen. Sie kennen ihr kleines Revier sehr genau und sind daher im Vorteil gegenüber ihren Feinden. Das Revier markieren sie mit Kot und einem Sekret, das aus Duftdrüsen im Gesicht stammt. Zum Markieren reiben sie den Kopf an Dornen oder trockenen Zweigen und hinterlassen einen stark riechenden Tropfen, der die Artgenossen warnt: Dieses Revier ist bereits besetzt.

### KIRKDIKDIK

Obwohl dieses Dikdik in Afrika sehr häufig ist, bekommt man es nur selten zu sehen, denn es ist klein und scheu. Mit seinen gummiartigen Sohlen findet es auch auf Felsen sicheren Halt. Es wählt seine Nahrung sehr sorgfältig aus, und frisst z. B. nur ein einzelnes Blatt aus einem Busch. Die rüsselartige Schnauze dient nicht als Greiforgan, sondern könnte dem Tier dabei helfen, seine Körpertemperatur zu regulieren.

### ZEBRADUCKER

Der Name „Ducker" bezieht sich auf das Verhalten dieser kleinen Arten: Sie leben in dichtem Gebüsch und ducken sich bei jeder Störung ins Versteck. Sowohl Männchen wie Weibchen tragen kurze, gerade Hörner. Der Zebraducker lebt in waldreichem Hügelland in Westafrika. Wie seine Verwandten ist er vorwiegend nachts aktiv. Er sucht nach Blättern und Früchten, manchmal klettert er dafür sogar in Sträuchern empor.

### MOSCHUSBÖCKCHEN ODER SUNI

Diese kleine Antilope kommt in den Trockensteppen zwischen Kenia und dem östlichen Südafrika vor. Die Böcke verteidigen ihre etwa 3 ha großen Reviere, die sie mit Moschusduft markieren und die sich mit den Streifgebieten von mindestens zwei Weibchen überschneiden. Während der heißen Tagesstunden ruhen sie aus, abends suchen sie nach frisch gefallenen Blättern, Blüten und Früchten. Da sie fast nie trinken, scheinen sie mit der Feuchtigkeit in den Pflanzen auszukommen.

### SPRINGBOCK

Springböcke kommen in den trockenen, offenen Grassavannen von Südafrika vor. Sie springen im Spiel oder bei Gefahr wieder und wieder bis zu 3,50 m in die Höhe.

Vermutlich soll dieses „Prunken" einem Raubtier zeigen, dass es entdeckt wurde und keine Chance hat, eine derart flinke Beute zu erwischen.

### VIERHORN-ANTILOPE

Als einzige unter den Horntieren tragen die Böcke der Vierhornantilopen zwei Paar Hörner. Es sind scheue Waldbewohner, die von Indien bis Nepal vorkommen. Meist leben sie in der Nähe von Wasser; dorthin ziehen sie sich bei Gefahr zurück. Die Paarung fällt in die Regenzeit und die Weibchen bringen manchmal – auch dies eine Ausnahme unter den Antilopen – Drillinge zur Welt.

*Beim Kampf um ein Revier oder um Weibchen verhaken männliche Antilopen ihre Hörner und messen ihre Kraft.*

*Gejagte Sitatungas verstecken sich unter Wasser; nur die Nasenlöcher schauen dann heraus.*

## SITATUNGA

Die Sitatungas oder Sumpfantilopen sind am stärksten an ein Leben am Wasser angepasst. Sie halten sich vorwiegend im Schilf von Sumpfgebieten auf. Mit sehr langen Hufen und den biegsamen Knöchelgelenken können sie auch auf sumpfigem Untergrund sicher gehen und Wasserpflanzen verzehren.

Die meisten hier dargestellten Arten sind mittelgroße Antilopen mit einer anderen Lebensweise als die zuvor beschriebenen, kleineren Arten. Die meisten leben in Herden in offenem Gelände. Daher müssen sie sich anderen Problemen stellen: Wo finden sie Nahrung, wie meiden sie Raubtiere, finden Partner und wie schützen sie sich vor der heißen afrikanischen Sonne.

Die einzelnen Arten haben unterschiedliche Wege entwickelt zu überleben. Gerenuks – der Name bedeutet „giraffenhalsig" – haben gerade 1 m Schulterhöhe. Die Böcke bewachen ihren kleinen Harem das ganze Jahr über in einem mehrere Quadratkilometer großen Revier; hier finden alle Nahrung und sichere Plätze für die Jungen. Die Reviergrenzen werden mit Kot, Urin und großen Duftdrüsen auf dem Gesicht markiert. Die Mütter wandern mit ihren Jungen weit umher und fressen oft zusammen. Da die Böcke nicht versuchen die Weibchen zusammenzuhalten, bilden die Tiere nur eine lockere Gemeinschaft. Vielleicht ist daher das Paarungsverhalten etwas ausgeprägter als bei anderen Antilopen. Da das Revier – auch trockene Gebiete – ganzjährig genügend Nahrung liefert, kommen die Jungen während des ganzen Jahres zur Welt. Ähnlich leben auch die Riedböcke, der Kleine Kudu und die Sitatunga.

## BONGO

Bongos leben in den dichtesten Wäldern von Zentralafrika. Man bekommt diese scheuen Einzelgänger nur selten zu Gesicht, obwohl an Salzlecken schon bis zu 40 Tiere starke Herden beobachtet wurden. Ihr Gehör ist besonders gut ausgebildet und bei Gefahr rennen sie mit zurückgelegtem Kopf durch das Unterholz, sodass sich die Hörner nicht verfangen. Bei vielen Bongos haben daher die Spitzen der Hörner kahle Stellen ins Fell gescheuert.

## BUSCHBOCK

Die Buschböcke sind weiter in Afrika verbreitet als andere Antilopenarten. Sie bevorzugen dichtes Buschland in der Nähe von Wasser und entkommen bei Gefahr durch enge Tunnel zwischen den Pflanzen. Buschböcke finden sich aber auch in anderen Lebensräumen zurecht, sogar in der Nähe von Menschen.

## WASSERBOCK

Obwohl sie sich niemals weit vom Wasser entfernen und häufiger trinken müssen als andere Antilopen, verbringen auch die Wasserböcke die meiste Zeit damit, in den Wiesen und Wäldern nahe einem Fluss oder See zu grasen. Ins Wasser gehen sie nur selten. Manchmal bilden sich zwar große Herden, doch entscheidend sind Reviere und Rangordnung der Männchen – ähnlich wie beim Impala. Die Weibchen bilden eigene Gruppen.

## NILGAUANTILOPE

Früher bewohnten die Nilgauantilopen weite Teile von Indien und Bangladesch, heute sind sie an vielen Stellen verschwunden. Sie fressen sowohl Gras wie Blätter, manchmal dringen sie auch in Zuckerrohrplantagen ein. In der Regel bleiben sie in der Deckung von offenen Wäldern, finden sich aber auch in offenem Gelände zurecht. Die Böcke kämpfen um ein Revier und während der Paarungszeit auch um Weibchen. Dazu lassen sie sich auf die Knöchel fallen und stoßen mit den Hörnern. Während sie in ihrem ursprünglichen Verbreitungsgebiet sehr selten geworden sind, konnte sich eine nach Texas eingeführte Population sehr stark vermehren.

## DAMAGAZELLE

Damagazellen kommen im Norden Afrikas am Rand der Sahara von Marokko bis zum Sudan vor. Sie treten meist in kleinen Gruppen auf, die sich zur Regenzeit in die Sahara wagen, um von den kurzfristig dort wachsenden Pflanzen zu fressen.

## IMPALA

Viele halten Impalas für die schönsten afrikanischen Antilopen. Der Name bedeutet „Leierhorn", obwohl die Weibchen keine Hörner tragen. Wenn sie angegriffen werden, flüchten die Impalas, die gewöhnlich in offenem Gelände grasen, in dichte Büsche.

Die hier vorgestellten mittelgroßen Antilopen, wie Impalas, Hirschantilopen, Litschi-Wasserböcke und einige Gazellen haben andere Wege gefunden zu überleben. Ihre geschlechtsreifen Böcke verteidigen energisch ein kleines Revier. Je nach Klima wird es ganzjährig oder nur während der Regenzeit besetzt. Jungtiere oder Böcke ohne Revier dürfen diese Territorien ebenso passieren wie die großen Herden der Weibchen. Dann versuchen die Revierbesitzer, sich mit den paarungsbereiten Kühen zu paaren. Revierbesitzer werden ständig von anderen Böcken zu Hornkämpfen herausgefordert. Da die Hörner sehr spitz sind, ist die Haut einiger Arten an den besonders gefährdeten Stellen verdickt.

*Auf der Flucht machen Impalas spektakuläre, bis 9 m weite und 2 m hohe Sprünge, vermutlich um Raubtiere zu verwirren.*

## DORKASGAZELLE

Die kleinen Dorkasgazellen – sie haben nur 65 cm Schulterhöhe – kommen nördlich der Sahara bis in den Nahen Osten hinein vor. Sie trinken zwar Wasser, wenn sie welches finden, kommen aber auch ohne aus. Auf ihren Wanderungen zu neuen Futterquellen fressen sie sogar Heuschrecken. Ob dies am Stress der Wanderung liegt oder nur der verzweifelte Versuch ist, den Hunger zu besiegen, ist unbekannt.

*Als Ausnahme unter den Antilopen hat die Zahl der Gerenuks in letzter Zeit wieder zugenommen, vielleicht, weil sie auch auf dem Weideland von Vieh noch Nahrung finden.*

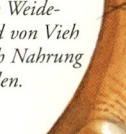

### LITSCHI-WASSERBOCK

Diese Art ist hervorragend an ein Leben auf den Schwemmebenen der Flüsse angepasst. Litschi-Wasserböcke können zwar gut schwimmen, bewegen sich im Flachwasser aber watend oder in Sprüngen vorwärts. Früher gab es riesige Herden; inzwischen wurde ihre Zahl durch die Jagd und Zerstörung der Lebensräume – auch den Bau von Staudämmen zur Stromgewinnung – stark vermindert.

## GERENUK

Gerenuks leben in trockenem Buschland. Sie weiden die Blätter von Sträuchern und kleinen Bäumen ab; diese liefern genügend Feuchtigkeit, sodass Gerenuks ohne Wasser auskommen. Bei der Nahrungssuche stellen sie sich auf die Hinterbeine und stützen sich mit den Vorderbeinen ab. Sie reißen, ähnlich wie die Giraffen, die Blätter mit der langen Zunge und ihrer beweglichen Oberlippe ab.

Obwohl es hin und wieder zu Unfällen kommt, enden die Kämpfe selten tödlich. Wenn die Revierbesitzer schließlich ausgelaugt sind und besiegt werden, übernimmt der Sieger das Revier. Der Unterlegene schließt sich einer Junggesellenherde an, kann aber später erneut versuchen ein Revier zu erobern. Dies bedeutet, dass die Böcke sehr früh ein aggressives Leben führen müssen. Ihre Mütter verstoßen sie, sobald sie entwöhnt sind – dann schließen sie sich einer Junggesellenherde an. Dort nehmen sie die unterste Stellung in der Rangordnung ein und arbeiten sich unter den Gleichaltrigen langsam hoch, bis sie im Alter von etwa drei Jahren einen Revierbesitzer herausfordern können. Aufgrund dieser Lebensweise fallen viele Männchen den Raubtieren zum Opfer. Unter den erwachsenen Tieren gibt es daher deutlich mehr weibliche als männliche Tiere.

## WEISSBARTGNU

Weißbartgnus kommen hauptsächlich in Ostafrika vor. Sowohl Bullen wie Kühe tragen die abschreckenden Hörner. Dennoch sind Gnus scheue Tiere: Nähert sich ein Mensch, stampfen sie auf den Boden, springen herum und rennen schließlich mit merkwürdig aussehenden Sprüngen davon; manchmal werden sie daher „Clowns der Savanne" genannt. Bei Gefahr erreichen sie aber eine Geschwindigkeit von 80 km/h.

Die großen Antilopen auf dieser und der nächsten Seite grasen vor allem in offenen Landschaften und sind beim Futter weniger wählerisch als die kleinen Arten. Da sie sich kaum vor Raubtieren verstecken können, haben sie, wie die Elenantilope, eine große Fluchtdistanz oder suchen, wie die Gnus, Sicherheit in großen Herden. Besonders gefährlich für große Antilopen ist die Zeit nach der Geburt. Bei manchen Arten kommen daher alle Jungen einer Herde fast gleichzeitig zur Welt. So können sich die Raubtiere ihren Anteil holen und dennoch überleben genügend Kälber.

Große, grasende Tiere brauchen viel Nahrung. In Gegenden mit ausreichend Regen bleiben sie ortstreu, während andere Arten ihr Leben lang auf Wanderschaft sind, um frische Weiden zu suchen. Die Wanderungen gewaltiger Gnuherden durch Ostafrika sind weithin berühmt. Bullen in wandernden Herden können keine dauerhaften Reviere besetzen; daher verteidigen sie während der Brunft kleine, manchmal nur 50 m breite Streifen. Aus ihren Revieren bedrohen sie benachbarte Bullen und versuchen, durchziehende Kühe zu beeindrucken und sich mit ihnen zu paaren.

## WEISSSCHWANZGNU

Weißschwanzgnus sind leichter gebaut als ihre ostafrikanischen Vettern; angeblich verdunkelten ihre Herden einst die Savannen von Südafrika. Als man das Land im 19. Jahrhundert für die Farmer erschloss, wurden sie fast völlig ausgerottet. Da einige in privaten Schutzgebieten überlebten, konnte sich ihre Zahl auf etwa 10 000 Tiere erhöhen. Einige sind sogar wieder in die Gebiete ihrer Vorfahren ausgewildert worden. Allerdings ist es schwer, sie zu schützen – wandernde Gnus kümmern sich nicht um Schutzgebiete.

*Kuhantilopen oder Hartebeests verdanken ihren Namen den ersten holländischen Siedlern; sie verglichen es mit einem „zähen Rind" (harte beest).*

## KAAMA

Die Kaamas, eine südafrikanische Unterart der Kuhantilope, können lange Zeit ohne Wasser auskommen. Sie suchen in der Morgen- und Abenddämmerung nach Gras. Die Kälber bleiben länger bei ihren Müttern als bei anderen Antilopenarten. Während der Brunft müssen sie sich aber vor den Angriffen der Bullen in Acht nehmen.

## GROSSER KUDU

Der Große Kudu, der trockene Wälder und Buschsavannen bewohnt, ernährt sich vorwiegend von Blättern; er ist am Tag und nachts aktiv. Kudus haben ein gutes Gehör und sind äußerst wachsam. Beim kleinsten Zeichen von Gefahr fliehen sie und springen über jedes Hindernis. In der Trockenzeit versammeln sie sich in lockeren Herden auf gutem Weideland, trennen sich bei der nächsten Regenzeit aber wieder. Die Kühe bilden kleine Gruppen, während die einzeln lebenden Bullen in der Brunft ein Revier besetzen, das sich mit den Streifgebieten weiblicher Herden überlappt.

## KONGONI

Diese Unterart der Kuhantilopen kommt in Kenia vor; sie ist gut an die Hitze offener Savannen angepasst. Jedes ihrer weißspitzigen Haare reflektiert die Sonne, außerdem verschaffen sich die Tiere durch Hecheln wirksame Kühlung. Kongonis sind eine begehrte Beute für Geparde, doch manchmal verteidigen sie sich und schlagen die Raubkatze in die Flucht.

## ADDAXANTILOPE

Von allen Antilopen sind die in der Sahara vorkommenden Addaxantilopen am besten an ein Leben in der Wüste angepasst. Die notwendige Feuchtigkeit gewinnen sie aus Tau und Wüstenpflanzen. Sie machen weite Wanderungen, um Nahrung zu finden, doch die anhaltende Dürre der letzten Jahre hat sie in die Nähe menschlicher Siedlungen geführt. Als Folge davon ist die Art fast ausgerottet worden.

## SÄBELANTILOPE

Die Säbelantilope lebt in Halbwüsten; sie zieht auf der Suche nach Nahrung am Rand der Sahara entlang. Ähnlich wie die Addaxantilopen kann sie mit ihren großen Füßen sicher auf Sand und Geröll laufen. Jäger, die sie als „anspruchsvolle" Trophäe schätzen, und Dürren haben sie inzwischen an den Rand der Ausrottung gebracht.

## RAPPENANTILOPE

Rappenenantilopen ernähren sich von Gräsern und Blättern in dichtem Buschwerk. Eine Herde aus Müttern und ihren Jungen wird von einem dominanten Bullen angeführt. Daneben gibt es sowohl vermischte als auch rein weibliche und Junggesellenherden mit jeweils eigener Rangordnung. Während der Trockenzeit schließen sie sich eng in Gegenden mit ausreichend Nahrung und Wasser zusammen. Sobald es regnet, teilen sich die Herden der Kühe in kleine Gruppen auf und die Bullen besetzen ein Revier.

## ELENANTILOPE

Diese größten unter den Antilopen haben fast die Größe eines Rindes. Dennoch können sie 70 km/h schnell rennen und 1,50 m hohe Zäune überspringen.

Elenantilopen suchen vorwiegend morgens und abends nach Blättern und saftigen Früchten; den heißen Tag über ruhen sie im Schatten.

## BUNTBOCK

Buntböcke und die nahe verwandten Blessböcke kommen fast ausschließlich in Schutzgebieten vor. Die Böcke besetzen während der Brunft ein kleines Revier, die Kühe wandern in Herden unterschiedlicher Größe umher.

*In Südafrika lebten 1927 nur noch 121 Buntböcke. Heute hat sich ihre Zahl in Parks auf 1500 Tiere erhöht.*

Wüstenantilopen leben in kleinen Herden aus Müttern und ihren Jungen, die von einem Bullen angeführt werden. Sie legen auf der Suche nach Nahrung weite Strecken zurück und sollen Regen angeblich kilometerweit erahnen können.

Heute sind die meisten Antilopen viel seltener als noch vor einem Jahrhundert und mehrere Arten stehen vor dem Aussterben. Obwohl sie in Schutzgebieten leben, lässt sich die Wilderei kaum eindämmen. Vielleicht gelingt es einigen Arten, als Nutztiere zu überleben. Schon die alten Ägypter zähmten Gazellen und Oryxantilopen und es gibt moderne Versuche, Antilopen auf Farmen zu halten. Besonders geeignet erscheint die Elenantilope, die ausgezeichnete Milch und gutes Fleisch liefert. Da Elenantilopen nicht friedlich wie Rinder zusammenleben, brauchen sie viel mehr Platz, der jedoch nicht überall zur Verfügung steht. Dennoch könnten Farmen ihre einzige Rettung bedeuten.

## FAMILIENMERKMALE

*Familie:* Bovidae, Hornträger
*Unterfamilie:* Bovinae, Rinder

*Zahl der Arten:* 12

*Artnamen (Beispiele):*
Bison: *Bison bison*
Afrikanischer Büffel:
*Synceros caffer*
Gaur: *Bos gaurus*

*Größe (alle großen Arten):*
Länge Kopf/Körper: bis 3 m
Schwanzlänge: bis 1 m
Gewicht: bis 1 t (Kühe meist
kleiner)

*Zahl der Jungen:* 1

*Tragzeit:* 9–10 Monate

*Lebenserwartung:* im Zoo bis
30 Jahre

*Verbreitung:* Gemäßigtes
Europa, Nordamerika, Asien,
tropisches Asien

# Hornträger – Rinder

Die Rinder stellen nur einen kleinen Teil der Hornträger-Familie.
Während die Antilopen ihren Verbreitungsschwerpunkt in Afrika
haben, sind die Rinder viel weiter verbreitet. Hausrinder kommen heute
fast überall auf der Erde vor und verwilderte Herden leben in Australien,
den USA und Europa.

Rinder sind große, massig gebaute Tiere mit kräftigen Schultern
und nach außen gerichteten Hörnern; sie werden von beiden Geschlechtern
getragen und sind weder schraubig gedreht noch haben sie Wülste. Die
meisten Arten sind braun oder schwarz; Formen, die in gemäßigten oder
kühlen Klimaten vorkommen, schützt ein dichtes Fellkleid. Während
amerikanische Bisons und Wasserbüffel vorwiegend in offenem Gelände
leben, ziehen die übrigen Arten bewaldetes Gelände mit Graslichtungen
vor. Bis auf den Afrikanischen Büffel sind wild lebende
Rinder außerordentlich selten. Daher gibt es nur wenige
Informationen über ihre Lebensweise. Allerdings erlauben
die verwilderten Herden von Wasserbüffeln in Nordaustralien (man schätzt sie auf 200 000 Tiere) Rück-
schlüsse auf die Lebensweise der früher viel zahl-
reicheren, wild lebenden Formen.

### BISON (unten)

Ehe die Weißen nach Ame-
rika kamen, bevölkerten
rund 60 Millionen Büffel
die Prärien. Diese größten
Landtiere Nordamerikas
bestimmten das Leben der
Indianer. Im 19. Jahrhun-
dert war es daher amerikanische Politik, die Bisons
auszulöschen, um den
Indianern zu schaden. Um
1900 gab es nur noch rund
1000 Bisons. Seit damals
sind sie geschützt und
konnten sich in National-
parks oder privaten Schutzgebieten wieder auf 30 000
vermehren. Sie bilden nach
Geschlechtern getrennte
Herden, die vor allem zur
kühlen Tageszeit aktiv sind.

Die meisten Rinder er-
nähren sich vorwiegend
von hartem Gras, daher
die Reihe mahlender
Backenzähne im Kiefer. In
dem großen Gesichtsschä-
del finden die Wurzeln der
Zähne Halt, während der
Gehirnschädel eher klein
ausfällt. Das kurze Kno-
chenstück auf dem Schä-
del bildet den Kern der
Hörner.

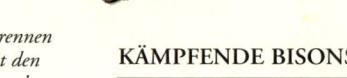

*Beim Kampf rennen
die Bullen mit den
Köpfen aneinander
(oben), bis einer
aufgibt.*

### KÄMPFENDE BISONS

Die Bullen benutzen ihre
Hörner nicht zum Kampf,
sondern bewegen sich
vorsichtig aufeinander zu
und stoßen mit den Schä-
deln zusammen (oben).
Trotz des krachenden
Geräuschs ist der Zusam-
menstoß eher harmlos.

### WISENT (rechts)

Früher waren die Wisente
in den Ebenen und offe-
nen Wäldern von Europa
und Westasien weit ver-
breitet; seit 1919 gibt es
keine wild lebenden Tiere
mehr. Nur in Zoos haben
einige Exemplare überlebt,
die in einem polnischen
Nationalpark ausgewildert
werden konnten. Heute
leben weltweit wieder
3000 Wisente.

### AFRIKANISCHER BÜFFEL

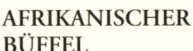

Der Afrikanische oder
Kaffernbüffel lebt in sehr
großen Streifgebieten, die
ihm Deckung und Wasser
für seine Schlammbäder
bieten. Er verlässt sich vor
allem auf sein Gehör, denn
auch blinde Büffel kom-
men gut zurecht. Büffel
sind schnell und intel-
ligent und viele
Menschen halten sie
für das gefährlichste
Tier in Afrika.

Alte Bullen leben meist als Einzelgänger. Kühe und ihre Jungen bilden „Clans" von rund 30 Tieren, die durch ein Streifgebiet von bis zu 1 000 ha ziehen; darin finden sie Nahrung, Wasser, Ruheplätze und Schlammbäder. Solche Clans werden von einer alten Kuh angeführt, die den Bullen nach der Paarung gewöhnlich vertreibt. Die großen Herden der Afrikanischen Büffel bestehen aus kleinen Gruppen von Kühen mit den Jungen der beiden Vorjahre, dazu einigen Bullen und mehreren Gruppen von Junggesellen und Jungbullen – jede Untergruppe hat eine eigene Rangordnung. Anoas und Tamaraos sind südasiatische Waldbüffel, über deren Zusammenleben nicht viel bekannt ist.

Die Urform unserer Hausrinder ist ausgestorben und auch die wilden asiatischen Büffel in Südostasien sind bedrohte Tierarten. Im Himalaja haben Herden wilder Yaks überlebt, während die europäischen Wisente kaum noch außerhalb von Zoos leben. Nur das Überleben des Bisons, der im 19. Jh. am Rande der Ausrottung stand, scheint gesichert zu sein.

## HAUSRINDER

Die Hausrinder stammen vom Auerochsen ab, der einst weite Teile Europas und des Nahen Ostens durchstreifte. Seit 1627 ist er ausgestorben. Moderne Rinder dienen als Milch- und Fleischlieferanten. Die meisten Rassen sind kleiner als der Auerochse und anders gefärbt. Einige Rassen, wie die hier gezeigte, tragen aber noch die langen, ausladenden Hörner ihrer Urahnen.

## MOSCHUSOCHSE

Der wissenschaftliche Namen des Moschusochsen, *Ovibos moschatus*, verdeutlicht die Zwischenstellung dieser Art: *Ovis* bedeutet Schaf und *Bos* Rind. Der deutsche Name bezieht sich auf den Moschusgeruch der Bullen während der Brunft. Moschusochsen kommen in Teilen von Nordkanada und Grönland vor. Im Sommer leben Herden aus 10–20 Tieren in Flusstälern oder an Seen, wo sie nach Gräsern und Seggen suchen. Im Winter wandern sie auf die Höhen, weil der Wind dort den Schnee von den niedrigen Sträuchern bläst. Vor der eisigen Kälte schützt sie ein dichtes, struppiges Fell.

### VERTEIDIGUNG

Wölfe sind die natürlichen Feinde der Moschusochsen. Um sich zu verteidigen, drängen sich die Tiere eng zusammen – die Hörner nach außen gerichtet. Da dies leider nicht gegen jagende Menschen hilft, wurden die Moschusochsen in Alaska vollständig abgeschossen.

## WASSERBÜFFEL

Zahlreiche Wasserbüffel leben als Haustiere, wilde Büffel sind jedoch in ihrer ursprünglichen Heimat Indien und Malaysia fast ausgestorben. Noch wild lebende Herden kommen nur in Feuchtgebieten und Sümpfen vor. Wenn Wasserbüffel sich im Schlamm wälzen oder im Wasser untertauchen, bis nur noch die Nasenlöcher herausschauen, finden sie etwas Schutz vor den beißenden Insekten. Wasserbüffel suchen in der Morgen- und Abenddämmerung nach Gras und weichen Wasserpflanzen.

## GAUR

Gaurs sind südostasiatische Wildrinder. Sie leben in den Wäldern des Hochlandes, auf deren Lichtungen sie Gras und Wasser finden. Die heute seltenen Herden bestehen meist aus Kühen. In der Brunft wandern die Bullen auf der Suche nach Kühen weit umher. In Scheinkämpfen, in denen es kaum ernste Verletzungen gibt, siegt der größte Bulle.

## DALLSCHAF

Die lebhaften und vorsichtigen Dallschafe leben in den Bergen von Alaska und British Columbia. Im Sommer, wenn die Lämmer zur Welt kommen, leben männliche (Widder) und weibliche (Geißen) Tiere in getrennten Herden. Sie suchen im Hochgebirge nach Gräsern und anderen Pflanzen. Während der Brunft im Herbst fechten die Widder Kopfstoß-Duelle aus. Im Winter vereinigen sich die Herden und ziehen in tiefere Lagen, wo sie sich von niedrigen Sträuchern ernähren.

## MUFFLON

Unsere Hausschafe stammen vom Mufflon ab, dem Wildschaf der südeuropäischen Gebirge. Da Mufflons ihre weiche Wolle unter einem rauen Oberfell verstecken, haben sie allerdings kaum Ähnlichkeit mit einem Schaf. Die Zucht der heute über 800 Schafrassen begann bereits vor über 10 000 Jahren – Schafe wurden vor allem wegen ihrer Wolle gezüchtet.

# Hornträger – Ziegen und Schafe

Die Ziegenartigen (Ziegen und Schafe) bilden eine enge Verwandtschaftsgruppe. Während sich die Rinder vorwiegend zwischen üppiger Vegetation und die Antilopen eher in heißen und manchmal trockenen Regionen aufhalten, bewohnen Schafe und Ziegen kühle und bergige Regionen. Ihr natürliches Verbreitungsgebiet reicht von Nordafrika über weite Teile des gemäßigten Europas und Asiens bis zur nordamerikanischen Arktis. Es sind ziemlich kurzbeinige Tiere mit kleinen Hufen, mit deren Hilfe sie sich wie mit Saugnäpfen an steilen Felsen festhalten. Sie haben nicht nur einen sicheren Tritt, sondern kommen auch mit karger Nahrung zurecht. Alle Arten tragen Hörner, bei manchen nur die Männchen, bei anderen sind

### DICKHORNSCHAF

Die mächtigen, bis 80 cm weit ausgebreiteten Hörner der Widder – Geißen haben viel kleinere Hörner – gaben dieser Art ihren Namen. Dickhornschafe kommen auf einsamen, alpinen Wiesen und Felshängen von British Columbia bis nach Mexiko vor. Im Sommer ziehen kleine Herden aus Geißen, Lämmern und den Jungen des letzten Jahres zu den Hochgebirgsweiden. Im Winter schließen sich die Widder der Herde an und ziehen ins Tal. In den Brunftkämpfen des Herbstes rennen die Widder mit den Köpfen aneinander. In der Vergangenheit wurden Dickhornschafe so stark bejagt, dass sie nur noch in isolierten Populationen vorkommen.

*Die Hufe der Dickhornschafe haben einen scharfen Rand und eine weiche Innensohle, sodass sie auch an steilsten Hängen Halt finden.*

*Wenn Dickhornwidder mit den Köpfen aneinander stoßen, ist das Krachen 2 km weit zu hören.*

die Hörner der Weibchen kleiner. Die vielleicht merkwürdigste Art ist die Saiga (sie wird auch als eigene Unterfamilie aufgefasst), die in den Steppen zwischen der Ukraine und der Mongolei lebt. Ihre angeschwollene Nase, die wie ein kurzer Rüssel aussieht, soll ihr helfen, die eisige, staubige Luft zu atmen.

Das Mufflon gehörte zu den ersten Tierarten, die vom Menschen der Vorgeschichte als Haustier gehalten wurde; heute sind Hausschafe und -ziegen fast weltweit verbreitet.

## FAMILIENMERKMALE

**Familie:** Bovidae, Hornträger
*Unterfamilie:* Caprinae, Böcke oder Ziegenartige

*Zahl der Arten:* 34
*Artnamen (Beispiele):*
Dickhornschaf:
*Ovis canadensis*
Steinbock: *Capra ibex*

*Kleinste Art:* Goral
Länge Kopf/Körper: 82 cm
Gewicht: 22 kg
*Größte Art:* Takin
Länge Kopf/Körper:
bis 2,30 m
Gewicht: bis 400 kg

*Zahl der Jungen:* 1–3

*Tragzeit:* meistens 5–6 Monate

*Lebenserwartung:* bei einigen Arten im Zoo über 20 Jahre

*Verbreitungsgebiet:* Asien, Südeuropa, Nordamerika

## MARKHOR

Die Markhors oder Schraubenziegen leben im westlichen Himalaja oberhalb der Baumgrenze. Im Sommer weiden sie die Gräser der alpinen Wiesen ab, im Winter ziehen sie ins Tal und fressen die Blätter niedriger Sträucher. Die Geißen leben zusammen mit ihren Jungen in kleinen Herden, die Widder ziehen, bis auf die Zeit der Brunft, als Einzelgänger umher.

*Spanischer Steinbock*

*Bezoarziege*

*Wildziege*

**PAARHUFER 21**

Ziegen werden sehr geschätzt, weil sie bäuerliches Land von unerwünschten Pflanzen, insbesondere von Bäumen, freihalten. Bis heute wurden viele Rassen gezüchtet. Wie so oft bei Nutztieren, sind ihre wilden Vorfahren fast völlig verschwunden. Die meisten übrigen Arten sind wegen der Wilderei selten oder stehen kurz vor dem Aussterben – nur einige Arten nehmen wieder zu.

Das Zusammenleben von Ziegen und Schafen wird weitgehend durch ihre kargen Lebensräume bestimmt. Obwohl die Herden meist klein bleiben, gibt es eine deutliche Rangordnung. Im Winter schließen sich größere Gruppen dort zusammen, wo sie Nahrung und Schutz finden. Während der Brunft kämpfen die männlichen Tiere um die Weibchen. Sie rennen mit den Köpfen aneinander oder stehen Seite an Seite und verhaken ihre Hörner, um den Gegner umzuwerfen. Zwillingsgeburten sind nicht selten. Die Babys können schon nach einer Stunde laufen und folgen ihrer Mutter nach einigen Tagen.

## STEINBOCK

Die Steinböcke in den Gebirgen Europas bis zum Nahen Osten leben in Höhen bis 6700 m, meist oberhalb der Baumgrenze. Die Geißen leben die meiste Zeit

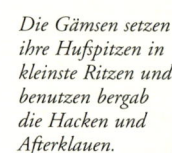

## ZIEGEN

Die einzelnen Ziegenarten haben sehr unterschiedliche Hörner, die aber stets seitlich zusammengedrückt und oft stark strukturiert sind. Damit eignen sie sich sehr gut für den Kampf: Widder verkeilen die Hörner oder versuchen sie einzuhaken, um den Gegner umzuwerfen. Die Hörner der Geißen sind viel schlanker und dienen wahrscheinlich dazu, die Lämmer gegen Wölfe, Pumas oder Adler zu verteidigen.

## SCHNEEZIEGEN

Schneeziegen besiedeln die Hochgebirge zwischen Alaska und Montana. Ihre scharfkantigen Hufe geben ihnen auf steilen Hängen sicheren Halt. Sie sind vor allem morgens und am Spätnachmittag aktiv; jeden Tag wandern sie zu ihren Ruhe- oder Futterplätzen. Widder und Geißen bilden eigene Herden. Während der Brunft locken Widder die Geißen mit einem moschusartigen Duft an. Widder bedrohen sich nur, kämpfen aber nicht miteinander.

## GÄMSEN

Ähnlich wie die amerikanischen Schneeziegen tragen auch die Gämsen kurze, glatte Hörner. Die scheuen und vorsichtigen Tiere weiden nur in der Nähe von steilen Abhängen, wohin sie bei Gefahr fliehen können. Ein Wachtposten löst die Flucht mit Hufschlägen und Pfiffen aus. Zur Geburt ziehen sich die Geißen zurück und schließen sich erst zusammen mit ihren Jungen der Herde wieder an.

des Jahres in eigenen Herden. Im Winter schließen sich auch die Widder der Herde an; bei ihren Kämpfen stellen sie sich auf die Hinterbeine und krachen mit den Köpfen zusammen.

*Die Gämsen setzen ihre Hufspitzen in kleinste Ritzen und benutzen bergab die Hacken und Afterklauen.*

## TSCHIRU ODER TIBETANTILOPE

Die Tibetantilope lebt auf den Hochplateaus des Himalaja in Höhen von bis zu 5000 m. Sie ist mit den Saigas verwandt und kann in raschem Trab selbst Wölfen und Hunden entkommen. Am Tag sucht sie zum Schutz vor den eisigen Hochgebirgswinden 30 cm tiefe Rinnen auf. Darin liegt sie relativ sicher und entdeckt frühzeitig drohende Gefahren.

*Rechts: Vor einer drohenden Gefahr ziehen sich Gämsen an sichere Plätze zurück, wohin ihnen niemand folgen kann. Dabei legen sie mit einem Sprung 6 m zurück und springen 2 m hoch. Im Schnee geht die Herde im Gänsemarsch und benutzt die Fußstapfen des Leittieres.*

*Es gibt Pläne, Schutzgebiete für die extrem seltenen Tschirus einzurichten.*

# DIE ZUKUNFT DER SÄUGETIERE

Vor rund 13 Millionen Jahren standen die Säugetiere in der Blüte ihrer Entwicklung. Wie uns die Fossilien lehren, lebten während dieser wärmeren Epoche der Erdgeschichte deutlich mehr Säugetierarten als heute. Unter den Großtieren gab es zahlreiche Arten von Elefanten, Nashörnern und Pferden, aber auch Vertreter anderer Gruppen, die keine heute lebenden Nachkommen mehr haben.

Wie viele kleine Säuger – z. B. Fledermäuse, Insektenfresser und Mäuse – schon damals lebten, können wir kaum erahnen, da ihre winzigen, zerbrechlichen Knochen selten gefunden werden. Diese Artenvielfalt konnte sich in einer Welt entwickeln, deren geographische und klimatische Bedingungen sich langsam, aber kontinuierlich veränderten. In der sich wandelnden Umwelt änderten sich auch die Arten. Natürlich starben einige Arten aus – ein normaler Prozess – aber da ihre ökologischen Nischen von anderen Tierarten eingenommen wurden, blieb die biologische Vielfalt erhalten.

*Viele europäische Höhlenzeichnungen stellen Wildpferde dar. Sie waren eine Hauptbeute der eiszeitlichen Jäger und wurden manchmal über den Rand einer Klippe gejagt.*

## Veränderung der Erde

Da sich die Kontinentalplatten langsam über die Erdoberfläche schieben, zerrissen im Laufe von Jahrmillionen immer wieder Kontinente oder stießen mit unvorstellbarer Gewalt aufeinander, während sich Meere bildeten oder veränderten.

Gleichzeitig sorgte die Erosion dafür, dass neu entstandene Gebirge abgetragen und ihre Gesteinsmassen ins Meer transportiert wurden. Diese Kontinentalverschiebung schuf einerseits neue Großlebensräume für die Säugetiere, andererseits wurden manche Tierarten auf Inselkontinenten isoliert: Die australischen Beuteltiere oder die merkwürdigen südamerikanischen Tiere konnten sich während der letzten 60 Millionen Jahre daher zu ganz eigenen Formen entwickeln. Im Unterschied zu Australien verlor Südamerika aber seinen Inselcharakter, als sich vor rund 4 Millionen Jahren eine Landbrücke zwischen

*Das Schicksal der Sandkatze, die in den Wüsten zwischen Nordafrika und Zentralasien vorkommt, zeigt, wie schnell eine Art aussterben kann. Zwischen 1967 und 1972 war sie ein begehrtes Objekt im Tierhandel. Davor war sie nur selten, heute ist sie vom Aussterben bedroht.*

Nord- und Südamerika bildete. Über diese Verbindung wanderten Tiere des Nordens auf den Südkontinent. Vermutlich entzog der eingewanderte Jaguar den großen, katzenartigen Beuteltieren in Südamerika die Nahrungsgrundlage. Außerdem verdrängten aus dem Norden einströmende, hoch entwickelte Pflanzenfresser die örtlichen Grasfresser. Offenbar kamen die Eindringlinge besser mit der kargen Pflanzennahrung zurecht als die weniger gut angepassten, plumpen Säuger Südamerikas.

## Veränderung des Klimas

Auch das Klima ist in ständigem Wandel begriffen. Bereits während des Tertiärs kühlte es mehr und mehr ab, bis schließlich vor rund 2 Millionen Jahren die Periode der Eiszeiten begann. Zur Zeit der größten Vereisung waren weite Teile der Erde von Gletschern bedeckt, wie heute Grönland oder die Antarktis. Sie reichten in Nordamerika bis zu den Großen Seen und in Europa fast bis Hannover. Während einige Tierarten nach Süden ausweichen konnten, starben andere aus. Neue Tierarten entstanden, die – wie Mammut und Wollnashorn – perfekt an die eisige Kälte angepasst waren.

## Der Auftritt der Menschen

Natürlich schritt zur gleichen Zeit in den wärmeren Teilen der Erde auch die Entwicklung der Säugetiere voran. Eine Gruppe von aufrecht gehenden, auf dem Boden lebenden Affen war nicht an Kälte angepasst. Dafür besaßen diese Wesen große Gehirne und geschickte Hände, um sich Werkzeuge herzustellen; diese ersetzten Krallen, scharfe Zähne und die Kraft anderer Tiere. Die Nachkommen dieser Frühmenschen verließen Afrika und zogen nach Norden, wo sie am Rande der Eisregion überlebten. Sie waren Jäger, die von den zahlreichen, an die Kälte angepassten Tieren lebten. In Europa jagten sie vor allem Wildpferde, Wisente und Hirsche. An einem Fundort in Frankreich zeugen Tausende von Pferdeskeletten davon, wie wirksam ihre Jagdmethoden waren.

Heute haben sich die Nachkommen jener Jäger in jedem bewohnbaren Teil der Erde angesiedelt. Da sich der Mensch stark vermehrte und immer noch vermehrt, sind wir die Art mit der größten Individuenzahl unter den großen Säugetieren – wir werden nur von einigen Nagetieren und Wirbellosen übertroffen. Obwohl wir in Städten leben, sind wir immer noch auf die Nahrung angewiesen, die nur Land oder Meer liefern kann. Während uns die Landwirtschaft mit Nahrung versorgt, mussten andere Tiere weichen – sie wurden gejagt oder ihre Lebensräume zerstört. Es sind 173 Säugetierarten bekannt, die auf mindestens die Hälfte ihres Verbreitungsgebietes zurückgedrängt wurden. Wenn wir unser Verhalten nicht grundlegend ändern, werden viele Tierarten das nächste Jahrhundert nicht mehr erleben.

## Jagd

Viele Arten hat die Jagd durch den Menschen an den Rand des Aussterbens gebracht. Während die Frühmenschen Tiere als Nahrung oder wegen ihrer Felle töteten, mussten Tiere später sterben, weil sie Nutztieren das Gras wegfraßen oder weil sie zur Trophäe von Sportjägern wurden. Leider gründet die heute noch vorhandene Jagdleidenschaft vieler Menschen auf dem Verhalten primitiver Jäger, die nur mit Speer oder Pfeil und Bogen jagten. Heute schießen Jäger ihre Beute jedoch aus sicherer Entfernung mit Präzisionswaffen ab – von diesem Blutzoll können sich viele Arten kaum mehr erholen. So wurden die Dickhornschafe Nordamerikas im 19. Jahrhundert so stark bejagt, dass mindestens eine Unterart ausstarb. Obwohl sie nun bereits seit einem Jahrhundert geschützt werden, hat sich der Bestand der Dickhornschafe nicht wie erwartet erholt. Zum Teil liegt dies sicher daran, dass sie in isolierten Gebieten leben, die – für die Tiere unüberwindlich – durch eingezäunte Viehweiden oder Städte getrennt sind.

Kleine Gruppen sind verletzlicher als große; dies bekamen vor allem die Raubtiere zu spüren. Viele der Großkatzen starben wegen ihrer prachtvollen Felle, andere wurden von Farmern getötet, die um den Bestand ihrer Tierherden fürchteten. Sicher schlägt eine Großkatze gelegentlich ein Nutztier, das sollte aber nicht als Ausrede benutzt werden, um weltweit die großen Raubtiere zu töten oder kleinere Raubtiere, wie den Mähnenwolf, an den Rand der Ausrottung zu bringen. In gewissen Fällen liefert die bezahlte Sportjagd armen Ländern zwar wichtige Devisen, aber es besteht immer die Gefahr, dass die Tierbestände so stark bejagt werden, dass sie sich kaum noch erholen können. Besonders schrecklich wurde unter den Meeressäugetieren gewütet. Im Jahre 1741 entdeckten Europäer die Stellersche Seekuh, die von eingeborenen Jägern bereits bis auf eine Population in der Beringsee ausgerottet worden war – 1768 war sie ausgestorben. Als Wilhelm Barents 1596 Spitzbergen entdeckte, gab es dort so viele Nordkaperwale, dass sie sein Schiff blockierten. Bereits 50 Jahre später lebte dort kein einziger Wal mehr. Die Walfänger späterer Jahrhunderte brachten die Art an den Rand des Aussterbens. Nordkaper gehören heute mit ein paar hundert Exemplaren zu den seltensten Walen, und obwohl sie geschützt sind, nimmt ihre Zahl kaum zu. Im 17. und 18. Jahrhundert wurde die Zahl fast aller Meeressäugetiere drastisch vermindert; einige sind vom Aussterben bedroht. Da heute die meisten Wale vollständig geschützt sind, beginnt sich ihre Zahl zu vermehren, doch dies ist ein sehr langsamer Prozess.

Allerdings könnte eine neue Fangtechnik ihre Rettung verhindern: Fischer gingen nämlich dazu über, den Krill – die Hauptnahrung großer Meeressäugetiere – direkt abzufischen. Außerdem kommen zahlreiche Tiere durch die verbesserten Fangtechniken ums Leben. Jedes Jahr sterben rund 60 000 Wale und Delfine in den Netzen der Fischer – verharmlosend als „Beifang" bezeichnet. Die Netzschnüre sind so dünn, dass sie vom Sonar der Wale nicht wahrgenommen werden.

*Wie alle Pelzrobben ließen sich auch die Kerguelen-Seebären ohne Probleme an den Stränden töten, wo sie ihre Jungen gebären. Den Rekord hält ein Schiff, das 1801 in einer einzigen Kolonie eine Million Pelze erbeutete. Obwohl sich manche Arten heute wieder erholen, erreichte keine ihre ursprüngliche Anzahl.*

*Die Dalls-Tümmler haben besonders stark unter den Fischernetzen zu leiden. Jährlich sterben schätzungsweise 20 000 Tiere als „Beifang".*

## Bushmeat und Souvenirs

Es gibt immer noch Menschen, die für ihr tägliches Überleben auf die Jagd angewiesen sind. In Afrika werden Tiere jedoch nicht von der Bevölkerung, sondern von illegalen Jägern geschossen und ihr Fleisch wird in reiche Länder exportiert. So kann man in London oder New York Antilopenfleisch essen, oft sogar von äußerst seltenen

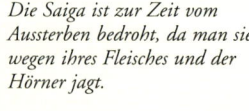

*Die Saiga ist zur Zeit vom Aussterben bedroht, da man sie wegen ihres Fleisches und der Hörner jagt.*

Arten. Einige Populationen hatten auch unter dem Wunsch nach Souvenirs zu leiden: Aus den Händen und Köpfen der seltenen Berggorillas stellte man makabre „Zierstücke" her. Und obwohl Elefanten seit Jahren nicht mehr wegen ihres Elfenbeins abgeschossen werden dürfen, ist geplant, den Handel in bestimmten Grenzen wieder zu erlauben. Ganz sicher wird damit ein Ventil geöffnet, um erneut illegales Elfenbein in den fernöstlichen Markt zu schleusen.

*Das javanische Schuppentier wird gewildert und nach China versandt, wo man es als Nahrung und Medizin schätzt. Wie die jüngsten Zahlen belegen, ist es ernsthaft vom Aussterben bedroht. Im ersten Halbjahr von 2002 beschlagnahmte der thailändische Zoll über 10 000 Schuppentiere – fünfmal mehr als im gesamten Vorjahr.*

## „Magische Medizin"

Einige Arten hatten drastisch unter dem Glauben zu leiden, ihre Knochen oder bestimmte Körperteile hülfen gegen Krankheiten. Die im Fernen Osten begehrten Tigerknochen oder Hörner von Nashörnern brachten die Arten an den Rand des Aussterbens. Ebenso gefährdet ist die Saiga. Seit sie geschützt wird, hatte ihre Zahl wieder zugenommen. Nach dem Zusammenbruch der Sowjetunion schießen Wilderer Saigas jedoch wieder wegen ihres Fleisches ab und beliefern den chinesischen Markt mit den angeblich medizinisch wirksamen Knochen. Noch 1993 gab es mehr als 1 Million Saigas; 2001 waren es nur noch 50 000 und ein Ende des Tötens ist nicht abzusehen.

## Exotische Tiere

Lebende Tiere, insbesondere Jungtiere, gelangen in den Tierhandel. Für ein einziges Schimpansenbaby sterben ein oder mehr erwachsene Tiere bei dem Versuch, es zu verteidigen. Die Überlebenschance für das Jungtier ist in Gefangenschaft gering und es wird niemals ein natürliches oder glückliches Leben führen dürfen. Der Wunsch fremde Tiere zu halten hat dazu geführt, dass exotische Tierarten in Zoos, Tierparks oder als Nutztiere eingeführt wurden. Fast immer gelingt einigen dieser Tiere die Flucht. Da sie in ihren neuen Lebensräumen keine natürlichen Feinde vorfinden, können sie sich häufig stark vermehren – auf Kosten der heimischen Tierwelt. Das Gleiche gilt auch für Auswanderer, die heimische Tiere in ihre neue Heimat mitnahmen. Der bekannteste Fall sind nach Australien eingeführte Kaninchen und Füchse, die unglaubliche Schäden angerichtet haben und viele einheimische Beuteltiere an den Rand des Aussterbens brachten.

## Verlust von Lebensräumen

Obwohl im Augenblick Anstrengungen unternommen werden, alte Wälder zu schützen, verschwinden auch weiterhin mit jedem abgeholzten Wald alle darin lebenden Tiere. Das Gleiche geschieht, wenn Wälder in Ackerland umgewandelt werden. Fast noch schlimmer sind Krankheiten, die von Nutztieren auf ihre wilden Verwandten überspringen. Als Beispiel können die Karibus dienen, die heute fast überall in den USA und Kanada verschwunden sind. Durch Veränderungen der natürlichen Umwelt konnten sich die Weißwedelhirsche stärker ausbreiten. Sie übertrugen einen Parasiten, der sich als tödlich für die im Wald lebenden Formen des Karibus erwies. In vielen Ländern breiten sich wegen falsch verstandener Tierhaltung die Wüsten immer weiter aus. Wo es als Statussymbol gilt, große Herden zu besitzen, fressen magere Weidetiere den Wildtieren die letzten, spärlichen Pflanzen weg und zerstören unwiederbringlich die Umwelt.

## Globale Erwärmung

Häufig führt man die globale Erwärmung als Grund für die Veränderung der Lebensräume und den Verlust von Arten an. Obwohl dieses Argument etwas für sich hat, wurde die Evolution schon immer mit wechselnden Bedingungen fertig, selbst in den letzten Millionen Jahren. Kritisch ist jedoch, dass die globale Erwärmung durch die menschliche Verschmutzung von Land und Atmosphäre mitverursacht wird. Die Eisbären werden hierdurch ihren Lebensraum verlieren. Gleichzeitig werden Teile der Tropen immer heißer und trockener, die Wüsten breiten sich aus, sodass noch weniger Grasland und Wälder übrig bleiben.

## Hoffnung für die Zukunft?

Alles in allem sieht die Zukunft für die Säugetiere nicht rosig aus. Ihre Zahlen nehmen ab, Populationen werden durch Jagd und Verlust von Lebensräumen voneinander isoliert und Krankheiten sorgen dafür, dass fast alle großen Säugetierarten vom Aussterben bedroht sind. Einige werden vielleicht bald für immer verschwinden. Es gibt Spezialisten, die Tigern und Berggorillas kaum noch ein Jahrzehnt Zeit geben. Elefanten, die meisten großen Antilopen und viele Raubtiere werden das nächste Jahrhundert nicht erleben. Anders als beim natürlichen Aussterben einer Art wird aber keine andere Art ihren Platz einnehmen. Allerdings gibt es einen Hoffnungsschimmer. Fast jedes Land der Erde bekennt sich zum Naturschutz, der allerdings teuer und nicht immer konsequent durchsetzbar ist. Außerdem sehen immer mehr Menschen ein, dass es notwendig ist, die Wildnis und ihre Tiere zu bewahren. Als letzte Hoffnung könnte man Tiere in Reservaten zusammenfassen, sie nachzüchten und wieder auswildern. So geschah es z. B. mit der arabischen Oryxantilope, die 1972 aus der Wildnis verschwunden war. Aus Nachzuchten in Arizona konnten inzwischen wieder einige Exemplare z. B. in Jordanien und dem Oman ausgewildert werden. Auch das Przewalskipferd durfte aus einigen Zuchten wieder in die Mongolei zurückkehren, während der Davidshirsch zwar vor dem Aussterben gerettet

wurde, aber immer noch in Gefangenschaft lebt. Zoos führen Zuchtbücher für seltene Arten und achten darauf, dass die Inzucht möglichst klein gehalten wird. Sobald eine Population wieder groß genug und gesund ist, kann man sie in ihre natürlichen Lebensräume auswildern. Leider lassen sich

nicht alle Tiere in Gefangenschaft züchten. Für sie ist der Schutz ihres natürlichen Lebensraumes entscheidend. Ein anderer Weg zur Erhaltung einer Art könnte deren wirtschaftliche Nutzung sein, wie man es bei Antilopen versucht. Allerdings verändern Nutztiere gewöhnlich ihre Eigenschaften, sodass die wilden Verwandten weniger attraktiv erscheinen und man alles versucht, sie zugunsten der zahmen Tiere auszurotten. So sind alle wilden Vorfahren unserer Nutztiere entweder ausgestorben – etwa Auerochsen und die Vorfahren des Dromedars – oder äußerst selten, wie Wildpferde und Mufflons. Ein wichtiges Ziel des Umweltschutzes muss daher die Umwelterziehung sein. Nur so werden wir lernen, die wunderbare biologische Vielfalt, deren Teil wir sind, besser zu verstehen. Dank Erziehung und Wissen könnte praktischer Umweltschutz zur Realität werden und nicht wenigen Aktivisten überlassen bleiben, während die Mehrheit der Menschen nur Lippenbekenntnisse abgibt. Gleichzeitig muss aber auch die Zahl der Menschen durch Geburtenkontrolle abnehmen, denn die Erde bietet nur endliche Ressourcen an. Sie ist ein geschlossenes System, in dem andere darunter leiden, wenn einer zu viel entnimmt. Mit jeder aussterbenden Tierart wird unsere Welt ärmer.

*Dscheladas werden wegen ihres Fells gejagt, das manche Menschen als Umhang oder Kopfbedeckung schätzen. Jäger schießen vor allem männliche Tiere ab und stören so die Rangordnung der Gruppen. Gleichzeitig dehnt sich der Ackerbau aus und die Lebensräume der Tiere werden eingeengt.*

**World Wildlife Charta (1962)**

*„Es ist Aufgabe der Menschheit, sich für den Schutz der Natur einzusetzen und die gesamte, reiche Vielfalt der Pflanzen und Tiere mit ihren staunenswerten und interessanten Eigenschaften als Quelle für Wissen und Freude für unsere Nachkommen zu bewahren."*

*„Unsere Generation hat kein Recht dazu, das große Erbe zukünftiger Generationen aus Selbstsucht, leichtfertig oder unbeabsichtigt zu zerstören oder zu missachten."*

*„Es ist eine Schande, wenn Menschen die Schuld am Aussterben einer anderen Art tragen."*

# WORTERKLÄRUNGEN

### Afterklauen
Bei einigen Paarhufern und Raubtieren, die nicht auf der Sohle, sondern auf den Zehen gehen, sind einige der Zehen deutlich kleiner entwickelt als die belasteten Zehen. Sie stellen das Erbe der fünffingrigen Ur-Säugetiere dar. Im Normalfall berühren Afterklauen nicht den Boden. Allerdings sorgen sie in sumpfigem Gelände für eine bessere Verteilung des Gewichtes und geben kletternden Tieren sicheren Halt an sehr steilen Hängen.

### Alte Welt
Europa, Afrika und Asien: die Kontinente, auf denen die westliche Kultur ihren Ursprung hat.

### Art
Die kleinste systematische Gruppe in der Tierwelt. Nur Männchen und Weibchen einer Art können sich paaren und gesunde, lebensfähige Junge bekommen (in Gefangenschaft kommen manchmal auch Paarungen zwischen den Arten vor, z. B. zwischen Eseln und Pferden).

### Auswildern, Verwildern
Tiere, die in menschlicher Obhut, d. h. in Gefangenschaft aufwachsen, kehren manchmal in die Wildnis zurück. Handelt es sich dabei um eine bewusste Aktion, z. B. um seltenen Arten ein Leben in Freiheit zu ermöglichen, spricht man von Auswildern. Verwilderte Tiere brechen dagegen aus der Gefangenschaft aus und kehren in ein Leben in Freiheit zurück.

### Balz
Allgemeiner Begriff, der die Werbung männlicher Tiere um ein Weibchen bezeichnet.

### Baumgrenze
Eine ziemlich scharfe Grenze im Hochgebirge. Oberhalb der Baumgrenze dauert der Winter so lange, dass Bäume keine Überlebenschance haben. Direkt unterhalb der Baumgrenze wachsen zunächst einzelne Bäume; steigt man noch tiefer herab, stehen die Bäume wieder dichter und bilden schließlich Wälder (Waldgrenze).

### Blas und Blasloch
Die Nasenlöcher der Wale werden als Blaslöcher bezeichnet (eines bei den Zahn-, zwei bei den Bartenwalen). Sie sitzen oben auf dem Kopf und dienen dazu, den kräftigen Atemstrahl (Blas) in die Luft zu blasen.

### Brunft
Die Brunft, bei Hirschen auch Brunst genannt, ist die Paarungszeit der Huftiere. Während dieser Lebensphase kämpfen die Männchen um die Vorherrschaft über die Weibchen.

### Dominanz, dominantes Tier
Tiere, die in festen Gruppen zusammenleben, werden meist von einem Leittier (auch Alpha-Tier genannt) angeführt. Um diese oberste oder dominante Position zu erlangen, sind echte Kämpfe – in der Regel aber ohne große körperliche Schäden – oder Schaukämpfe erforderlich, in denen die Rivalen ihre Stärke demonstrieren.

### Eckzähne
Zugespitzte Zähne mit einer einzigen Wurzel, die zwischen den Schneide- und den mahlenden Vorbackenzähnen sitzen. Die Eckzähne sind bei Raubtieren besonders kräftig entwickelt und können bei anderen Arten zu Stoßzähnen verlängert sein.

### Embryonen, verzögerte Einnistung
Im Normalfall wandert die befruchtete Eizelle sofort in den Uterus (Gebärmutter), um sich dort einzunisten. Damit beginnt das Wachstum des Embryos: Das Ei teilt sich, Organe und Gliedmaßen bilden sich aus. Bei den Säugetieren mit verzögerter Einnistung wird diese Entwicklung – oft für mehrere Monate – unterbrochen. Auf diese Weise können die Tiere die anstrengende Paarung und die Geburt in eine Jahreszeit „verlegen", in der genügend Nahrung zur Verfügung steht.

### Fossilien
Versteinerte Überreste von ausgestorbenen Lebewesen.

### Gattung
Systematische Gruppe von sehr nahe verwandten Arten.

### Harem
Eine Gruppe weiblicher, fortpflanzungsfähiger Tiere, die von einem Männchen bewacht werden. Dieses vertreibt mögliche Rivalen und erkämpft sich damit das Recht auf eine Paarung.

### Kolonie
Ansammlung von Tieren. Häufig dienen Kolonien der gemeinsamen Aufzucht der Jungen.

### Neue Welt
Nord- und Südamerika mit den vorgelagerten Inseln.

### Offene Zahnwurzeln
Zähne mit offenen Zahnwurzeln werden auch dann noch mit Nährstoffen versorgt, wenn der Zahn bereits das Zahnfleisch durchbrochen hat. Solche Zähne wachsen daher während des gesamten Lebens ihres Trägers weiter. Man findet diesen Zahntyp bei Tieren, deren Zähne sich durch harte Nahrung ständig abreiben. Wachstum und Abrieb halten sich in etwa die Waage.

### Ökologische Nische
Ein Teilbereich eines Lebensraumes, an dessen spezielle Bedingungen (Klima, Pflanzen, Nahrungsangebot usw.) eine oder mehrere Tierarten perfekt angepasst sind.

### Packeis
Eis der polaren Meere, das ohne Verbindung zum Land auf der Wasseroberfläche schwimmt. Packeis kann im Winter eine beinahe geschlossene Fläche bilden.

### Parasiten
Wirbellose Tiere aus unterschiedlichsten Familien, die sich auf Kosten – und vom Körper – anderer Tiere ernähren. Parasiten leben auf der Haut (z. B. Zecken), im Blut oder im Darm von Säugetieren.

### Rangordnung
Die Abfolge der sozialen Ränge innerhalb einer Gruppe. Neben dem Leittier (siehe Dominanz) kennt jedes Tier seinen Platz in dieser Ordnung. Der Vorteil dieses sozialen Systems besteht darin, dass die Tiere möglichst wenig Energie in Rangkämpfe stecken müssen. Bei einigen Tierarten gibt es mehrere Rangordnungen, z. B. unter den Weibchen oder unter den Männchen.

### Reißzähne
Eine besondere Anpassung bei Raubtieren: Ihre letzten oberen Vorbackenzähne und ersten unteren Backenzähne haben scharfe Kanten und arbeiten gegeneinander. Auf diese Weise können sie wie mit einer Schere durch Fleisch schneiden.

### Revier
Gebiet, in dem ein oder mehrere Tiere ständig leben und das gegen Eindringlinge veteidigt wird. Die Grenzen dieses Reviers werden vom Revierbesitzer häufig markiert.

### Rosenstöcke
Der Knochenanteil unter dem Geweih von Hirschen; von hier aus beginnt das Wachstum des neuen Geweihs.

### Schneidezähne
Die Vorderzähne der Säugetiere, die dazu dienen, Nahrung abzuschneiden oder abzureißen. Typischerweise enthält der Kiefer sechs obere und sechs untere Schneidezähne, vielen Säugetieren (darunter auch uns Menschen) fehlen einige Schneidezähne.

### Streifgebiet
Gebiet, das von einem Tier regelmäßig aufgesucht wird, anders als das Revier aber nicht verteidigt wird.

### Trockenschlaf
Ähnlich wie beim Winterschlaf in kalten Regionen fallen auch manche kleine Tiere der heißen Klimazonen während der Trockenzeit in einen Starrezustand, den so genannten Trockenschlaf, in dem alle Körperfunktionen verlangsamt werden.

### Wiederkäuen
Eine große Gruppe unter den Huftieren frisst sehr schnell und schluckt die Nahrung in eine Kammer des Magens hinunter. Später wird sie portionsweise wieder hochgewürgt, in Ruhe fein zerkaut und wieder verschluckt. Der Nahrungsbrei wird dann in anderen Kammern des Magens und im Darm verdaut.

### Winterschlaf
Ein Zustand, mit dem kleinere Tiere die eisigen Temperaturen des Winters überstehen. Dabei senken sie alle Körperfunktionen, wie Kreislauf, Atmung oder Körpertemperatur auf ein Minimum ab, und überstehen den Winter mit Hilfe des gespeicherten Körperfettes.

### Wirbellose Tiere
Kein Mitglied dieser großen und sehr vielfältigen Tiergruppe besitzt ein Rückgrat. Dazu gehören z. B. Würmer, Schnecken oder Insekten.

# STICHWORTREGISTER